辛德勇 著作系列　01

生死秦始皇

中华书局

图书在版编目（CIP）数据

生死秦始皇 / 辛德勇著. — 北京 ：中华书局，2019.7（2020.4 重印）
（辛德勇著作系列）
ISBN 978-7-101-13905-1

Ⅰ. 生… Ⅱ. 辛… Ⅲ. 秦始皇（前259～前210）－人物研究 Ⅳ. K827=33

中国版本图书馆CIP数据核字(2019)第105958号

书　　名	生死秦始皇	
著　　者	辛德勇	
丛 书 名	辛德勇著作系列	
责任编辑	孟庆媛	
装帧设计	刘　丽	
出版发行	中华书局	
	（北京市丰台区太平桥西里38号　100073）	
	http://www.zhbc.com.cn	
	E-mail:zhbc@zhbc.com.cn	
印　　刷	北京图文天地制版印刷有限公司	
版　　次	2019年7月北京第1版	
	2020年4月北京第3次印刷	
规　　格	开本/920*1250 毫米　1/32	
	印张10½　字数226千字	
印　　数	15001-21000 册	
国际书号	ISBN 978-7-101-13905-1	
定　　价	58.00 元	

王 湉 摄

目录

001/ 开篇的话

001/ 第一篇 小题大做	一、不知其人,但论其世	003
	二、无中生有	012
	三、篇名的递变	016
	四、书名的生成	021
	五、名不副实的"赵正书"	029

033/ 第二篇 一件事,两只笔	一、新发现带来的新问题	035
	二、毁弃的诏书与出土的诏书	038
	三、一样的史实,不同的写法	055
	四、兵马俑与太史公书	076
	五、顺天道,写人事	093

107/ 第三篇 聚语诗书不避世	一、谈论古时旧事儿的小说	109
	二、说事儿不纪事	118
	三、哪有不讲《诗》、《书》的儒生	138
	四、李斯那厮到底是谁家的人	156
	五、大秦博士订立皇汉的礼仪	167

183/ 第四篇 **朕姓甚名谁**	一、死去以后才生出的始皇帝	185
	二、天下第一个皇帝就是赵家的人	202
	三、以我为标杆儿,向我看齐	228
	四、紧跟着大哥往死里走	252
271/ 第五篇 **赵高是个去势的人**	一、连狗屠夫都知道他下边儿的事儿	273
	二、看不到常人看不见的东西就不是好学者	281
	三、撅着屁股怎么瞧得见人身大势	290
	四、想明白了也说不透的隐宫之谜	301

309/ 附　录　《赵正书》释文

315/ 后　记

开篇的话

《赵正书》是北京大学近年入藏西汉竹书中的一种。这是一部不见于《汉书·艺文志》著录的佚书，存世古籍也从未提及此书，可谓闻所未闻，是一项全新的发现，而且全书五十只竹简，只有四只稍有缺损，总的来说，保存得是比较完整的。

包括《赵正书》在内的这批西汉竹书，其入藏北大，是在2009年。

在2011年第6期的《文物》这本刊物上，整理竹书的专家集中刊布一批文章，比较正式地介绍了这批竹书的基本内容并做出了初步的分析和研究，其中也有一篇专文，是论述《赵正书》的。

2012年4月，人民美术出版社出版了一本字帖，颜曰《北京大学藏西汉竹书墨迹选粹》，编印者"希望能够稍稍展现出这批珍贵汉隶墨书的神韵"。虽然其读者对象是书法家或书法爱好者，而不是学人，但学术界关心这批新出土文献的人们，得以借此窥其豹斑，还是有了一些真切、直观的印象；至少对于我来说，就是这样。

在《北京大学藏西汉竹书墨迹选粹》这本书中，印有三只《赵正书》竹简以及简背书题的彩色照片，而且简文的内容还都很重要，这自然会

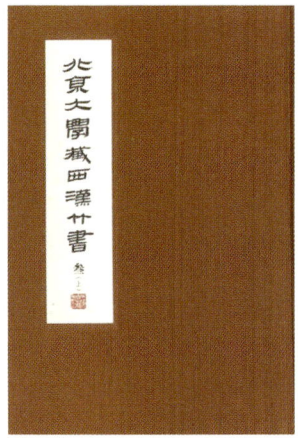

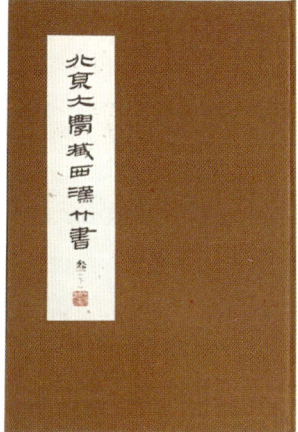

图1 《北京大学藏西汉竹书(叁)》外观

吸引学者的注意，非徒练字习字以及书法家者流而已。

到2015年9月，上海古籍出版社印行《北京大学藏西汉竹书（叁）》，其中含有此《赵正书》在内，彩照、红外图版、释文，还并行刊出一篇研究论文。至此，整理者的基本工作，可谓大功告成。

从新闻媒体报道这批竹书时开始，这部《赵正书》就引起学术界和社会公众的极大关注，除了一场场相关的学术会议之外，网上更流传有种种评议和解说，正式的学术论文，也相继发表。论者着眼点不尽相同，具体的论点自然随之有所差别，但似乎并没有什么针锋相对的讨论。这反映出看起来似乎很热的热点，学者们实际切入的深度，好像还是有所不足。

从场面上看，骤然兴起的热潮，退去得也是很快。没过多久，就由喧嚣陷入了沉寂。若是用"其兴也勃焉，其亡也忽焉"这句政治术语来描述相关研究的实际状况，也可以说是恰如其分。

人们特别关注它，与《赵正书》的内容似为纪事性文字有关；至少从表面形式上看，好像是这样。自从西晋时期的盗墓贼挖出《竹书纪年》以后，像这样的"纪事性"文献，一直罕再出土。更何况《赵正书》所涉又是历史大事中的大事——事关秦始皇弥留之际对继位人选的安排，事关秦二世皇帝即位的正当性，更事关大秦帝国倾覆的直接原因，至少是透露出这座煌煌帝宫轰然倒塌之前一些闻所未闻的情节，而且其实质性内容又与《史记》的记载绝然不同。

这事儿太大了，不仅学者们曾经予以积极的关注，或许有些人还曾寄予很高的期望，在另一个层面，社会公众的兴趣或许比这些学者更为强烈，也更为持久，而且要强烈很多，持久很多。各种大众媒体

图2 《赵正书》彩色图版(局部)

和自媒体的传播，自然会造成这样的局面。

到底是太史公司马迁记述的准确，还是《赵正书》的说法更为可信？为什么此是彼非？要是《史记》错了而《赵正书》的记述属实，那么我们又应该如何看待《史记》这部"通史"所载录的一系列史事？我们今后还怎么读《史记》、看《史记》？这部中国历史上的第一部纪传体史书，其开创的究竟是怎样一种纪事传统？若是《赵正书》的说法不对而《史记》的纪事更加可靠，那是谁、他又为什么要编造这样的瞎话？这些都是必定要引发的思索，是人们自然要提出的疑问。

天底下最残暴的暴君，也只能从生理上损毁大脑思索的功能，而无法禁锢正常的大脑不去思索，不对眼前令人困惑的景象产生疑问，甚至感到焦虑，并且发出质疑。历史记载的不完备性和相对性，无疑会加重这样的疑惑。

只要人们的大脑还在思索，面对《赵正书》中这些让人心生疑惑的文字，再对读司马迁《史记》的相关记载，还会滋生更多的疑惑，产生更多更多的问题：

《史记》里列有《礼书》、《乐书》等"八书"，经学典籍里还专有所谓《书》，也就是《尚书》，又称《书经》。《赵正书》为什么也叫"书"？"赵正书"这三个字在竹书上书写的位置，与书名、篇名的演变具有怎样的关系？

如上所述，《赵正书》纪事的实质性内容同《史记》的记载是绝然不同的，但在存有巨大的差异同时，两书也有很多相同或是近似的记载，有些文字的吻合度还很高。这种情况是怎样形成的？假如《史记》、《汉书》的记载基本信实可据，那么，在这两部史书之外，我们还可以看到或是挖出多少有关秦王朝和始皇帝的记载？出土的文献和考古发掘的实物，能不能轻易颠覆《史记》、《汉书》记载的嬴秦史事？

秦始皇"焚书坑儒"，是世俗间久已流传的一个形象的说法，其真实情况究竟怎样，也很早以来就有许多学者相继做出过具体的解说。然而，仍有一些相关的问题，不是十分清楚；甚至在我看来，还有严重的差错。譬如，《史记·秦始皇本纪》所记"有敢偶语《诗》、《书》者弃市"这句话，其真实涵义到底是什么，就是一个值得仔细推敲的重要问题，而若是顺藤摸瓜深入思考下去，就会联系到我们眼前这部刚刚出土的奇书，让我们发现意想不到的结果。

《史记·秦本纪》说秦之先人柏翳蒙舜帝"赐姓嬴氏"，可《秦始皇本纪》又说他"名为政，姓赵氏"。现在，《赵正书》又把始皇帝的名字写作"赵正"。那么，难道在中国古代，社会竟是那么随随便便，秦朝的德水能往高处流，万民百姓都可以说自己是赵家人吗？秦始皇到底姓甚名谁？

赵高是一个和秦始皇之死紧密联系在一起的小人物，也因为身临秦始皇之死而成为决定秦朝命运的一个大人物。在《赵正书》中为数不多的几个登场人物之中，他也是一个重要角色。读《秦始皇本纪》，对他不能忽略；读《赵正书》，对他也不能轻视。

事实上，天下姓赵的人，不一定都流淌着赵家的血，不一定都有和赵家人一样颜色的基因，这是不能自作多情的。然而赵高的"赵"和"赵政（正）"的"赵"确实有所关联，只是这种关联实在不够近密，离得有点儿远。不然的话，也许秦廷就不会去掉他身上那个小物件，他也就不会成为一个阉人，说不定就成了三世皇帝——反正从表面上看，姓的是和"赵政（正）"一样的"赵"；或是像刘秀重振大汉一样，重打鼓，另开张，搞出一个"后秦"帝国。

读《赵正书》，捉摸赵高其人其事，评价他的历史地位，都离不开阉人这一特殊身份和宦官这一特殊职事。这一点本来也是从无异说的，可是，晚近地下出土的秦简，却使某些学者别立新说，且在一段时间以来流行甚广，那些喜好以新材料颠覆传世文献记载的人对此等新说更是张之扬之，不遗余力。

在我看来，人们在现实生活中尽可喜新厌旧，真实的历史面貌却永远无法改变，尽管越看越旧，却还得该咋样就咋样。《史记》的记载毕竟还是摆在那里，《赵正书》又称赵高曾经身为"隶臣"，在解读《赵正书》的时候，许多人自然会来追问：赵高的阉人身份到底是不是已经被出土简牍改变？

类似的疑虑，还会有很多很多。

例如，《赵正书》记述子婴讲到了"十二诸侯"，这"十二诸侯"指的是什么？又如《赵正书》记述说李斯讲到二世"灭其先人"，而"先人"已死，又何须再去灭除、又能够怎样灭除？这到底意味着什么样的政治意图？又如《赵正书》重点讲述二世拒纳谏言而导致身死国亡，那么，秦国覆亡的直接原因到底是什么？为什么它不亡于始皇帝而亡于二世皇帝？又如《赵正书》记载秦始皇死前自言"吾当以今岁死"，《史记·秦始皇本纪》则记载在这前一年有谶语云"祖龙今年死"，那么应当如何解释《史记》的记载？又如《赵正书》记述秦始皇死在"柏人"，这是北趋九原所要经过的地方，似乎是秦始皇本人既定的出行路线，而《史记·秦始皇本纪》记载秦始皇在沙丘亡故后，正是北绕九原而归，那么，本来是出行东南会稽的秦始皇，在死亡后又为什么会"被走"这条道路？还有，《赵正书》和《史记·秦始皇本纪》都记载二世胡亥模仿始皇帝巡行天下且一路诛杀大臣及诸公子，这是他增重自身权威的重要行为之一，也是他震慑子民的一种姿态，可结果却是不数年而败亡。此情此景，不能不令读其史事者感慨：天子的权威，是靠"别黑白而定一尊"（《史记·秦始皇本纪》载李斯语）就能硬撑得出来的吗？天下苍生是靠"用法益刻深"（《史记·秦始皇本纪》所述秦二世治国之策）就能永久压制得住的吗？作为我的国有史以来第一个血腥的强权大帝国，秦王朝的历史告诉未来的到底是什么？

这真有点儿"十万个为什么"的味道，疑问太多了。然而，这样的疑问正是吸引学者探索历史的动力。自己去努力探索，不断深化和丰富既有的认识，并及时向社会公众提供解答，这本是历史学者的基本职责。

认识历史，探索历史，是一个非常复杂的过程。有时像是进入了一个黑暗幽深的洞穴，一时看不到出路，甚至找不到哪个方向才是光明的出口；即使研究者走上了正确的路径，这条路往往也是曲折迂回，无法直接抵达终点。路只能摸索着一步一步地走，甚至是一代又一代学者前后相继接续着走，才能到达最终的目的地。对于每一位学者来说，这未免有些尴尬，很遗憾，也很无奈。但这就是历史研究，尽管状况往往不甚理想，学者们也不能因此就回避对问题的研究。这些问题就摆在他们的面前。新材料的发现，旧媒体和新媒体联袂热传热议，引发人们强烈的兴趣并带出诸多疑问，学术界也应该尽可能及时做出相应的说明，让历史学研究在现实生活中发挥出应有的社会作用。

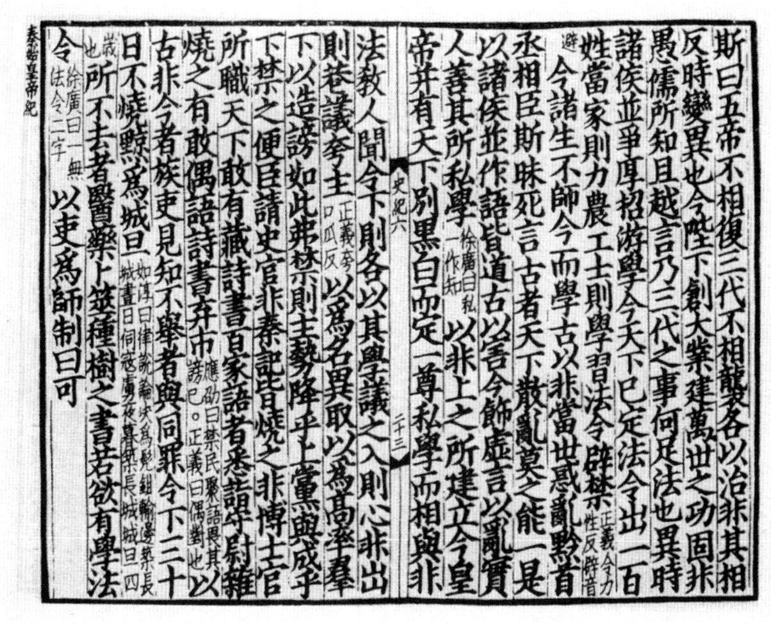
斯曰五帝不相復三代不相襲各以治非其相
反時變異也今陛下創大業建萬世之功固非
愚儒所知且越言乃三代之事何足法也異時
諸侯並爭厚招游學今天下已定法令出一百
姓當家則力農工士則學習法令辟禁（正義令力姓反辟音避）
今諸生不師今而學古以非當世惑亂黔首
丞相臣斯昧死言古者天下散亂莫之能一是
以諸侯並作語皆道古以害今飾虛言以亂實
人善其所私學（徐廣曰私一作知）以非上之所建立今皇
帝并有天下別黑白而定一尊私學而相與非
史紀六　二十三
法教人聞令下則各以其學議之入則心非出
則巷議夸主（正義夸口瓜反）以為名異取以為高率羣
下以造謗如此弗禁則主勢降乎上黨與成乎
下禁之便臣請史官非秦記皆燒之非博士官
所職天下敢有藏詩書百家語者悉詣守尉雜
燒之有敢偶語詩書棄市（應劭曰禁民聚語畏其謗己。正義曰偶對也）以
古非今者族吏見知不舉者與同罪令下三十
日不燒黥為城旦（如淳曰律說論決為髡鉗輸邊築長城晝日伺寇虜夜暮築長城城旦四歲也）
所不去者醫藥卜筮種樹之書若欲有學法
令（徐廣曰一無法令二字）以吏為師制曰可
秦始皇帝紀

图3　《史记·秦始皇本纪》载李斯所献“别黑白而定一尊”之万世国策

不过我读《赵正书》，倒不是出于什么社会职责或是职业的本分。我虽然在历史学的圈子里混了很多年，但所学专业是历史地理学，主要研究的是中国历史地理，只管地，不看天，也不看世上的众生相。前面提出的那些问题，都不是我的事儿。吸引我阅读《赵正书》的动力，只是幼稚的好奇心。这种一看究竟的好奇心，还驱使我在阅读的同时要去琢磨怎样解答所遇到的问题，不仅仅满足于"知道了"而已。

虽然我的专业比较偏，我个人的知识面又很狭窄，但对于浅学无知的我来说，探究的意愿就是学习的推力，探索的历程也是学习的过程。作为一个从外行进入历史学研究领域的学徒，我以往的学术经历，就是在学习的过程中不断拓展自己的知识，增长自己的能力。基于这样的经验，我也愿意在阅读《赵正书》的过程中，尝试着再学习一些相关的知识，尝试着利用这些知识解析一些自己感到困惑的问题。

假如能够有一二心得，或是需要记在笔记本上的新知识，哪怕是在专家或博学者看来很普通的常识，我也想把它写出来，用作备忘录；同时也把这些内容公布出来，和感兴趣的朋友分享，并求得大家的指教。

2018 年 7 月 18 日记

第一篇 小题大做

一、不知其人，但论其世

专业文史工作人员之外的普通读者，乍一看到《赵正书》，感到奇怪的，很可能是"赵正书"三个字写得大大的，单占第二只竹简的背面，很突出，很醒目，可是却孤孤零零，没有在书名之下，再题署上作者的姓名。因为我们现在看惯了的书不是这样。

推出自己的著述，却甘当无名英雄，这事儿在今天看起来好像颇显怪异——没法评职称，没法争头衔，没法抢座椅，也报不了各类奖项，领不来各个级别的奖章奖牌，那还写它干啥？那你在领导眼里还算个什么东西？甚至究竟还是不是个东西？

然而这些"有用"的需求，只是我的国当下一种新常态，不是普天之下都这样，更非自古以来就是如此（其实天底下真没有多少自古以来就有、或是自古以来就没变化过的事儿，包括山川草木也是这样，更不用说活人所干的勾当了，要不然还养活那么多历史学家干什么）。中国早期的文人学者，他们的生活状态和今天有很大不同，并没有这么多麻烦的说道和无聊的争竞，想写什么，写出来就是了，重要的是告诉读者自己究竟想表述些什么。昔余嘉锡先生撰

图4 竹书《赵正书》篇名

著《古书通例》，谓其缘由，乃"古人以学术为公，初非以此争名，故于撰著之人，不加别白也"（《古书通例》卷一《案著录·古书不题撰人》）。有文化的人，话就讲得文绉绉的，其实我在上面讲的那些大白话，跟这是一个意思。

谈到这一点，不禁让我想起"知人论世"那句成语。这个成语，出自大名鼎鼎的经书《孟子》，而且是直接出自孟夫子之口：

> 孟子谓万章曰："一乡之善士，斯友一乡之善士；一国之善士，斯友一国之善士；天下之善士，斯友天下之善士。以友天下之善士为未足，又尚论古之人。颂其《诗》，读其《书》，不知其人可乎？是以论其世也，是尚友也。"（《孟子·万章下》）

这段话，看起来好像挺通顺，实际上有两点不太好解释。一是提起话头的"一乡之善士"、"一国之善士"和"天下之善士"指的是什么？二是"是以论其世也"这句话中的"世"字指的是什么？

关于前者，自东汉赵岐注《孟子》以来，所有学者都以为这些人分别是与"友一乡之善士"、"友一国之善士"、"友天下之善士"这三句话中的"善士"相应级别的"善士"，低就低，高趋高，次井然，互不相乱。用赵岐的话来说，就是"各以大小来相友，自为畴匹也"。北宋人孙奭的《孟子注疏》、南宋时朱熹的《孟子集注》、清初王夫之的《四书训义》、清中期焦循的《孟子正义》，都是如此解说。

然而我读这些解说，总觉得不合逻辑。因为孟子既云"以友天下之善士为未足，又尚论古之人"，这就意味着他在讲这些话时并没有

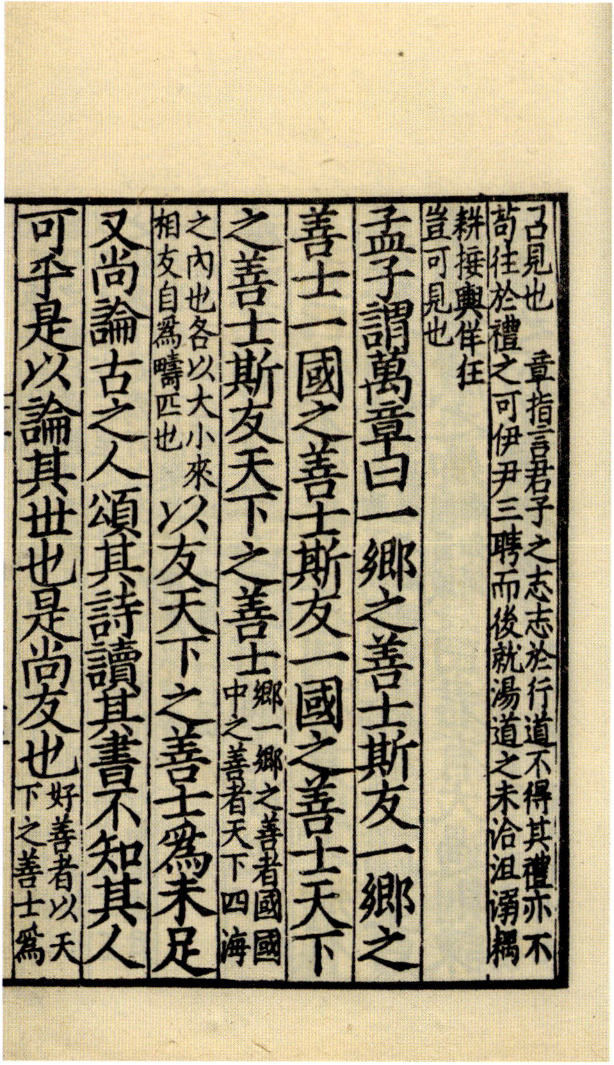
召見也　章指言君子之志志於行道不得其禮亦不
苟往於禮之可伊尹三聘而後就湯道之未洽沮溺耦
耕接輿佯狂
豈可見也
孟子謂萬章曰一鄉之善士斯友一鄉之
善士一國之善士斯友一國之善士天下
之善士斯友天下之善士鄉一鄉之善者國國
中之善者天下四海
之內也各以大小來
相友自爲儔匹也以友天下之善士爲未足
又尚論古之人頌其詩讀其書不知其人
可乎是以論其世也是尚友也好善者以天
下之善士爲

图5　《四部丛刊初编》影印宋蜀刊大字本《孟子》

那么强的等第观念,知所未足,即当进而求之,初不必画地为牢以自我束缚也。盖足以弥补天下之善士所未足的古之善士贤人,岂今世善人所可轻易比拟哉!窃以为"一乡之善士"、"一国之善士"和"天下之善士"云云,就是"有一乡之善士"、"有一国之善士"和"有天下之善士"的意思,是一个虚拟的前提条件,即谓一个人不管自己经历的范围有多大,都要随时随地交友"善士",亦可谓之曰"随遇而友",居乡便"友一乡之善士",在国便"友一国之善士",若是遍历天下四方,则"友天下之善士"。

其实东汉人赵岐在阐发《孟子》这段话的宗旨时所讲的一段话,正好可以拉将过来,给我的解说助阵:"章指(旨)言好高慕远,君子之道,虽各有伦,乐其崇茂。是以仲尼曰'无友不如己者','高山仰止,景行行止。'"这话跟他上面的注释实际上是对立的。宋人孙奭著《孟子注疏》,也承袭此说云:"孟子所以谓之以此者,盖欲教当时之人尚友也。"用孔子所说"无友不如己者"来解释《孟子》这段话,似乎可以最贴切地体现其实质内容。

不过这个问题,与我在这里讲述的主题并没有直接关系,只是为了把文献理解得更清楚一些顺便谈谈而已,经学家们认可还是不认可,都无关紧要。余姑妄言之,各位看官姑且听听也就算了。

与我们主题密切相关的,是上面提到的第二个问题,即"是以论其世也"的"世"字指的到底是什么?审看原文,这一点似乎既不深奥,也不复杂,北宋时人孙奭在《孟子注疏》中本来做过一个很简洁、同时看起来也很得当的解读,以为此语乃"论其人所居之世如何耳"。用现在的大白话讲,就是考察《诗》、《书》作者的时代背景。

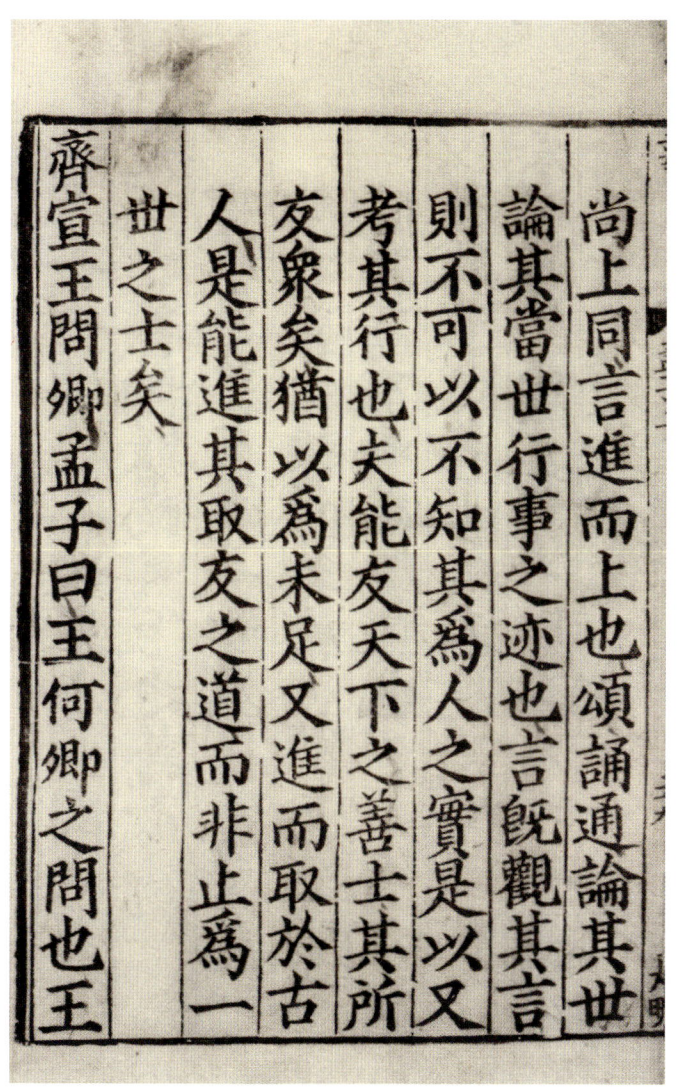

图6 国家图书馆出版社《国学基本典籍丛刊》影印宋当涂郡斋刻本《孟子集注》

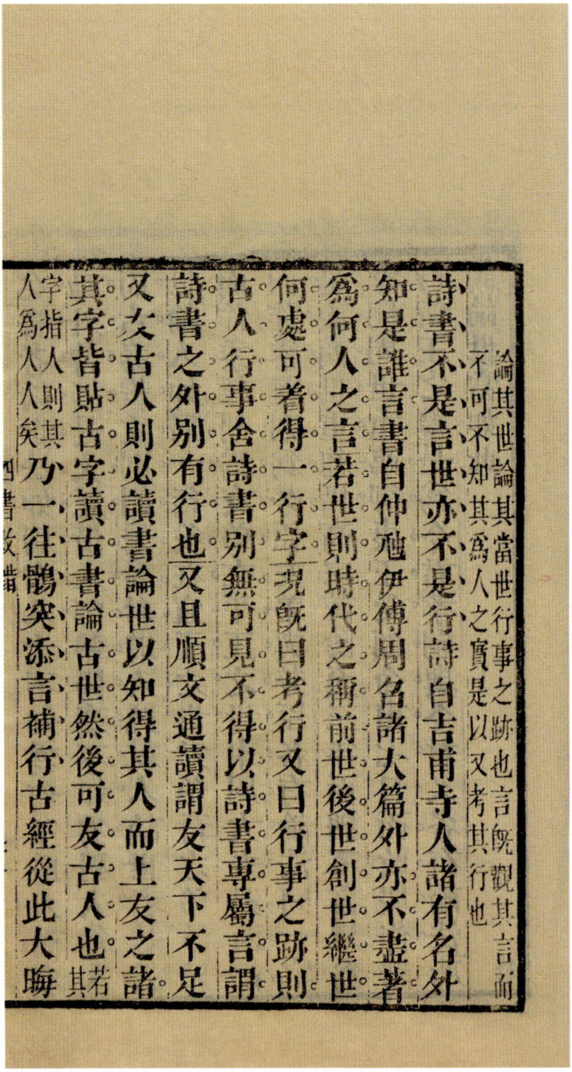

图7 清嘉庆十六年金孝柏重刻本《四书改错》

可是，后来朱熹撰著《孟子集注》，因刻意求深，便另外做出了新的阐释：

> 论其当世行事之迹也。言既观其言，而不可以不知其为人之实，是以又考其行也。夫能友天下之善士，其所友众矣，犹以为未足，又进而取于古人，是能尽其取友之道而非止为一世之士矣。

按照朱熹的说法，"世"成了《诗》、《书》作者的具体"行事"。其不言而喻的前提，是读者一定要清楚知悉这些《诗》、《书》是何人的作品。不然的话，其"当世行事之迹"便无从谈起。

元朝以后，由于科举考试遵用包括《孟子集注》在内的《四书集注》，元明两朝人讲述《孟子》此说的旨意，自然多承用朱子的说法。但到清康熙年间，学者们纷纷向统治学坛的朱子学说发起挑战，《四书集注》首当其冲。当时有毛奇龄者，著《四书改错》，也对这一问题，提出了完全不同的看法：

> 《诗》、《书》不是"言"，"世"亦不是"行"。……若"世"则时代之称，"前世"、"后世"、"创世"、"继世"，何处可着得一"行"字？
>
> 况既曰"考行"，又曰"行事之迹"，则古人行事，舍《诗》、《书》别无可见，不得以《诗》、《书》专属"言"，谓《诗》、《书》之外别有"行"也。
>
> 又且顺文通读，谓友天下不足，又友古人，则必读书论世，

> 以知得其人,而上"友"之诸"其"字,皆贴"古"字。读古书、论古世,然后可友古人也。若"其"字指人,则"其人"为"人人"矣。乃一往鹘突,添"言"补"行",古经从此大晦矣。(《四书改错》卷一七"是以论其世也"条)

这是在放言指斥朱熹对《孟子》的解读"一往鹘突",也就是一塌糊涂,话讲得虽然不够温柔敦厚,但毛氏紧紧扣住经文本身,对这一"世"字的理解,自然比朱熹要合理得多,而究其实质,不过是回到上述孙奭的后一种旧解而已。盖若是去掉外延的体悟,就经解经,结论只能如此。

虽然单纯从结论上看,毛奇龄的看法与孙奭完全相同,但他既然是针对朱熹的成说加以论辩,在辩驳的过程中,认识已有明显的深化。毛氏论曰:

> 《诗》自《吉甫》、《寺人》诸有名外,知是谁言?《书》自《仲虺》、《伊傅》、《周召》诸大篇外,亦不尽著为何人之言。

这实际上是说《诗经》和《尚书》中各个篇章的作者,大多已无从知晓,故不知所述系何人之言,正因为后人已"不知其人",不得已才退而论次其世,通过作者所处的时代背景,把握那一时代的人共同的思想和行为特征,以求其仿佛,达到尚友古之善士的愿望。

好了,转了一大圈,明白了所谓"知人论世",本来是因不知《诗经》和《尚书》各个篇章的具体作者始考究其所处的时代,是因不知其人而不得不但论其世，这就给我们了解古书的作者问题，提供了一个显豁的切入点。

我们在这里谈论古书的作者，首先要知道古书是什么时候开始出现的。所谓"古书"，其实并不很"古"，大致是春秋末期才开始出现的。

当时，孔子为教授门徒，整理、汇编《诗》、《书》、《礼》之类的文字材料作教材，形成最早的"书"。进入战国以后，"书"的种类和数量始大幅度增加，形式也逐渐定型。孟子是战国前期的人，而在那时，他就已经无以确知大多数《诗》、《书》篇章的具体作者，这就足以说明这些篇章本来就没有题署作者的姓名，而这应该是"古书"的普遍状况。

在"古书"的实物方面，从汉武帝时期起，就有包括所谓"古文尚书"在内的孔宅秘本的发现，后来在西汉末年和西晋时期又都有很重要的"出土文献"从古墓中现身于世。直到近年，盗墓贼和考古学家竞相努力，挖掘出越来越多战国秦汉时期的竹书帛书，其数量之多，甚至可以用"目不暇接"来形容。我们看这些的真的真的"古书"，基本上都没有题署作者的姓名。

以这些"古书"的实际形态与孟子讲到的情况相结合，可以更进一步确认，中国古代的书籍，在产生后的一段时期内，是根本没有题署作者姓名的。对此，余嘉锡先生早就总结说："周秦古书，皆不题撰人，俗本有题者，盖后人所妄增。"同时他还认为，这样的情况，一直持续到东汉末年，时人著书，"尚不自题姓名也"，且谓之曰："凡古书之题撰人者，皆所谓意必之辞也。"（《古书通例》卷一《案著录·古书不题撰人》）所谓"意必之辞"，也就是说这样题署的撰人，系出自后人的推断，由于古书成书的复杂性，其间自有可信或不可信者，须今之研究者具体予以辨别。

了解到这样的通例，我们也就很容易理解，西汉竹书《赵正书》只有书名而没有题署作者姓名，是一种非常平常的情况，殊不必为之诧异。面对无法知晓古书作者这种情况，孟夫子当年已经无可奈何，生于两千多年以后的我们，还能怎样呢？我们要想更好地理解这些著作的内容，只能按照孟子所说"知人论世"的原则，先设法推定它的撰著年代。

今竹书整理者依据字体和书写风格，推断"其抄写年代亦应在西汉中期武帝前后；同时，从用字、语词和语法等方面看来，《赵正书》的成书年代可能在西汉早期"。这样的判断，可谓大体不误，但同时也非常粗略，还具有很大不确定性。但在目前情况下，还看不到有什么更清楚的断代依据可资利用，不妨姑且主要参照这一结论来展开后文的论述。

二、无中生有

我在上一节提到的《古书通例》，是一部非常经典的著作。这部书的结论，主要是通过梳理和分析传世文献的记载而得出的，书中对古书"通例"、也就是其一般体例和共同特征的认识，深邃精准。他的绝大多数看法，不仅经历了时间的检验，而且在他身后出土的大量古书早期写本，愈加证明了这些看法是确切不移的。

附带说一下，《古书通例》是我们今天在阅读"古书"时手边必备的一部"导读"读物，也是我们进一步思索和探讨相关问题时起步的原点。其重要性，就像作者的《目录学发微》对中国古典目录学研究一样。薄薄一册"小书"，却是划时代的"巨著"。有些朋友初读此书，可能会觉得密度太大，不易读得下去。这没有关系，半懂不懂也没有关系，也很正常。多读，常读，慢慢就看懂了，就喜欢了，就醉了。好书就是这样密不透风，醇而又醇，不像我写的这些随笔性文稿，纵情漫笔，撒着欢儿地往里灌那么多水。

关于古书的名称，余嘉锡先生论之曰："古书之命名，多后人所追题，不皆出于作者之手。"（《古书通例》卷一《案著录·古书书名之研究》）这个话讲得非常稳妥，所以也得到学术界的广泛认同，现在人们普遍遵从的就是余嘉锡先生这一说法。

不过若是进一步深入分析，却让人感到似乎有些未厌人意。这就是所谓"多后人所追题"之外的那一小部分书籍若是本来就有书名或是篇名，那么为什么会有的书有"名"而另外那一大批书籍却没有？从后来的发展情况看，书籍有名，显然要比无名更加合理，那么，若是很早就有的书籍有了书名，那么为什么其他那些"无名"的书籍不在撰著之初就效仿其事，当即就题写个书名？书都写了，想个书名写出来，难道会比撰写书籍的内容更难不成？这是按照常理实在不大好理解的事情。

学者们做学问，大多都很注重研究方法，很多人会为此投入巨大精力，冥思苦想，希求找到不同于常人的高妙招式。不过我在读书、研究的过程中，经常想到的，是孔夫子讲过的那句格言："道不远人。"把这句话用到学术研究之中，我理解，就是学者们在从事研究时所遵循的基本研究方法，不应悖戾平平常常的人情事理。本着这样的态度看待古书的书名问题，也能提出一些新的想法。

先让我们来具体看一看，余嘉锡先生谈到的那一小部分与大多数没名儿的书籍不同的有名儿的古书，都是一些什么书。

余嘉锡先生把这些很早就带着名儿的书籍归纳为两类：第一类是早期的"官书"，第二类是"不知其学之所自出者，乃别为之名"。余嘉锡先生这一说法的前提，是"其他多以人名书"（《古书通例》卷一《案著录·古书书名之研究》），也就是像《老子》、《庄子》、《孟子》诸书一样，用作者的名称来称谓他撰述的著作。上述第二类书籍既然是因"不知其学之所自出"，才"别为之名"，就意味着这类书籍本来也是没有名称的，我们看到的书名也是后生的，是别人给它命名的。这样一来，那些带着书名出生的书籍，就只剩下了早期的"官书"了。

早期的"官书"，之所以有"名"，余嘉锡先生以为是由于"其书不作于一时，不成于一手，非一家一人所得而私，不可题之以姓氏，故举著书之意以为之名"（《古书通例》卷一《案著录·古书书名之研究》）。这种说法，看起来似乎很有道理，但仔细一想，也不是很好理解。

若是说这些书籍是因为"非一家一人所得而私，不可题之以姓氏"，才不得不"举著书之意以为之名"，那么，这就意味着"题之以姓氏"应该是早出古书的一种常态，可余嘉锡先生同时又明确讲道："春秋以前，并无私人著作，其传于后世者，皆当时之官书也。"（《古书通例》卷一《案著录·古书书名之研究》）可见在这些"官书"问世之际，世上还没有"题之以姓氏"的私人著述存在，也就是还绝无书名可言，并无成例可以效仿。

既然如此，按照一般的逻辑，最先出现的这些"官书"若是从出生就带有一个特定的专名，那么，紧随其后的各种官私著述，都应该效法其事，也是像模像样地带着个书名出现于人世的。然而我们看到的实际情况，却并不是这样。这就引发我们思索，这些早出"官书"的所谓"书名"，到底属于什么性质？

说老实话，这个问题，一时还不易讲述得十分清楚。不过有句老话，叫"每下愈况"，这句话也可以解释成：越是在那些显著的地方，越容易看清事物的本质。

在余嘉锡先生举述的那些早期"官书"中，其"尤为显而易见"系"举著书之意以为之名"的，莫过于《诗》、《书》、《礼》之类，而在我看来，《诗》、《书》、《礼》这些所谓书名，与其说是"举著书之意以为之名"，不如说更像是以书中文字所属的类别称谓之；更清楚地讲，也就是说，像《诗》、《书》、《礼》这样的名目，最初只是后世学者归纳概括其文本属性而命名的一个类别，是大类的名称，而不是后世意义上的书名，更不是作者自定的名称。余嘉锡先生说这些"官书"的名称是由于"不知其学之所自出者，乃别为之名"，这实际上就已经认识到这些所谓"官书"，其"书名"也是由他人拟定的，而不会是与生俱来的。人们之所以会如此这般地为其命名，是因为只有这样，才能把此一类书籍与彼一类书籍区别开来，所以也才会有所谓"佚诗"、"佚书"和"佚礼"的存在。这些"佚诗"、"佚书"和"佚礼"，其实就是没被编入《诗》、《书》、《礼》各成型汇编中的那些同类篇章。当时书籍还刚刚产生不久，有这样的类别划分，也就能够满足社会的需要。

这样来认识早期"官书"的书名问题，当然还有一些复杂的问题，需要进一步论证和说明,但儒家最核心的经典即已如此,其他书籍更宜做如是观。余嘉锡先生谓"古书自《六经》官书外,书名之最早而可据者,莫如《论语》"(《古书通例》卷一《案著录·古书书名之研究》),实则"论语"其意亦如其文本属性,不过"编次之语"而已,这和《诗》、《书》、《礼》之类的"官书"称谓,并没有什么不同的地方。

另外,从思辨的逻辑上来看,这样的认识,也或许会更加合理一些,即假如我们把书名看作是一个"无中生有"的东西,古书有一个由无名到有名的衍化过程,那么,或许就能够更好地解释书名的生成和它的演变了。

三、篇名的递变

在这一前提下,考察古书篇名和书名生成的过程,我们还是先回到余嘉锡先生过去总结的一些基本结论上去,由此出发,再结合上海博物馆藏战国竹书和清华大学藏战国竹书等地下出土的早期书籍实物,就可以比较清晰地阐明其实际状况。

余嘉锡先生总结古书名称的一项重要特征,是"古书多摘首句二字以题篇,书只一篇者,即以篇名为书名",并具体阐述其缘由说:"古人之著书作文,亦因事物之需要,而发乎不得不然,未有先命题,而强其情与意曲折以赴之者。故《诗》、《书》之篇名,皆后人所题。诸子之文,成于手著者,往往一意相承,自具首尾,文成之后,或取篇中旨意,标为题目。至于门弟子纂辑问答之书,则其纪载,虽或以类相从,而先后初无次第。故编次之时,但约略字句,断而为篇,而摘首句二三字以为之目。"(《古书通例》卷一《案著录·古书书名之研究》)这些话，大体讲明了古书篇名初生时期的基本状况，但在表述上，似乎可以再稍加调整，这就是古书最早出现的篇名，除了"摘首句二字以题篇"这种最常见的形式之外，还有"取篇中旨意，标为题目"这样一种形态。这样的表述，会更加明晰、也更全面一些。

晚近以来，大量早期竹书的出土，不仅印证了余嘉锡先生上述卓越见解，而且使我们还可以在他的研究基础上，更进一步认识古书的篇名和书名问题。

首先，和书名一样，篇题亦即篇名也是一个"无中生有"的过程。关于这一点，我们在清华大学藏战国竹书中的《程寤》、《皇门》和《命训》三篇中可以看得一清二楚。这三篇著作，竹书中都没有标识篇名，现在大家看到的篇名，是由整理者拟定的，而整理者之所以会这样为其拟加篇名，乃是由于这三篇著述的内容，是分别属于《逸周书》中的《程寤》、《皇门》和《命训》这三篇(《清华大学藏战国竹简》之第壹、伍两册)。显而易见，在战国时期钞录这三篇著作的时候，它们都还没有附着固定的篇名，现在大家看到这三个篇名，都是后来才有的东西。

一些战国竹书题写的篇名，与其对应的传世典籍之间，存在着重大差异，这一点，也是古书篇名"无中生有"的一个重要体现。例如，在《逸周书》的传世文本中，有一篇《祭公》，现在我们在清华大学藏战国竹书中看到一篇文字内容更加原始的写本，篇题却是书作《祭公之顾命》(《清华大学藏战国竹简》第壹册)。还有《伪古文尚书》中有《说命》一篇，在《书序》中即有这样的篇名(虽然东晋以来流传至今的《伪古文尚书》中的《说命》明显出于伪造)，清华大学藏战国竹书中却是题作《傅说之命》

（《清华大学藏战国竹简》第叁册）。《祭公之顾命》与《祭公》，《傅说之命》与《说命》，这还都不算是差距很大的篇题，再来看《尚书》传世文本中的《金縢》这一篇，在清华大学藏战国竹书中，同一篇的篇题更被写成了这个样子——《周武王有疾周公所自以代王之志》（《清华大学藏战国竹简》第壹册），这差的码子就实在有些太大了。

其实由于"后生"而造成的古书篇名的不确定性，在《仪礼》各篇的篇名上，可以看得更为清楚。陈梦家先生在研究武威汉简本《仪礼》时，列举对比了大戴本、小戴本、刘向《别录》本和武威出土西汉末年木简本《仪礼》的篇题，可见其相互之间仍然有明显出入；陈梦家先生同时还指出，其他经书如《诗经》也有类似的情况（《武威汉简》）。

不管篇名，还是书名，简明扼要，都是一个具有很大普遍性的特征。像《祭公之顾命》之与《祭公》，《傅说之命》之与《说命》，《周武王有疾周公所自以代王之志》之与《金縢》，篇题变化的趋势，是十分明显的，这就是由繁趋简。而其早期繁复的形式，正显示出这些篇名的幼稚性或不成熟性，显示出其"无中生有"之初的状态。这种初生未久的幼稚性或不成熟性，在那些"摘

图8 《周武王有疾周公所自以代王之志》简背篇题（据《清华大学藏战国竹简》第壹册）

首句二字以题篇"之篇题的演变过程中，同样存在，即那些早期的摘取首句之字以命篇的篇题中，也可以看到摘取其中较多文字来作篇名的情况，清华大学藏战国竹书中的《赤鸠之集汤之屋》这一篇就是如此。

除了篇题文字与后来的传世文本存在一定差异之外，这些篇名还向我们透露出如下两点信息。

第一，余嘉锡先生所说"取篇中旨意，标为题目"这种类型的篇题，在篇题产生的初期，就是一种比较普遍的形式。《祭公之顾命》、《傅说之命》和《周武王有疾周公所自以代王之志》这三篇著述，不仅其每一篇的开头，都不是篇题所用的文字，而且这几篇篇题，其本身就清楚体现出"取篇中旨意，标为题目"的特点。

其实像这样并非"摘首句二字以题篇"的篇题，我们在清华大学藏战国竹书和上海博物馆藏战国竹书中，还可以看到其他很多例证。例如，清华简中的《耆夜》、《殷高宗之问于三寿》、《子犯子余》和《越公其事》，上博简中的《竞建内之》和《鲍叔牙与隰朋之谏》，就都是这样（《清华大学藏战国竹简》之第壹、伍、柒三册。《上海博物馆藏战国楚竹书》之第五册），这可以进一步证明这种命名方式的普遍性。

第二，这种"取篇中旨意，标为题目"的做法，起初也应是出于后人之手。正因为如此，所标记的题目，往往具有很大的随意性，需要经历较长一段时间的沉淀，才会凝固成为后来传世文本所见的篇题。清华大学藏战国竹书中有一篇《周公之琴舞》，明显属于"取篇中旨意，标为题目"，但在同一书手同时书写的一篇题作《芮良夫毖》的竹书的背面，这个书手曾误题有"周公之颂志（诗）"这一篇题。这个篇

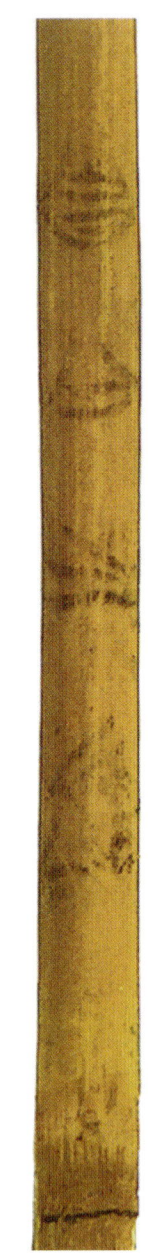

图9 《周公之琴舞》简背篇题（左），误书于《芮良夫毖》简背的「周公之颂志（诗）」（右）
（据《清华大学藏战国竹简》第叁册）

题，与《芮良夫毖》的内容毫不相干，却契合于《周公之琴舞》的内容。整理者认为，是书手误把原本要题在《周公之琴舞》简背的篇题书写在了《芮良夫毖》简的背面，待发现失误之后，又用书刀刮去，惟刮削未净，还是留下了约略可辨的字迹。这一情况，非常清楚地显现出读书人拟定篇题的随意性：同一篇竹书，或是题作《周公之颂志（诗）》，或是题作《周公之琴舞》，不过是一念之间的事情。竹书整理者称"竹简篇题本为检取方便而加，篇题异称不足为怪"（《清华大学藏战国竹简》第叁册）。若把这种说法改换成"早期著述的篇题起初本为读书人检取方便而加，篇题异称不足为怪"，或许能够更加清楚地体现其普遍性意义。

好了，这句话讲得很好。正是因为早期古书的所有篇题都是"无中生有"的产物，正是因为最初产生的篇题，只是为了应求读书人检取的需要，为了使读书人取书、阅书更为便利，所以才会出现初期篇题的随意性和不确定性，才会出现像"周武王有疾周公所自以代王之志"这般啰嗦的篇题。我们在传世文献中看到的这些古书的篇题实际上是一个递变的结果。这就是出土战国竹书带给我的规律性认识。

这样的认识，也许还有待进一步充实完善，但我希望这样的归纳概括会有助于我们从总体上更好地把握古书形态的演进历程，从而更好地理解"赵正书"这个书名。

四、书名的生成

篇名是"无中生有"逐渐生成、逐渐凝固下来的，如上所述，我们现在能够见到的比较有代表性的例证，像陈梦家先生研究过的《仪礼》，其各篇篇名，在西汉末期，还由于师法、家法的不同而存在一定的参差出入。那么，比篇名更大一层的书名，情况又是怎样的呢？更具体地讲，为什么会有像"赵正书"这样的书名呢？

余嘉锡先生总结说，古人著书，多单篇别行，往往"传其学者，各以所得，为题书名"（《古书通例》卷一《案著录》之《古书书名之研究》、《汉志著录之书名异同及别本单行》）。我理解，所谓单篇别行，应是古书最原初的状态。与此相比，汇聚单篇短文使之成为具有一定规模的"大书"，是次生的。与此相对应，所谓"书名"，在其出现之后很长一段时间内，也可以说是次要的，或者说是比篇名更不确定的，甚至是模糊不清的。

首先，就余嘉锡先生所说从一开始就带有书名的"官书"而言，我在前面第二节已经谈到，这些所谓书名，其实也是由后人拟定，本来只是一种书籍类别的名称，而不是后世意义上的书名。具体地讲，就我在上文举述的典型例证而言，《诗》就是"诗"类书籍的汇集，《书》就是"书"类书籍的汇集，《礼》就是"礼"类书籍的汇集。由于孔夫子以这些由他编定的各类文本教授学生，一方面，这些编入其中的著述被凝结为一体，固定不变；另一方面，像"诗"、"书"、"礼"这些原本属于著述类别的名称，也随之转变成了特定书籍的专有名称了，这也就是所谓"官书"的"书名"。

正因为这些所谓"官书"的名目起初并不是后世真正意义上的书名，所以随之而生的私家著述，也就和它一样，未能像模像样地带有个书名。余嘉锡先生总结其命名规律，谓"古人著书，多单篇别行，及其编次成书，类出于门弟子或后学之手，因推本其学之所自出，以人名其书"。但还有一些著述，逮编次成书的时候，学者们已经无由知晓其学之所自出，因而也就无法以人名书，在西汉末年刘向、歆父子编著《七略》以及东汉班固撰写《汉书·艺文志》的时候，只好自行给这些著述拟定一个书名（《古书通例》卷一《案著录·古书书名之研究》）。

刘向、刘歆父子两人相继编著《七略》，是缘于汉成帝诏命刘向参与校定汉廷公藏之书，当时"每一书已，向辄条其篇目，撮其指意，录而奏之"（《汉书》卷三〇《艺文志》）。刘向"录而奏之"的既有这些书籍的篇目，还有他概括出来的诸书"指意"。后者当时称作"书录"，用现在比较通行的话讲，似乎也可以姑且称之为"叙录"（所谓"目录"的"录"字本来就是这个意思），即阐述某一书籍的著述宗旨与内容概要等综合介绍性的内容。

这些"书录"，有一部分随着当时校定的书籍一直流传到今天，著名的《战国策》就是这样。透过刘向给《战国策》撰写的这篇"书录"，我们可以看到，在他校定这些书籍之前，有些书籍的名称，还是很不确定的：

> 臣向言：所校中战国策书，中书余卷，错乱相糅莒。……中书本号，或曰"国策"，或曰"国事"，或曰"短长"，或曰"事语"，或曰"长书"，或曰"修书"。臣向以为战国时游士辅所用之国，为之策谋，宜为"战国策"。

文中的"中"，是宫中的意思，在这里也可以理解为宫廷官藏。由西汉宫廷藏书可见，今天的一部《战国策》，在刘向之前，至少就有六种互不相同的书名。这一情况，充分显示出由后人编次单篇而成的较大篇

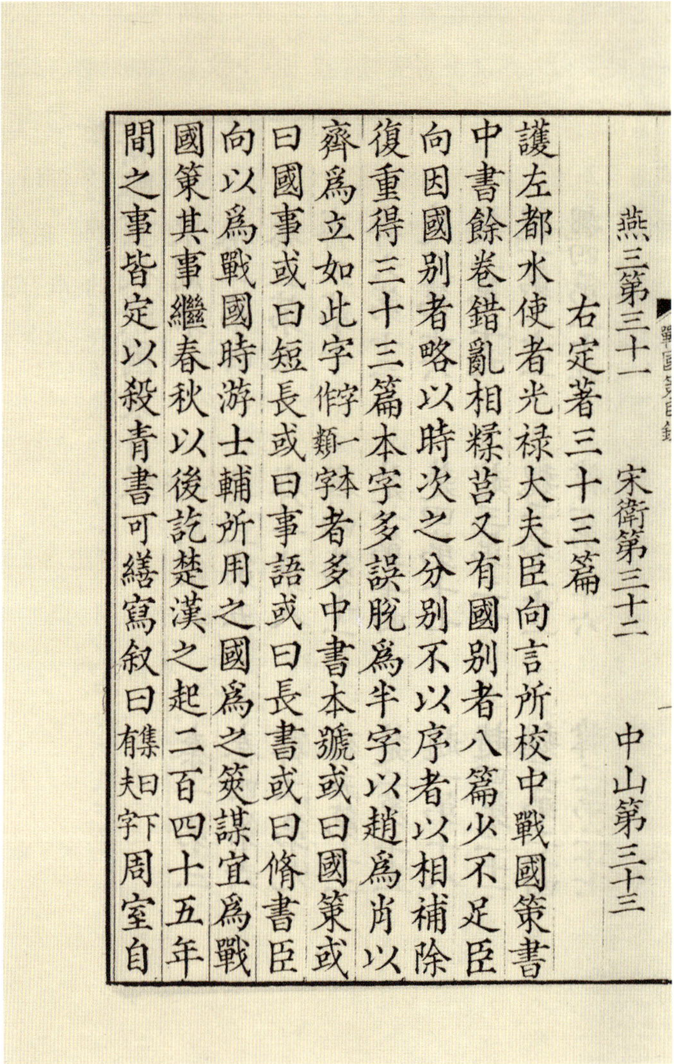

燕三第三十一　宋衛第三十二　中山第三十三

右定著三十三篇

護左都水使者光祿大夫臣向言所校中戰國策書，中書餘卷錯亂相糅莒又有國別者八篇少不足臣向因國別者略以時次之分別不以序者以相補除復重得三十三篇本字多誤脫為半字以趙為肖以齊為立如此字者多中書本號或曰國策或曰國事或曰短長或曰事語或曰長書或曰脩書臣向以為戰國時游士輔所用之國為之筴謀宜為戰國策其事繼春秋以後訖楚漢之起二百四十五年間之事皆定以殺青書可繕寫叙曰臣敞知字下周室自

图10　《中华再造善本》丛书影印国家图书馆藏宋绍兴刻本《战国策》卷首影宋钞补刘向书录

幅的书籍，在为之命名时，是具有很大随意性的：或就其依国别编次的特点，名之曰"国策"或"国事"，这与《国语》、《国风》、《国志》、《国春秋》命名的原理相同；或就其所谓"语类"著述的性质，如《国语》，称之为"事语"。至于"短长"、"长书"、"修书"这些名目，后世学者的解释，说法不一。如唐人张守节以为乃是缘于"欲令此事长则长说之，欲令此事短则短说之"（《史记》卷九四《田儋列传》唐司马贞《索隐》），清人沈钦韩则以为是用《鬼谷子·权篇》所云"智者不用其所短，而用愚人之所长"的语义（清沈钦韩《汉书疏证》卷二九）。在清代，还有一些学者推论，这部书最初是由西汉初年人蒯通编定的，而蒯氏为它选定的书名，与刘向不同，乃是"号曰《隽永》"，盖"与中书本号《长书》、《修书》者亦相似，'修'、'长'皆'永'之义也"（清牟庭相《雪泥书屋杂志》卷一。清陈宗起《丁戌笔记》卷上）。这样的看法，似乎也有一定道理，从而也就愈加显现出在西汉时期至少有一部分书籍的书名还很随意，也很不稳定。余嘉锡先生就明确指出，《汉书·艺文志》中的很多书名，是刘向或班固根据自己的著录体例，径行改题的书名。如班固改《子夏易传》为《韩氏易传》，刘向改淮南王刘安的《鸿烈》为《淮南内篇》（《古书通例》卷一《案著录·汉志著录之书名异同及别本单行》）。这也是书籍名称还不十分稳定的一个重要体现。

  直到班固的时代，书名还不够稳定，这在一定程度上还与书名的题署位置有关。

  如上所述，篇名和书名的生成次序，总的来说，是先有篇题，后有书名。从地下出土战国竹书的实际情况来看，由于篇题乃是"无中生有"地后生的构件，它一般是被题写在简册的背面（个别也有一些是写在简册正面篇末的空白地方）。如前所述，《赵正书》的篇题就是这样，是被写在第二只简的背面。武威出土西汉后期书写的《仪礼》，篇题依然如此。那么，后起的书名写在什么地方呢？关于这一点，我没有见到相关的文献记载，推测很可能是写在盛书的书帙上面。

正因为内文里面并没有篇题和卷次，一旦简背题写的篇题和卷次发生脱佚，一部书中各个部分的排列次序，便很容易产生错乱；或者由于传习者的不同，对各篇次序做出不同的编排，如直到西汉后期，《仪礼》的篇目排列顺序，在不同的门派之间就颇有差异（陈梦家《武威汉简》）。为此，汉代有些书籍，作者要在全书的篇末，一一记明其书各篇的先后次第，如司马迁《太史公书》末卷之《太史公自序》、班固《汉书》末篇《叙传》、王符《潜夫论》末篇《叙录》，就都是如此。所谓《太史公书》，是司马迁对自己所著通代史书的称谓（《史记》卷一三〇《太史公自序》），同时人东方朔及《汉书·艺文志》是把它题作《太史公》（《史记》卷一三〇《太史公自序》唐司马贞《索隐》引桓谭《新论》语），这正符合余嘉锡先生所说当时尚多"以人名其书"的通例，而后来此书之所以能改以《史记》之名通行于世，即与其内文最初并没有写录书名而使书名固定下来具有很大关系。

在这之后的变化，现在我们能够看到的相关资料，实在太少，很多状况，还模糊不清，但我觉得大致可以推测，东汉末年镌刻的《熹平石经》，在篇题位置的演变史上，应该具有重大的转折性意义。

由于石经的特殊性，无法像简册一样把篇题镌刻在碑石的反面，这样，篇题就出现在了内文的前面。在《熹平石经》中我们可以看到，这个刚刚由书籍的背面转到正面与内文一同刊刻的篇题，是被顶格镌

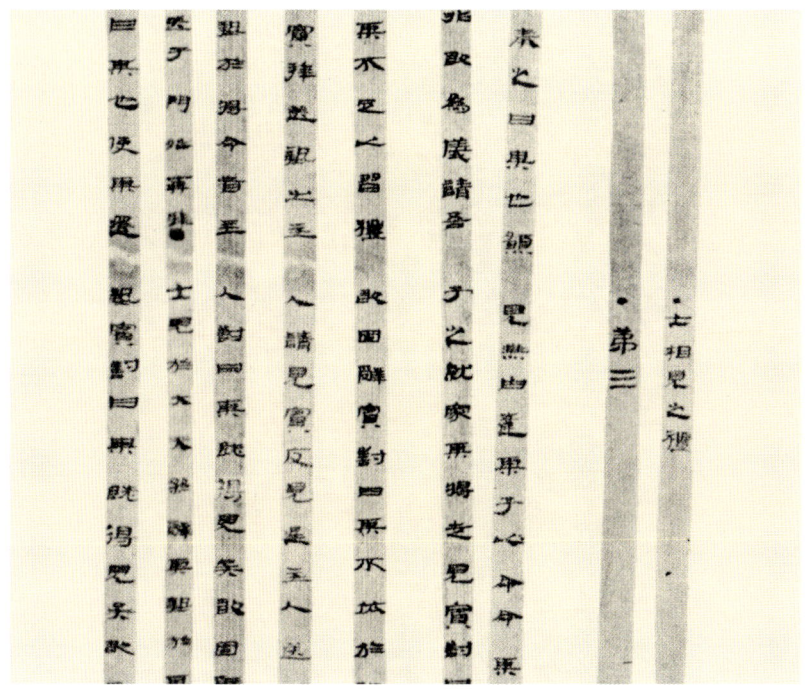

图11 武威出土西汉后期竹书《礼·士相见礼》简背篇题（右侧第一、二只简）
（据陈梦家《武威汉简》）

图12 《熹平石经》之《礼·乡饮酒礼》篇题
（据马衡《汉石经集存》）

刻在正文的前面（帛书可能也遇到了类似的不便在卷子背面书写篇题的问题，目前我们从西汉马王堆帛书中看到的篇题，是添附在正文的末尾）。由于经书在当时官私文化中的核心地位与《熹平石经》的权威影响，篇题位置这一新的形式，应当会在社会上获得广泛的传播，并被其他书籍所效仿。

需要注意的是，东汉和帝时经过蔡伦对造纸技术的重大改良，纸张开始逐渐取代竹木简牍，成为写录书籍的载体。由于纸张不像竹木简只那么厚而密实，容易透露墨迹于纸背，再像过去那样把篇题写在正文的背面在技术上也显现出很大的不合理性。这样，在用纸张写录《熹平石经》的时候，更容易照抄其既有的篇题形式。书写材料的改变，也应当是篇题逐渐移入正文之前的一项重要原因。

附带说一下，讲古书版本，习惯称篇题为"小题"；相应地，称书名为"大题"。宋元刻本，保持原书旧式的，往往"小题在上，大题在下"。所谓"小题在上"，就是先行加载内文之前的篇题，通常是位于内文前面首行的上部。后来载入内文的书名，由于篇题已经占据了内文前面首行的上部，只好列在篇题的下面，靠近首行的下部，这就是所谓"大题在下"的缘由。这种状态的具体形成过程，虽然还有待深入研究，但我们从存世唐写本和唐《开成石经》中可以看出，至迟在唐代，它就已经普遍通行。

五、名不副实的"赵正书"

关于古书书名，余嘉锡先生还总结说，除了上述这些汇聚众多单篇别行的著述再另外赋予其名的书籍之外，那些一直以原本形态单独流行的著述,即始终"书只一篇者,即以篇名为书名"(《古书通例》卷一《案著录·古书书名之研究》)。现在我们看到的《赵正书》,就是这样——"赵正书"首先是一个篇题,同时也是这部著述的书名。

需要说明的是,关于古人自定书名之事的缘起,余嘉锡先生在《古书通例》一书中也做过说明。按照他的说法,"自著书而自命之名",肇始于秦吕不韦指令门客撰著的《吕氏春秋》,继之者则为汉武帝时淮南王刘安招集宾客撰著的《鸿烈》(案即《淮南内篇》。《古书通例》卷一《案著录·古书书名之研究》)。由此可知,在《赵正书》生成的年代,所谓"自著书而自命之名"不过刚刚出现萌芽,这篇东西还未必能及时厕身其间。

在系统考察古书篇名与书名的发生及其初期发展状况之后,我们就能够更加清楚、更加全面地理解"赵正书"这个书名。我说这个书名需要努力去"理解",是因为它与这篇著述的内容,并不吻合。

"书"字在这里只是指著作、著述,如前面第一节所述,它是从春秋末期才开始现身于世的。这与作为古人著述中某种特定体裁称谓的"书"字,如《史记》之《礼书》、《乐书》等"八书"以及《尚书》之"书",性质是完全不同的:《赵正书》的"书"是个大概念,《礼书》、《乐书》以及《尚书》的"书"是这个大概念下面的小概念(当然,《礼书》、《乐书》等"书"与《尚书》之"书"又不相同,这是两个并列的小概念)。

上一节谈到,司马迁自称《史记》为《太史公书》,而东方朔及《汉书·艺文志》则将其书作《太史公》。两相参照可知,后者是以人名书,而所谓"太史公书",意思也就是"太史公写的书"。与此不同的是,"赵正书"显然不会是指"赵正写的书",而只能是指"关于赵正的书"。

然而通读全书,所谓赵正亦即秦始皇只是引出其主体内容的线索,

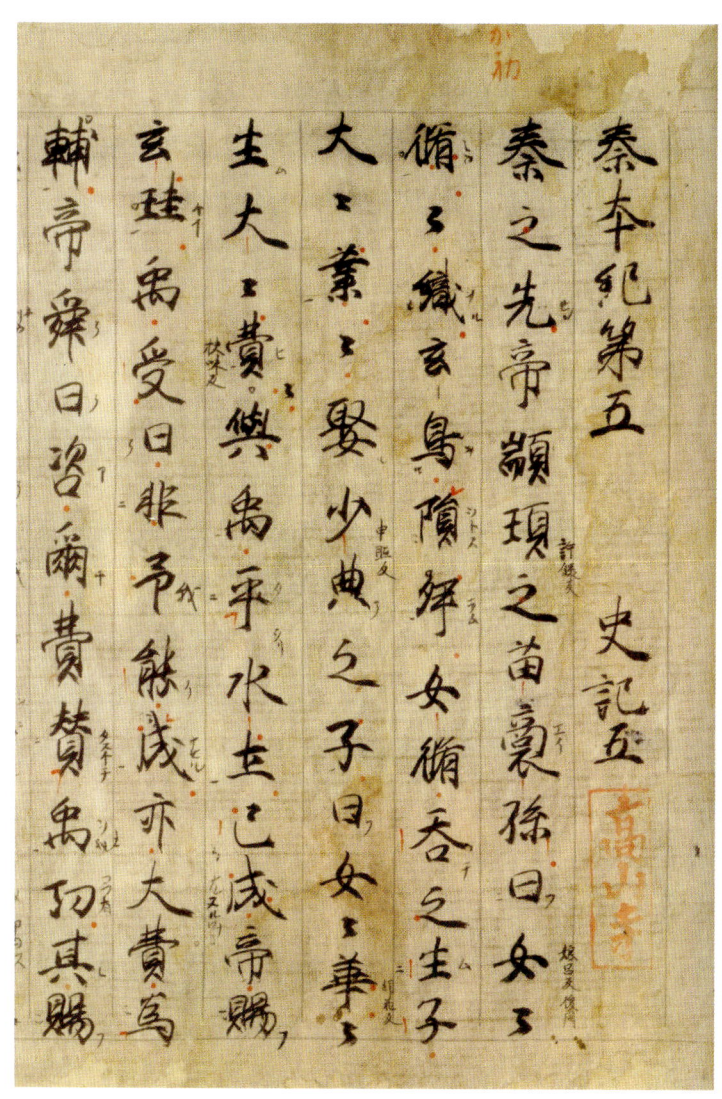

图13 日本高山寺旧藏古写本《史记·秦本纪》
（据日本东京勉诚出版2014年出版《东洋文库善本丛书》影印本）

其书系以秦始皇之死为开端，展开胡亥不听子婴、李斯之谏以致身死国亡的故事，秦始皇亦即赵正在全篇构成中只起到一个铺垫背景的作用，主角本是胡亥，所以，合理的命名，自然应题作"胡亥书"，甚至也可以用另一个贯穿始终的主要配角李斯的名字名之曰"李斯书"，而绝不应该是"赵正书"。

之所以会出现这种名不副实的情况，就是因为如上所述，不管是篇题，还是书名，由于是由他人拟定，起初都具有一定的随意性和不确定性，在撰著《赵正书》的西汉时期，依然如此。因此，"赵正书"这个名称，也绝不会出自作者自题，应如战国以来递相承袭的情况，只是读其书者随意标记的一个名称。同时，明了相关的社会文化背景，我们也就很容易理解，不管是作为独立存在的单篇著述的篇名，还是把它视作短篇著述的书名，出现像"赵正书"这样好像是名不副实的称谓，都丝毫不足为怪。

"赵正书"这个书名，虽然只有短短三个字，但我们捧起书来，一边看，一边想，一边问上一句"为什么"，还是可以在读书的过程中，学到或是探索到很多相关的知识。孔夫子说："名不正则言不顺。"我们今天来读这本书，对作者的话说得是不是很顺，并不十分在意，我们更加在意的，是他到底说了些什么和想说什么，还有它为什么是这个样子，书名也是其中的一项要素。在历史的大背景下看小问题，不仅更容易看清认准史事的真相，还能够看到它发展的过程以及同其他史事的联系。

2018 年 9 月 13 日晚记

第二篇 一件事,两只笔

一、新发现带来的新问题

发现《赵正书》的消息稍一透露，就受到社会公众的广泛关注。人们关注的重点之一，是文中所记史事与《史记》等传世典籍的重大差异。其实不仅社会公众为其新奇异常惊诧得"舌挢然而不下"，专家学者更从史料学角度对这些内容投以庄重的目光。

在《北京大学藏西汉竹书（叁）》之《释文·注释》部分这一篇的篇首，具体整理者代表整理组全体成员述云：

> 《赵正书》的部分内容与《史记》之《秦始皇本纪》、《李斯列传》、《蒙恬列传》中的某些记载相似，有些段落可以看出明显同出一源。但在一些重大史事的记载上，《赵正书》与《史记》差异很大，例如说秦二世胡亥之继位是由秦始皇死前认可，而非李斯、赵高等人密谋篡改遗诏。可见关于秦末历史，汉初已有不同版本的记述流传，《史记》所取只是其中之一，《赵正书》又为我们提供了宝贵的新史料。

整理者对《赵正书》与《史记》纪事的重大差异，显然持有一种非常积极的态度，是将《赵正书》中的这些内容，看作是汉初人对秦末历史的另一种"记述"（案所述"不同版本"一语用词似乎不够妥当，这里所说"版本"更像网络流行文化的语汇，而不应该是历史学研究的专业用语），而且是"宝贵的新史料"。这里值得注意的关键点，是把《赵正书》与《史记》等量齐观，看作是同样的记述"秦末历史"的史学著述。

另一方面，《赵正书》的具体整理者在撰著专文论述其史料价值时，尽管认为"司马迁是一位严肃的史学家，作为太史令，他参考的典籍更为广泛，其中还包括了秦国史书《秦纪》在内。《赵正书》的撰写目的是'以史为鉴'，在史实方面未必都经过详尽稽考。因此，对于一些大的史实，在无其他确凿证据的情况下，并不能轻易否定《史记》的记载"，但还是提出如下意见：

> 大概在西汉早期，与《赵正书》类似的记述可能有多个版本。《赵正书》的一些记载与《史记·秦始皇本纪》、《史记·李斯列传》、《史记·蒙恬列传》等有一定出入，而且某些方面有较大的不同，这是值得深入研究的问题，但目前还不能断定何者更符合历史史实。

显而易见，这是讲那些《赵正书》纪事与《史记》的重大差异，孰是孰非，还是一个有待研究的问题（赵化成《北大藏西汉竹书〈赵正书〉简说》，刊《文物》2011年第6期），更为清晰地体现了以竹书整理者为代表的学术界很多人的看法。这一看法的出发点，当然还是前面提到的对其历史"记述"性质的认识。

新发现带给人们的冲击，还不止于此。2011年，整理北京大学藏西汉竹书的学者，开始在《文物》上发表文章，正式披露《赵正书》的发现和它的基本内容，2012年竹书整理者编辑出版《北京大学藏西汉竹书墨迹选粹》一书，展现这篇竹书更多具体的文句，但还没有等到《赵正书》全文的出版面世，2013年接近年底的时候，在长沙召开的"湘鄂豫皖楚文化研究会第十三次年会"上,湖南省文物考古研究所研究员张春龙先生向与会者公布说,从这一年6月开始在湖南益阳兔子山遗址陆续出土的简牍中发现了秦二世胡亥的"即位文告"(李国斌《秦二世奉诏登基文告出土 揭秘大秦王朝真正掘墓人》,见"人民网",2013-11-25。案实际上它应该是这位二世皇帝在改行新元之后发布的一道安抚天下民众的诏书,后文将有具体论述)。张春龙先生后来对此正式评议说:

> 秦二世颁布的诏书,可与北京大学藏西汉简牍中的《赵正书》相互阐发,对研究秦二世其人和秦朝政治有重要价值。(湖南省文物考古研究所、益阳市文物处《湖南益阳兔子山遗址九号井发掘简报》,刊《文物》2016年第5期)

张春龙先生这样讲,恐怕主要是由于在这一所谓"即位文告"中有"朕奉遗诏"这样的语句,而这一语句与《史记》所书赵高、李斯合谋篡改始皇遗诏事明显不符,却与《赵正书》中胡亥遵奉遗诏合法登基的叙述正相吻合。

中国本土之外,海外一些学者对《赵正书》的发现也极为重视。在这当中,尤以日本学习院大学教授鹤间和幸先生最有代表性。2015年9月,鹤间先生在日本岩波书店出版了一部著作,题作《人间·始皇帝》,特别侧重发掘、阐释新出土史料所蕴涵的历史讯息,利用这些出土资料对秦始皇和他所建立的大秦帝国做出很多不同于以往的解析,《赵正书》自然受到他特别的青睐。在鹤间和幸先生看来,司马迁在《史记》中对秦始皇之死的基本记载是不能简单信从的,而是需要结合《赵正书》等新出土材料来展开全新的认识。

多年来,学术界本来就盛行利用各种新材料来颠覆既有的认识,在这当中,出土的早期文献,尤为受人钟爱。专家学者们对《赵正书》这样一谈,再与兔子山遗址出土二世皇帝诏书的内容相互参证,社会上那些没有受过正规史学研究基础知识训练的历史爱好者,更踊跃献身其中,透过《赵正书》的文字,恣意驰骋自己的想象,对秦末相关历史问题,大做文章,出现很多新奇的观点。

对此,我从见到相关的新闻报道以及整理者透露出来的十分有限的信息时起,就持有不同的看法,在2015年出版的《制造汉武帝》一书中已明确表述过自己的意见(拙说见该书第五章《刘宋时期另一场"巫蛊之变"与王俭朔造的戾太子形象》)。

不过海内外学术界出现上述情况,自然有它的道理。因为这项新的发现,确实给研究者提出了新的问题。只是在我看来,要想很好地解答这些新问题,不仅需要首先清楚判明《赵正书》与《史记》纪事的异同,重视《赵正书》提供的新信息,更重要的是,还需要从一些最为普通的一般性基础谈起,这样才能合理地认识二者之间的是非正误。

这就是文史研究的特点,在向前走的时候,需要先回过头去,确定起步的基点。这样的起步基点,一要准,二要稳。

二、毁弃的诏书与出土的诏书

秦始皇临终前,留下一份遗诏,这分别见载于《史记》的《秦始皇本纪》和《李斯列传》。两处的记载,文字略有差异,但是其实质内容,却是完全一致的。

《史记·秦始皇本纪》的纪事如下：

> （秦始皇）至平原津而病。始皇恶言死，群臣莫敢言死事。上病益甚，乃为玺书赐公子扶苏曰："与丧，会咸阳而葬。"书已封，在中车府令赵高行符玺事所，未授使者。七月丙寅，始皇崩于沙丘平台。丞相斯为上崩在外，恐诸公子及天下有变，乃秘之，不发丧。棺载辒凉车中，故幸宦者参乘，所至上食、百官奏事如故。宦者辄从辒凉车中可其奏事。独子胡亥、赵高及所幸宦者五六人知上死。赵高故尝教胡亥书及狱律令法事，胡亥私幸之。高乃与公子胡亥、丞相斯阴谋破去始皇所封书赐公子扶苏者，而更诈为丞相斯受始皇遗诏沙丘，立子胡亥为太子。更为书赐公子扶苏、蒙恬，数以罪，其赐死。

在这下面，司马迁还写了这样一句话："语俱在《李斯传》中。"这是司马迁在开创纪传体史书时所订立的一项叙事规则，或者说是他所创立的一种叙事笔法，即在不同篇章之间，载述同一史事，令其详略互见，错综为文。

这样的叙事手法，使其每一篇章各有侧重，同时全书行文亦颇有曲折回环之妙（当然有得亦有失，《史记》为文时或亦有冗赘抵牾之失）。惟此等叙事方式，非盖世高手自无以为之。故这一纪事方式，仅为东汉班固的《汉书》所遵行，而至晋人陈寿撰述《三国志》，即以所谓"一事不两载"作为叙事的基本原则，刘宋范晔《后汉书》以下所谓"正史"

则更多地是承袭陈氏笔法而无力在总体上追步迁、固后尘。

那么,在《史记·李斯列传》中又是如何记载这一史事的呢?《史记·李斯列传》先是对始皇病情危殆时所留诏书事写有如下一段简略的说明:

> 其年七月,始皇帝至沙丘,病甚,令赵高为书赐公子扶苏曰:"以兵属蒙恬,与丧,会咸阳而葬。"书已封,未授使者,始皇崩。书及玺皆在赵高所,独子胡亥、丞相李斯、赵高及幸宦者五六人知始皇崩,余群臣皆莫知也。李斯以为上在外崩,无真太子,故秘之。置始皇居辒辌车中,百官奏事、上食如故,宦者辄从辒辌车中可诸奏事。

这一记载与《秦始皇本纪》的不同,主要有两点:一是这封相当于秦始皇"遗诏"的诏书是由赵高按照秦始皇的指示执笔撰写的;二是李斯秘不发丧的缘由,主要是"无真太子",也就是秦始皇在生前一味奢求长生久视,根本没有对百年之后最重大的事项亦即立储之事做出应有的安排。这两点,实际上是进一步补充完善了《秦始皇本纪》没有能够详细叙说的重要细节。

二者相互印证,可以更加清楚地反映这份"临终嘱咐"的产生过程和最高行政官员丞相李斯的应变处置措施。两处记载似同而有异,似异而实同,这就是太史公错综为文的妙处。读《史记》,慢慢读,细细品,往往令人陶醉,首先就是醉在这里。

不过司马迁在《秦始皇本纪》中写下的"语俱在《李斯传》中"

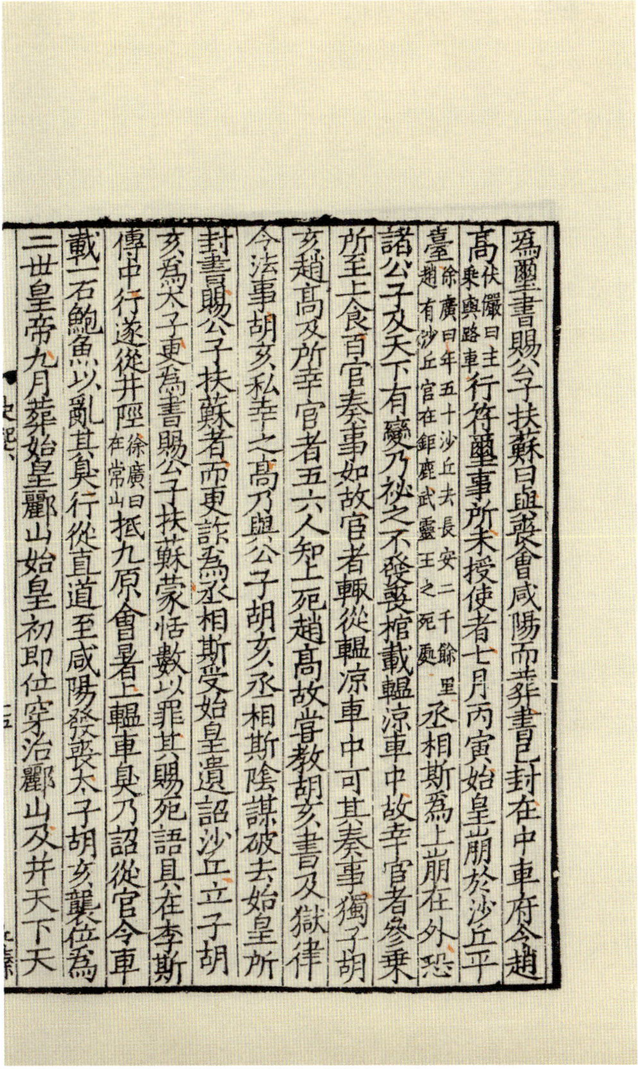
爲璽書賜公子扶蘇曰與喪會咸陽而葬書已封在中車府令趙高（伏儼曰主乘輿路車）行符璽事所未授使者七月丙寅始皇崩於沙丘平臺（徐廣曰年五十沙丘去長安二千餘里趙有沙丘宮在鉅鹿武靈王之死處）丞相斯爲上崩在外恐諸公子及天下有變乃祕之不發喪棺載轀涼車中故幸宦者參乘所至上食百官奏事如故宦者輒從轀涼車中可其奏事獨子胡亥趙高及所幸宦者五六人知上死趙高故嘗教胡亥書及獄律令法事胡亥私幸之高乃與公子胡亥丞相斯陰謀破去始皇所封書賜公子扶蘇者而更詐爲丞相斯受始皇遺詔沙丘立子胡亥爲太子更爲書賜公子扶蘇蒙恬數以罪其賜死語具在李斯傳中行遂從井陘（徐廣曰在常山）抵九原會暑上轀車臭乃詔從官令車載一石鮑魚以亂其臭行從直道至咸陽發喪太子胡亥襲位爲二世皇帝九月葬始皇酈山始皇初即位穿治酈山及并天下天

图14　《中华再造善本》丛书影印南宋淳熙三年张杅桐川郡斋刻耿秉重修附《集解》、《索隐》本《史记》

这句话，更多地是指《李斯列传》接下来一大段在《秦始皇本纪》中根本没有的记载。

这段内容，详细记述了赵高先是诱惑胡亥、接着又劝说李斯听从他的计谋，最终定策弃置秦始皇的诏书而另行伪造遗诏以立胡亥为太子的经过。结果，是赵高、胡亥和李斯这三人沆瀣一气，达成了改变历史发展轨迹的惊天密谋：

> 于是乃相与谋，诈为受始皇诏丞相立子胡亥为太子。更为书赐长子扶苏曰："朕巡天下，祷祠名山诸神以延寿命。今扶苏与将军蒙恬将师数十万以屯边，十有余年矣，不能进而前，士卒多耗，无尺寸之功，乃反数上书直言诽谤我所为，以不得罢归为太子，日夜怨望。扶苏为人子不孝，其赐剑以自裁！将军恬与扶苏居外，不匡正，宜知其谋。为人臣不忠，其赐死，以兵属裨将王离。"封其书以皇帝玺，遣胡亥客奉书赐扶苏于上郡。

胡亥赖此，得以继位成为"二世皇帝"，太史公笔下所谓"胡亥诈立"的具体经过，就是这样一番场景，而其中最为关键的情节，乃是毁弃秦始皇的真诏书，同时又伪造了两道假诏书：一道立胡亥为太子，另一道赐长子扶苏与将军蒙恬死。

这样的历史事实，既经《史记》载述之后，从来没有人怀疑其真实性，世世代代，一直就这样在世间流传。

孰知传着传着，在二十一世纪这个新世纪的新时代里，一个全新的情况出现了：在中国这个地球上最大的大工地上，人们看到了从湖南益阳兔子山遗址发掘出来的所谓秦二世"即位文告"木牍。

在这篇"文告"中,提到了秦始皇的"遗诏":

> 天下失始皇帝,皆遽恐悲哀甚。朕奉遗诏,今宗庙事及箸(著)以明至治大功德者具矣,律令当除定者毕矣。元年,与黔首更始,尽为解除故罪,今皆已下矣。朕将自抚天下吏、黔首,其具行事已,少䌛(徭)赋,扰黔首,毋以细物苛劾县吏。亟布。以元年十月甲午下,十一月戊午到守府。(湖南省文物考古研究所、益阳市文物处《湖南益阳兔子山遗址九号井发掘简报》,刊《文物》2016年第5期。案具体文字判读参考了陈伟《〈秦二世元年十月甲午诏书〉校读》,刊"简帛网",2015-06-14;王宁《益阳兔子山秦简〈秦二世元年诏书〉的几个问题》,见"复旦大学出土文献与古文字研究中心网站",2016-8-3)

这件东西,看着好像很简单,但却有很多细节的认识,需要具体落实到地。下面,容我一一叙说。

首先是它的性质,也就是说,这是一份为了什么而颁发的诏书。清晰地辨明这一点,才能准确地认识这篇诏书与胡亥即位一事的关系。

考古工作者最初在2013年底公布的消息,说它是"秦二世胡亥继位后第一年的第一个月颁布"的"即位后的文告",记者则将其径行称作"秦二世奉诏登基文告"(李国斌《秦二世奉诏登基文告出土 揭秘大秦王朝真正掘墓人》,见"人民网",2013-11-25)。在第二年、也就是2014年4月公布的2013年全国十大考古新发现的评选结果中,国中各路权威考古学家,不仅确认具体发掘人员上述认识,而且在此基础上还有所

图15 湖南益阳兔子山遗址出土秦二世诏书木牍
（据《湖南益阳兔子山遗址九号井发掘简报》）

"拔高推进"，认为这件木牍"为秦二世继位后颁行的文告，是秦二世胡亥继位后第一个月颁布（全国十大考古新发现评选活动办公室《湖南益阳兔子山遗址》，刊"中国考古网"，2014-5-6）。由"秦二世胡亥继位后第一年的第一个月"到"秦二世胡亥继位后第一个月"，这显然是一个很重要的变化，即进一步拉近了这一诏书与胡亥即位一事联系的紧密程度。在这一遗址的发掘者后来正式刊布的简报中，又去掉"继位后第一个月"的"后"字，径谓这一木牍载录的"是秦二世胡亥继位第一个月发布的诏书"（湖南省文物考古研究所、益阳市文物处《湖南益阳兔子山遗址九号井发掘简报》，刊《文物》2016年第5期）。

在这里必须郑重指出，不管说它是"秦二世胡亥继位后第一年的第一个月颁布"的"即位后的文告"，还是说它是在"秦二世胡亥继位后第一个月颁布"，或者说它是"秦二世胡亥继位第一个月发布的诏书"，这几种说法，都很不合适，而且越说越不妥当，越说去历史真相越远。

胡亥继位成为二世皇帝的时间，与秦始皇去世的时间前后相继。因此，要想更加清楚地确定这一时间，就需要先来落实秦始皇去世的具体时间。

关于这一点，《史记·秦始皇本纪》本来有非常清楚的一个记载，乃谓秦始皇三十七年"七月丙寅，始皇崩于沙丘平台"。连具体死在哪一天都明明白白，按说该算清楚了吧？可是麻烦就出在这个具体得不能再具体的日子上。

当时纪日的方法，是用干支，也就是所谓"天干地支"的组合来表示每一个日子，即以甲、乙、丙、丁等十个"天干"与子、丑、寅、卯等十二地支按顺序两两匹配，排列组合，如甲子、乙丑、丙寅、丁卯等，依此递进六十次后，即重启于甲子，开始新一轮循环，周而复始，无有尽时。由于一个月最多只有三十天，所以这六十个天干地支的组合，其中至少有一半，在每一个具体的月份中是不会出现的。

周家台秦墓出土《日书》所附秦始皇三十七年的历谱，记有每个月月初的干支。从中可以看到，其七月朔日亦即初一这一天的干支是"丙子"（陈伟主编《秦简牍合集（叁）》），由此后延，则十一日为丙戌，二十一日为丙申，是月乃无丙寅之日。也就是说，在秦始皇三十七年的七月，根本就没有"丙寅"这一天（朱桂昌《颛顼日历表》）。

依据这一历谱，日本学者鹤间和幸认为，《史记·秦始皇本纪》所记"七月丙寅"应为"八月丙寅"的误记，并且以为这是太史公司马

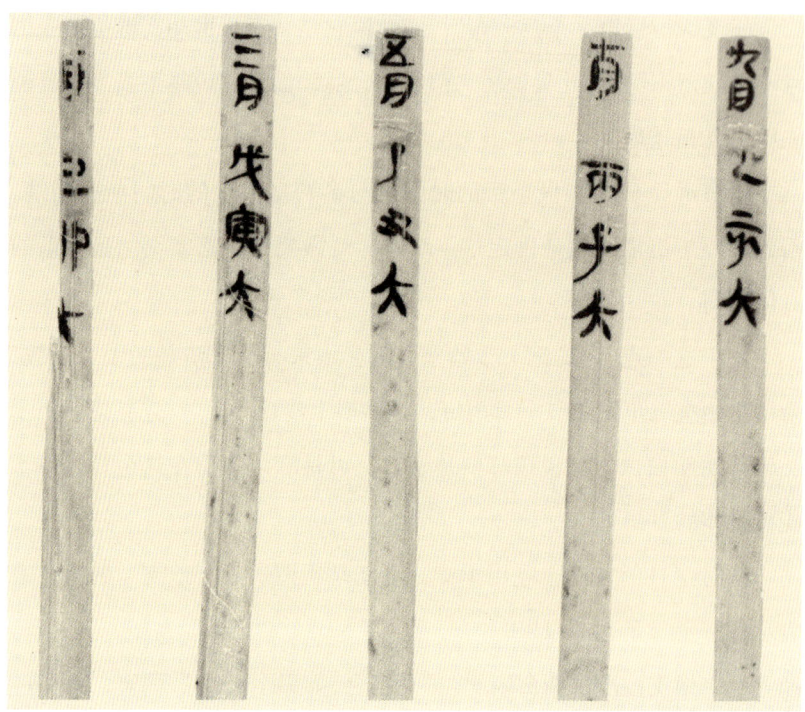

图16 周家台秦墓出土《日书》附秦始皇三十七年历谱中的七月朔日注记
（据陈伟主编《秦简牍合集（叁）》）

迁或是他所依据的某种更原始的记述刻意做出了这一违背事实本来面目的书写（鹤间和幸《人间·始皇帝》）。可是这样的推论，并没有什么可靠的依据，而中国古代史籍中类似的岁时月日文字舛误，比比皆是，并不是什么稀见的事情。一般来说，阅读古籍时要是遇到这样的纪日问题，首先还是应该考虑具体干支在文本流传过程中产生的差错。

秦始皇病重及离世的时间，在秦始皇三十七年的七月，尚别见于前文引述的《史记·李斯列传》。古人云"三占从二"，两处不同的纪事，其文字产生同样讹误的可能性毕竟很小。因而在没有其他强硬证据之前，无由强改"七月"为"八月"，而更应该考虑纪日干支的文字讹误，如"丙寅"或为"丙申"的形讹。总之，根据目前所掌握的史料，秦始皇病逝于其继位为王后第三十七年七月的某一天（譬如丙申二十一日），这一点应该是没有什么疑义的。

根据《史记·秦始皇本纪》的记载，大概是在接下来的八月这个月里，胡亥、李斯以及赵高一行"从直道至咸阳，发丧"，继之"太子胡亥袭位，为二世皇帝"。在这之后，才在这一年的"九月，葬始皇郦山"。由此看来，胡亥继位登基成为二世皇帝的时间，本来是明明白白的，并没有什么模糊不清的地方。

就胡亥是在秦始皇三十七年八月即皇帝之位这一情况而言，说湖南益阳兔子山木牍上的诏书是"秦二世胡亥继位后第一年的第一个月颁布"的"即位后的文告"，或"秦二世继位后颁行的文告，是秦二世胡亥继位后第一个月颁布"，"秦二世胡亥继位第一个月发布的诏书"，以至"秦二世奉诏登基文告"，都是丝毫沾不上边儿的事儿。因为这份诏书明明是二世元年十月颁下的，距其登基即位，已经过去足足一个多月了，按月份数算，由头一年的八月、九月，到第二年的十月，则是经历三个月的事儿了，年头儿更是隔了一年（当时是以十月为岁首，也就是每一年都是从十月开头过起，九月底是年底）。

在大多数情况下，中国古代的帝王，实行翌年改元法，即在登基就位的第二年始开启自己的纪元，从这一年起算，元年、二年、三年地顺序排列下去，而在就位的当年，还沿用上一个帝王正在行用的纪年（故胡亥即位的当年，依旧是秦始皇之第三十七年）。每当改行新纪元的时候，帝王们往往会发布改元的诏书，以示"与天下更始"的气象。

这份兔子山遗址出土的秦廷诏书，既不是二世皇帝的即位诏书，也不是翌年为改行二世元年而发布的改元诏书。

这道诏书，发布于二世元年十月甲午。这一年十月乙亥朔，甲午为该月第二十日。在这之前，二世皇帝还发布过两道重要的诏书。

其中一道，日期清楚，是在"十月戊寅，大赦罪人"（《史记·六国年表》）。戊寅是这个月初四这一天，兔子山出土十月甲午诏书所说"元年，与黔首更始，尽为解除故罪，今皆已下矣"，指的就应该是这道"大赦罪人"的诏命。

另一道诏书，按照兔子山出土十月甲午诏书叙述的次序，应当发布于这道"已下"诏书之前，宣布的是十月甲午诏书所说"今宗庙事及箸（著）以明至治大功德者具矣，律令当除定者毕矣"这些事情，《史记·秦始皇本纪》记述其事缘起云：

> 二世皇帝元年，年二十一。赵高为郎中令，任用事。二世下诏，增始皇寝庙牺牲及山川百祀之礼。令群臣议尊始皇庙。群臣皆顿

图17 周家台秦墓出土《二世元年日》（二世元年历谱）中的十月朔日注记（据陈伟主编《秦简牍合集（叁）》）

首言曰:"古者天子七庙,诸侯五,大夫三,虽万世世不轶毁。今始皇为极庙,四海之内皆献贡职,增牺牲,礼咸备,毋以加。先王庙或在西雍,或在咸阳。天子仪当独奉酌祠始皇庙。自襄公已下轶毁。所置凡七庙。群臣以礼进祠,以尊始皇庙为帝者祖庙。

其中虽未涉及除定律令之事,但所说增立始皇庙并予以特别尊奉之事,当即二世元年十月甲午诏书中"今宗庙事及箸(著)以明至治大功德者具矣"一语所指的内容,除定律令,当与之同施并行。

这道先发的诏书,理应颁布于二世元年大年初一到初三这三天之内,接着颁布的第二道诏书,因带有"与黔首更始"这样的改元诏书惯用的门面话,同时所谓"大赦罪人"也是后世下诏改元时常常并行的事情,所以,它最有可能是二世元年的改元诏书。假如这样的推论不谬的话,尤可见"尊始皇庙"一事的重要性,竟重要到等不及下诏改元而先予施行(关于这一问题,接下来在另外的专题里还会进行专门的讨论)。

除了复述前两道诏书已经宣布的事项之外,我们也就可以清楚地了解到,兔子山遗址出土的这道二世元年十月甲午诏书,其真正诏命天下的事情,就只剩下了"朕将自抚天下吏、黔首,其具行事已,少䋣(徭)赋,扰黔首,毋以细物苛刻县吏"这句话了,而其中"朕将自抚天下吏、黔首,其具行事已"又属于预告的性质,即告知各地基层官吏和平民百姓,这位二世皇帝将要巡行天下,并已做好了相应的部署。《史记·秦始皇本纪》载二世等拟议此事的时间不够清楚,只是很含糊地在秦二世元年下记述说:

二世与赵高谋曰："朕年少，初即位，黔首未集附。先帝巡行郡县，以示强，威服海内。今晏然不巡行，即见弱，毋以臣畜天下。"春，二世东行郡县，李斯从。

兔子山遗址出土二世元年十月甲午诏书中"自抚天下吏、黔首"的"抚"字，作为"巡行"之义解之，即与上述记载两相契合，由此可以确知二世与赵高谋划并具体部署其事的时间是在十月甲午（二十日）之前，当时之所以未能出行，恐怕主要是由于十冬腊月，天寒地冻，只能等到春季来临，再动身巡游。今《赵正书》讲述胡亥即位之后，"欲起属车万乘以扶（抚）天下"，也可以从侧面印证把十月甲午诏书中的"抚"字解作"巡行"是合乎历史实际的。

　　这样一来，这道十月甲午诏书中具体安排施行的措施，仅仅是"少繇（徭）赋，扰黔首，毋以细物苛劾县吏"这些苛细的事情了，这也就是秦二世颁布这道诏书的直接用意。和这个月月初颁布的前两道诏书以及其巡行天下的计划相比，这些内容看似有些无关痛痒，但若是联系二世皇帝后来的举措来看这道诏书，其实还是具有很重要意义的。不过这将是另一个专题所要论述的内容，在这里就不予详说了。

　　在逐一分析二世元年十月甲午这一诏书的各项内容之后，我们可以更为清楚地确认，诏书中与胡亥继位为二世皇帝一事直接相关的文句，实际上只有"朕奉遗诏"这一句话了。因为单纯从字面上看，这句话清楚表明了胡亥乃是遵奉秦始皇遗诏而登基继位的，而这与前面讲述的《史记》记载的情况是绝然不同的。

　　可是，若是仅仅看这句话本身，它真的会具有这样的颠覆传统认识的意义么？历史上又有哪一位篡权夺位的君主不是像这样把自己装扮成一副顺应天命的模样？

譬如，唐太宗李世民在玄武门发动政变，杀兄逼父，登上帝位，这是天下尽人皆知的事情，然而在以乃父高祖皇帝李渊名义颁布的即位册文中，却俨乎其俨地讲什么"朕是用上稽苍昊，俯顺黔黎，推而弗居，永垂显号，今传皇帝位于尔躬"云云（宋敏求《唐大诏令集》卷一《太宗即位册文》），好像真的是心甘情愿地让位给他一般，李世民自己也说是因"辞不获免"，也就是自己根本不想当皇帝而老爹却非逼着自己当不可，这才勉勉强强地不得不"式纂洪业"（宋敏求《唐大诏令集》卷二《太宗即位赦》）。同样，唐肃宗也是在马嵬坡以武力逼迫其父明皇，才得以登上大位，然而在继位仪式上却假模假式地说道："圣皇久厌大位，思传眇身。军兴之初，已有成命。予恐不德，罔敢祗承。今群公卿士，佥曰孝莫大于继德，功莫大于中兴。朕所以治兵朔陲，将殄逆寇，务以大者，本其孝乎！须安兆庶之心，敬顺群臣之请，乃以七月癸丑朔十二日甲子，即皇帝位于灵州。"（宋敏求《唐大诏令集》卷二《肃宗即位赦》）。

显而易见，古往今来，这套把戏，一直就这么个玩法。若是治史者把这种门面话当真事儿听，窃以为不是史识过浅，就是崇信新材料过甚，以致走火入魔，脱离了治学的基本轨辙，同时也丧失了一个人正常的理智。

前已述及，一些人把"朕奉遗诏"这种自欺欺人的鬼话当人话听，主要是把它和《赵正书》记述的情况简单联系起来，二者相互印证，以为说的都是真事儿。《赵正书》究竟是一篇什么样的东西，在这里姑且按下不表，先让我们抛弃惟新见材料是崇的扭曲心态，稍微看一眼西汉初年人是怎样看待胡亥即位这件事情。

第一个事例,是汉高祖卧病,禁不见群臣,随从他起兵作乱的狗屠夫樊哙,奋力闯入室内,与其相见时所讲的一句话。此事见载于《史记·樊郦滕灌列传》:

> (樊)哙以吕后弟吕嬃为妇,生子伉,故其比诸将最亲。先黥布反时,高祖尝病甚,恶见人,卧禁中,诏户者无得入群臣。群臣绛、灌等莫敢入。十余日,哙乃排闼直入,大臣随之。上独枕一宦者卧。哙等见上流涕曰:"始陛下与臣等起丰沛,定天下,何其壮也!今天下已定,又何惫也!且陛下病甚,大臣震恐,不见臣等计事,顾独与一宦者绝乎?且陛下独不见赵高之事乎?"高帝笑而起。

《汉书·樊哙传》载录此事,文字乃一如《史记·樊郦滕灌列传》,而唐人颜师古在"且陛下独不见赵高之事乎"句下注云:"谓始皇崩赵高矫为诏命杀扶苏而立胡亥。"斟酌樊哙此语的语境,这样的注释,当然准确无误。这说明,胡亥系赵高悖戾秦始皇旨意而阴谋诈立,正是樊哙等西汉开国诸臣和高祖刘邦所共同认知的二世皇帝继位史实。

第二个事例,是汉高祖十二年,当刘邦想要"以赵王如意易太子"时,叔孙通劝谏说:"昔者晋献公以骊姬之故废太子,立奚齐,晋国乱者数十年,为天下笑。秦以不蚤定扶苏,令赵高得以诈立胡亥,自使灭祀。此陛下所亲见。今太子仁孝,天下皆闻之。吕后与陛下攻苦食啖,其可背哉!……"(《史记·刘敬叔孙通列传》)。叔孙通这段话,更直接讲明赵高诈立胡亥的史事。须知生长于孔夫子家乡鲁国旧地的叔孙通,本来是待诏于秦廷的儒学博士,亲见亲闻胡亥登基即位的情景,所说

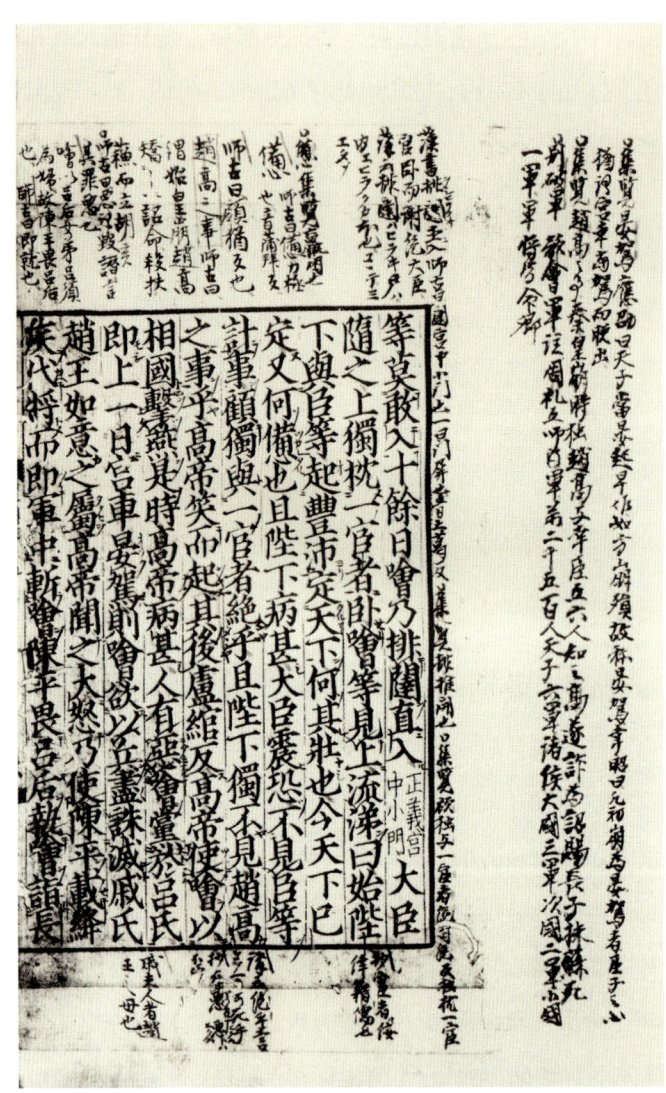

图18　日本汲古书院影印日本国国立历史民俗博物馆藏
　　　南宋建安黄善夫书坊刻三家注本《史记》

应更有值得信赖的依据，在地域上也更有全国性的代表意义。

对比这些情况，我们应该很容易理解，赵高、李斯等毁弃秦始皇的真实"遗诏"而致使"胡亥诈立"，乃是当时举国上下人所共知的基本史实，司马迁不过是以一个史家的笔墨实录其事而已，而不是在包括《赵正书》在内的其他什么不同记述之间按照某种个人主观意图所做的甄选。至于《赵正书》中的不同说法，理应另有缘由，切不宜用这样的纪事来证成二世元年十月甲午诏书中"朕奉遗诏"这句空泛无实的套话。

三、一样的史实，不同的写法

与《史记》载录的同一史事相比，《赵正书》的纪事，有异亦有同，并不都像胡亥继位缘由那样天差地别。例如，前面提到的秦二世拟议巡游天下一事就是如此。假如我们相信司马迁写《太史公书》是一位严谨的史学家在以专业的操守和态度在实录史事的话，那么我们也就有理由相信，单纯就叙述史事而言，《赵正书》的情况，比较复杂，其中那些与《史记》基本相同的内容，应当有可信的史料来源，或者说是取材于真实的历史纪事，并非向壁虚造。不过若是逐句逐字对比《史记》和《赵正书》的文字，这二者之间，在看似基本相同的大前提下，又呈现出相当程度的差异。

在《赵正书》中，比较集中的，是有两大段人物的言词，与《史记》的记载基本相同，一见于《史记·蒙恬列传》，一见于《史记·李斯列传》，《赵正书》的整理者也都附列了《史记》当中与之对应的文字。为便于比较，这里再以表格的形式，并列二者如下。

（一）子婴谏二世语对照表

子婴谏二世语	缘　由	谏　语	结　果
《赵正书》	王死而胡亥立，即杀其兄扶苏、中尉恬。大赦罪人，而免隶臣高以为郎中令。因夷其宗族，坏其社稷，燔其律令及故世之藏。又欲起属车万乘以抚天下，曰："且与天下更始。"	子婴进谏曰："不可。臣闻之：芬茝未根而生渭香同，天地相去远而阴阳气合，五国十二诸侯，民之嗜欲不同而意不异。夫赵王钜杀其良将李微而用颜聚，燕王喜而轲之谋而背秦之约，齐王建遂杀其故世之忠臣而后胜之议。此三君者，皆终以失其国而殃其身。是皆大臣之谋，而社稷之神零福也。今王欲一日而弃去之，臣窃以为不可。臣闻之：轻虑不可以治国，独勇不可以存将，同力可以举重，比心壹智可以胜众，而弱胜强者，上下调而多力壹也。今国危敌比，斗士在外，而内自夷宗族，诛群忠臣，而立无节行之人，是内使群臣不相信，而外使斗士之意离也。臣窃以为不可。"	秦王胡亥弗听，遂行其意，杀其兄扶苏、中尉恬，立高为郎中令，出游天下。
《史记·蒙恬列传》	胡亥已闻扶苏死，即欲释蒙恬。赵高恐蒙氏复贵而用事，怨之。（蒙）毅还至，赵高因为胡亥忠计，欲以灭蒙氏，乃言曰："……以臣愚意，不若诛之。"胡亥听而系蒙毅于代。前已囚蒙恬于阳周。丧至咸阳，已葬，太子立为二世皇帝，而赵高亲近，日夜毁恶蒙氏，求其罪过，举劾之。	子婴进谏曰："臣闻故赵王迁杀其良臣李牧而用颜聚，燕王喜阴用荆轲之谋而倍秦之约，齐王建杀其故世忠臣而用后胜之议。此三君者，皆各以变古者失其国而殃及其身。今蒙氏，秦之大臣谋士也，而主欲一旦弃去之，臣窃以为不可。臣闻轻虑者不可以治国，独智者不可以存君。诛杀忠臣而立无节行之人，是内使群臣不相信而外使斗士之意离也，臣窃以为不可。"	胡亥不听。

（二）李斯狱中上二世书对照表

李斯狱中上二世书	缘 由	上书内容	结 果
《赵正书》	后三年，又欲杀丞相李斯，斯曰："先王之所〔谓〕牛马斗而蚊虻死其下，大臣争而齐民苦，此之谓夫！"斯且死，故上书。	斯且死，故上书曰："可道其罪，足以死欤？臣为秦相卅余岁矣，逮秦之陕而王之约。始时，秦地方不过数百里，兵不过数万人。臣谨悉意壹智，阴行谋臣，赍之金玉，使游诸侯。而阴修甲兵，兵饬斗士，尊大臣，盈其爵禄。故终以胁韩而弱魏，又破赵而夷燕代，平齐楚，破屠其民。尽灭其国而虏其王，立秦为天子者，吾罪一矣。地非不足也，北驰胡慕，南入定巴蜀，入南海，击大越，非欲有其王以见秦之强者？吾罪二矣。尊大臣，盈其爵禄，以固其身者，吾罪三矣。更刻画斗桶，度量壹，文章布之天下以树秦之名者，吾罪四矣。立社稷，修宗庙，以明主之贤者，吾罪五矣。治驰道，兴游观，以见王之得志者，吾罪六矣。缓刑罚而薄赋敛，以见主之德，众其惠，故万民戴主，至死不忘者，吾罪七矣。斯之为人臣者，罪足以死久矣。上幸而尽其能力，以至于今。愿上观察之！"	秦王胡亥弗听，而遂杀斯。
《史记·李斯列传》	于是二世乃使高案丞相狱，治罪，责斯与子由谋反状，皆收捕宗族宾客。赵高治斯，榜掠千余，不胜痛，自诬服。斯所以不死者，自负其辩，有功，实无反心，幸得上书自陈，幸二世之寤而赦之。	李斯乃从狱中上书曰："臣为丞相，治民三十余年矣。逮秦地之狭隘。先王之时，秦地不过千里，兵数十万。臣尽薄材，谨奉法令，阴行谋臣，资之金玉，使游说诸侯，阴修甲兵，饰政教，官斗士，尊功臣，盛其爵禄，故终以胁韩弱魏，破燕、赵，夷齐、楚，卒兼六国，虏其王，立秦为天子。罪一矣。地非不广，又北逐胡、貉，南定百越，以见秦之强。罪二矣。尊大臣，盛其爵位，以固其亲。罪三矣。立社稷，修宗庙，以明主之贤，罪四矣。更克画，平斗斛度量，文章布之天下，以树秦之名。罪五矣。治驰道，兴游观，以见主之得意。罪六矣。缓刑罚，薄赋敛，以遂主得众之心，万民戴主，死而不忘。罪七矣。若斯之为臣者，罪足以死固久矣，上幸尽其能力，乃得至今，愿陛下察之！"	书上，赵高使吏弃去不奏，曰："囚安得上书！"赵高使其客十余辈诈为御史、谒者、侍中，更往复讯斯。斯更以其实对，辄使人复榜之。后二世使人验斯，斯以为如前，终不敢更言，辞服。奏当上，二世喜曰："微赵君，几为丞相所卖。"

就像《赵正书》整理者和许多读者都很容易看到的那样，对比上述两组文字，突出的印象，是二者之间相同的内容。

这样的内容，与所谓"胡亥诈立"的事项，形成鲜明的反差，让人们非常清楚、也非常直接地感受到《赵正书》与《史记》之间的紧密联系。不过在这当中，更能体现这种联系的，是一个或许被整理者和众多读者都忽略掉的一个细节，这就是《史记·李斯列传》载录的李斯狱中上二世书，与《赵正书》一样，称秦始皇为"王"而不是"皇帝"或其简称"帝"。

这一点非常重要。众所周知，在即位为王之后的第二十六年，"赵正"或谓之曰"嬴政"（这个残虐至极的暴君，他的名字到底叫什么，以后再单列一篇来专门谈）这位秦王，创制了"皇帝"这个称号。这是一个"上古以来未尝有"的新头衔，李斯直接参与了它的订立（《史记·秦始皇本纪》），而且又身为丞相，怎么说也不应该遗忘，而且也绝对不会遗忘。

这一点，里耶秦简为我们提供了一个鲜活的例证。在里耶秦简第461号木牍的正面，我们可以看到诸如"王游曰皇帝游，王猎曰皇帝猎，王犬曰皇帝犬"之类的变"王"为"皇帝"的"改口"诏命（湖南省考古研究所编著《里耶秦简（壹）》）。这一诏令，非常具体地体现出朝廷对上上下下贯彻施行"皇帝"这一称谓是十分注重的，这是关系到秦帝国根本体制和庄严形象的重大事件，是万万疏忽不得的。

可是，在《史记·李斯列传》中，我们清楚看到：丞相李斯却是以"先王"来称谓秦始皇，这怪异得实在令人不可思议。

或者有人以为这是在讲秦始皇称帝以前的事儿，所以才会遵从实际情况，使用其称帝以前的旧称，称"王"而不称"帝"。但这种用法，

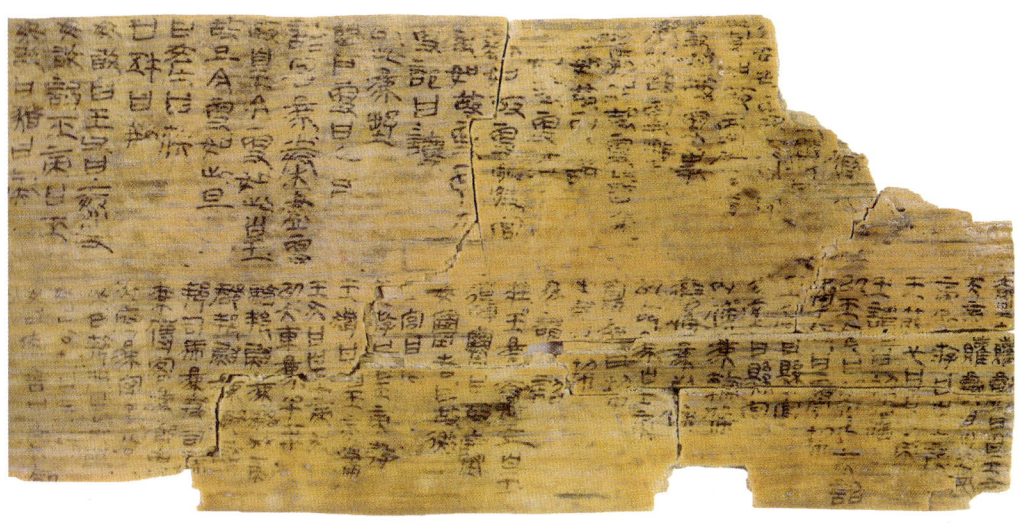

图19 里耶秦简第461号朝廷诏令木牍

（据湖南省考古研究所编著《里耶秦简（壹）》）

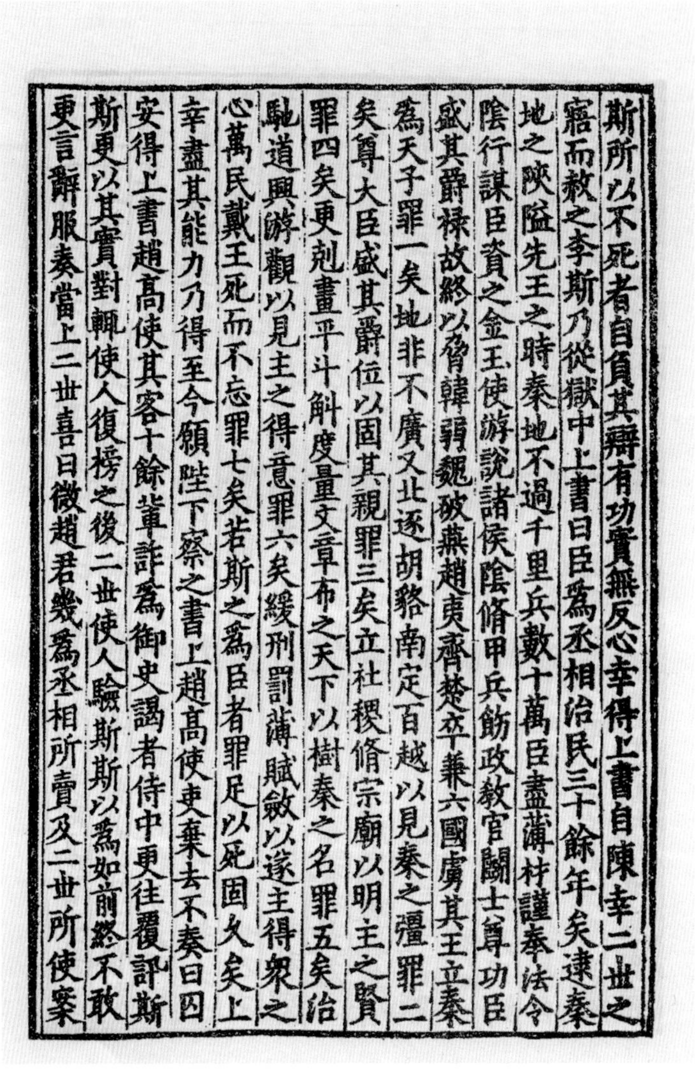

斯所以不死者自負其辯有功實無反心幸得上書自陳幸二世之
寤而赦之李斯乃從獄中上書曰臣為丞相治民三十餘年矣逮秦
地之陿隘先王之時秦地不過千里兵數十萬臣盡薄材謹奉法令
陰行謀臣資之金玉使游說諸侯陰修甲兵飭政教官鬭士尊功臣
盛其爵祿故終以脅韓弱魏破燕趙夷齊楚卒兼六國虜其王立秦
為天子罪一矣地非不廣又北逐胡貉南定百越以見秦之彊罪二
矣尊大臣盛其爵位以固其親罪三矣立社稷修宗廟以明主之賢
罪四矣更剋畫平斗斛度量文章布之天下以樹秦之名罪五矣治
馳道興游觀以見主之得意罪六矣緩刑罰薄賦斂以遂主得眾之
心萬民戴王死而不忘罪七矣若斯之為臣者罪足以死固久矣上
幸盡其能力乃得至今願陛下察之書上趙高使吏棄去不奏曰囚
安得上書趙高使其客十餘輩詐為御史謁者侍中更往覆訊斯
斯更以其實對輒使人復榜之後二世使人驗斯斯以為如前終不敢
更言辭服奏當上二世喜曰微趙君幾為丞相所賣及二世所使案

图20 凤凰出版社影印宋刻十四行单附《集解》本《史记》

实际上只适用于记述史事，而并不适合像李斯这样以一个臣子的身份来追述往事。这就像现在一个人回忆自己去世的父亲或老师，说"先父"、"先师"，是包括乃父乃师尚未成为其父其师之前的所有时期的。《史记·李斯列传》记载的赵高"大臣又先帝之所置也"这句话，就是这样；《史记·秦始皇本纪》载秦二世答李斯等进言，所说"先帝起诸侯，兼天下"之语也是这样。况且李斯当时是在给二世皇帝上书，所谓"先某"云者，还是相对于秦二世"现某"的身份亦即大秦帝国当朝的皇帝而言。故李斯无论如何也是不会讲出"先王"这种冒犯新老皇帝的"违碍"话来的。

因否定其残虐的暴政进而否认所谓秦始皇帝的"皇帝"身份，还之以称帝前的名号——王，是西汉时期比较普遍的做法。这一点，本来只要读过贾谊《过秦论》中"秦王怀贪鄙之心"、"秦王既没"之类的说法，就可以看得一清二楚，并不是这篇《赵正书》带给我们的"惊人"发现，也不是非需要等待盗墓贼挖出来个《赵正书》来证明其事。《赵正书》的发现，只是为我们又提供了另一个沾带着西汉泥土的鲜活例证：《赵正书》通篇上下，正是都以"王"字来称呼秦始皇。

《史记》相关记载与《赵正书》的共同点，并不止称"王"或是称"帝"这一点。稍一对比上列两段《赵正书》和《史记》的内容，便不难发现，在这两段内容之间，应当存有前后承用的关系，或者二者具有一个共同的来源，《史记·李斯列传》中"王"字的应用，不过是透露这种关系的一个十分显著的标志而已。

不过就我阅览所及，迄今为止，各方面学者对《史记》相关记载与《赵正书》之间关系的解读，似嫌既不够切实，也不够准确。

尽管在目前情况下,要想做出一种一下子就被所有人接受的说明,还是一件具有一定难度的事情。因为骤然看上去,情景颇显迷离。究竟哪一边儿是真李逵,哪一边儿是假李鬼,困惑与踌躇,是理所当然的。越是严肃的学者,越是严肃的研究,在判下断语时越应慎重。

可是在另一方面,所谓学术研究,在很大意义上就是要努力解决这样的疑难问题,至少是要努力做出探索,努力做出尝试,绝不能任由假作真时真亦假。难,确实有些难,但静下心来,仔细思索和斟酌,我认为还是能够看出个大致的端倪的。

就我个人的倾向性看法而言,更有可能的是,司马迁与《赵正书》的作者,利用了一件同源的信实史料,而两人出于不同的著述宗旨,各自从中采撷了一部分自己所需要的内容。其间的关系,可图示如下:

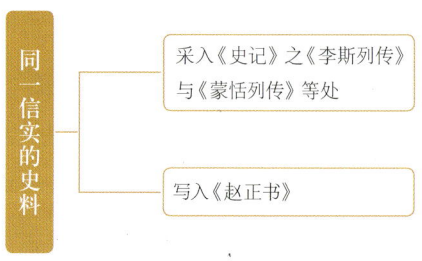

首先,让我们来对比《史记》和《赵正书》相关的内容,以具体说明做出上述推断的依据和理由。

如上所述,《史记·李斯列传》乃以"先王"来指称秦始皇,这是一项严重违逆历史实际并且非常引人注目的用法,其原文为:

> 臣为丞相，治民三十余年矣。逮秦地之狭隘。先王之时，秦地不过千里，兵数十万。

《赵正书》中与此对应的部分，文字如下：

> 臣为秦相卅余岁矣，逮秦之陕而王之约。始时，秦地方不过数百里，兵不过数万人。

对比这两段文字，可以看到，《史记·李斯列传》的文字，显然比《赵正书》更为顺畅，同时也更为合理。

如《赵正书》谓李斯在三十多年前始相秦国之时（案实际上李斯在秦始皇二十六年初并天下时尚身为廷尉，至被杀前任丞相仅十余年。这里所说应是其始被秦王"赵正"任用为官的时间），"秦地方不过数百里，兵不过数万人"，就明显不如《史记·李斯列传》准确。盖秦地早已据有陇西、北地、上郡、巴蜀、汉中、南郡、河东、太原等地，远非"数百里"所能涵盖，此前李斯在著名的《谏逐客书》就清楚讲过"惠王用张仪之计，拔三川之地，西并巴、蜀，北收上郡，南取汉中，包九夷，制鄢、郢"云云（《史记·李斯列传》），他怎么当了丞相之后反而会讲出这样的糊涂话？而秦昭王十四年秦将白起击韩、魏于伊阙，斩首二十四万；三十四年白起击魏华阳军，又斩首十五万；四十七年白起破长平，又杀卒四十五万（《史记》之《秦本纪》、《六国年表》、《白起王翦列传》）。盖如俗话所说，杀敌一千，自损八百。冷兵器时代，这样的大规模作战，双方的兵力总不能相差太多，获胜的一方尤其不能比战败者用兵少得很多。在这几个事例中，秦军杀敌的数目既已如许之众，其自身的规模自非《赵正书》所说"数万人"而已，《史记·李斯列传》之"兵数十万"方与之相当。

从表面上看，这一实际情况，似乎很容易给人一种司马迁利用《赵正书》为素材而改写成文的印象。

可是，在另一方面，假如说《史记·李斯列传》是采录《赵正书》的内容改窜而成，那么，像"先王之时"这种明显悖戾基本史实而《赵正书》原文又没有的话，何以能被太史公司马迁特地大书特书？以其史官身份、并且是史官世家所必然会具备的职业素养，只要得以从容考订修正所利用的史料，首先要改正的，就应该是原文中称秦始皇为"王"的写法，而绝不可能无中生有地书"帝"为"王"。

因此，根据这一点，就有充足的理由推定，司马迁写《史记》的时候，利用的不会是现在我们看到的这种《赵正书》，而应该是《赵正书》据以脱胎而出的另一种比较信实的著述。司马迁是直接将这一记载纳入《史记·李斯列传》而未暇整饬其文字上的瑕疵，所以才会留下像"先王之时"这样明显不符合史实、也不合史书通例的说法，而《赵正书》则对原有的文字有所改易，特别是刻意夸大其词。

例如，上面谈到的这个例子，在《赵正书》中，就是把"秦地不过千里，兵数十万"这一原始记载，改写成了"秦地方不过数百里，兵不过数万人"。这样的夸张，虽然脱离历史实际很远，不会是李斯所能讲得出来的话，但对于《赵正书》的作者来说，这样一改，却会有助于彰显李斯为秦廷所立下的功绩，增强其上书的语气。至于《赵正书》的作者何以非如此不可，则是由这篇作品的性质完全不同于历史记述这一点所决定的，以后我将在另一个专题里集中阐述这一问题，在这里姑且置而不论。

又如，按照《史记·李斯列传》的记载，李斯所说自己为秦国犯下的第二宗"罪"（当然这是反话，实际上是在表曝自己为秦廷立下的卓越功勋），是"地非不广，又北逐胡、貉，南定百越，以见秦之强"。这句话针对的史实，是秦始皇三十二年至三十三年间西北攻取"河南"地（即战国秦长城以北、黄河河套以南这一区域）、东南进占"陆梁"地（即岭南地区）的领土扩张行为，而秦始皇这种领土扩张行为，显然是承接上文李斯的第一宗"罪"之"卒兼六国"而来，即这是在被秦始皇已经吞入腹中的六国固有领土之外进一步向周边扩展疆土。这一点，在《史记·李斯列传》的叙述中，是清清楚楚的，而这样的叙述也是逻辑顺畅的，符合李斯能言善辩的特点和在狱中上书二世时"自负其辩"的心理状态。可是，在《赵正书》中，却由其"南定百越"一语，胡乱衍生出"南入定巴蜀，入南海，击大越"的说法。须知秦将司马错举兵灭蜀，事在秦惠文王九年（公元前316年），是秦始皇兼并六国一统天下（公元前221年）之前近一百年的事情（《史记·秦本纪》），李斯怎么会讲出这么糊涂的话来？他若是如此上书为自己伸冤，岂不要被秦二世当作疯子？我想，不应该再耗费心思做出其他什么别的解释，这同样只能是由于《赵正书》的撰著意图与《史记》截然不同——这一撰著意图，决定了它的叙述形式不必像《史记》那样忠于史事，忠实于原始的记载，而是特别需要对文辞做出超越史实的夸张和改变，甚至干脆径行编造出一个子虚乌有的"故事"来。

图21 《赵正书》简文
（据《北京大学藏西汉竹书（叁）》）

《赵正书》对其所据原始记载的改窜,在开篇不久应答秦始皇质询立储方案时讲的那一大段话里,也有比较清楚的体现。

按照《赵正书》的记述,秦始皇在出游天下的路上,罹患疾病,以至危笃,因忧虑身后大臣争权而危及其"孤弱"的后嗣,乃谓"其后不胜大臣之纷争,争侵主。吾闻之:牛马斗,而蚊虻死其下;大臣争,齐民苦",故令李斯等从臣拟定立储事宜,以安定朝野,不料李斯却答非所问,奏云:

> 陛下万岁之寿尚未央也。且斯非秦之产也,去故下秦,右主左亲,非有强臣者也。窃善陛下高议。陛下幸以为粪土之臣,使教万民,臣窃幸甚。臣谨奉法令,阴修甲兵,饬政教,官斗士,尊大臣,盈其爵禄。使秦并有天下,有其地,臣其王,名立于天下,势有周室之议,而王为天子。臣闻不仁者有所尽其财,毋勇者有所尽其死,臣窃幸甚,至死及身不足。然而见疑如此,臣等尽当戮死,以报于天下者也。

在上述背景下来看这段话的主旨,其通贯全文的语义,理应是申明自己对秦室的忠诚,不会、也没有可能对承继始皇帝的二世皇帝构成任何威胁,以解除秦始皇的疑虑,而服从于这一主题,是绝不应该讲出从"臣谨奉法令"到"而王为天子"这样一些内容的。这是因为李斯这些话分明是在给自己论功摆好,这不仅会凸显出他是大秦帝国勋业无上的功臣,同时也显示出他还是一位满腹韬略的能臣和权臣,而这些恰恰是在当时的情况下最令秦始皇忧虑和担心的,秦始皇所说"大臣争"，实际所指，岂不正是像他这样的功臣、能臣和权臣？李斯怎么能够讲出这种最犯忌讳的傻话？这实在太不合乎正常的情理了。

对比看《史记·李斯列传》，我们便很容易明白，这些话，本来是李斯在狱中上书给秦二世的内容，即"臣尽薄材，谨奉法令，阴行谋臣，资之金玉，使游说诸侯，阴修甲兵，饰政教，官斗士，尊功臣，盛其爵禄，故终以胁韩弱魏，破燕赵，夷齐楚，卒兼六国，虏其王，立秦为天子"云云，乃是《赵正书》上述内容的原型。

在《史记·李斯列传》中，这些内容乃是因李斯"自负其辩，有功"而抒发。虽然从字面上看，这是李斯自承"七宗罪"中的第一宗，并且说"若斯之为臣者，罪足以死固久矣"，但连傻子也能明白，这不过是正话反说的激愤之语，给自己论功摆好。以"幸二世之寤而赦之"（《史记·李斯列传》），才是李斯上书的本意。所以李斯实际讲的，是他为大秦帝国而立下的卓越功勋。

若是把《赵正书》里那些话，移回到这里，在文义上就略无窒碍，一切都很通顺。可见，《史记·李斯列传》和《赵正书》所共同依据的原始素材，就应该是这样。司马迁在撰著《史记·李斯列传》时，不过是依样转录了这一材料，而《赵正书》的作者则对这样的原始素材做了很大改动。其具体的手法，是先将李斯讲的这第一宗罪切割成两部分内容：第一部分，被移除于"七宗罪"之外，即前述《赵正书》开篇不久那一段内容；第二部分，仍留存于"七宗罪"中。不过若以《史记·李斯列传》做参照并假定其文字基本忠实于原始记载的话，可见《赵正书》的作者写入书中的这两处文字都做有一定程度的删改，但相互之间的重复，仍然十分扎眼，其前后腾挪搬运的过程，可谓迹象昭彰。

《史记·李斯列传》与《赵正书》中相关内容的关系，大体如上所述（附案《史记·李斯列传》载李斯狱中上二世书"治驰道，兴游观，以见主之得意"的"主"字，应据《赵正书》订正为"王"，我将另撰札记，具体说明），而对比《史记·蒙恬列传》与《赵正书》中相关的内容，也可以看到非常相似的情况。

按照《史记·蒙恬列传》的记述，这段子婴进谏于二世的奏语，是在扶苏已经被逼自杀的情况下，胡亥想要释放羁押的蒙恬，而"赵高恐蒙氏复贵而用事，怨之。（蒙）毅还至，赵高因为胡亥忠计，欲以灭蒙氏，乃言曰：'……以臣愚意，不若诛之。'胡亥听而系蒙毅于代。前已囚蒙恬于阳周。……而赵高亲近，日夜毁恶蒙氏，求其罪过，举劾之"，于是，子婴便针对此事，进上了那一段谏言。

在此前提下，子婴的谏言，自然要以劝阻二世对蒙氏兄弟的杀戮为宗旨，现在我们在《史记·蒙恬列传》中看到的情况也正是这样，子婴乃列举赵、燕、齐三国"各以变古者失其国而殃及其身"之事以为例证，说明蒙氏兄弟乃"秦之大臣谋士也"，切不可轻易弃之而另"立无节行之人"，亦即不当舍蒙氏不用却重用赵高之辈。总之，《史记》的内容，应是依据某项信实的记载实录旧事，故文字顺顺畅畅，没有任何挂碍的地方。

稍微需要解释一下的是，《史记·蒙恬列传》"各以变古者失其国而殃及其身"这句话中的"古"字，结合《赵正书》的文字，应是通用作"故"。《赵正书》在记述子婴这段谏言之前所述"燔其律令及故世之藏"一语中的"故"字，以及《赵正书》所载子婴谏语"齐王建遂杀其故世之忠臣而后胜之议"句中的"故"，在竹简中原都写作"古"（见本书附录《赵正书》释文），但都是通作"故"义。盖子婴所述赵、燕、齐三国的事例,其所更变者都只能说是刚刚发生或是变更发生前即已存在的"故事",而绝对算不上什么"古事"。

相形之下,《赵正书》在采录同一原始纪事写入篇中的同时,却对原文做了诸多改窜。

首先,关于子婴上书的"前因",《赵正书》载述说:

> 王死而胡亥立,即杀其兄扶苏、中尉恬。大赦罪人,而免隶臣高以为郎中令。因夷其宗族,坏其社稷,燔其律令及故世之藏。又欲起属车万乘以抚天下,曰:"且与天下更始。"

这段话讲得实在是乱(诸如称蒙恬为"中尉",乃与《史记》所记蒙恬履历明显悖戾等,在此姑且置而不论)。像"燔其律令及古(故)世之臧(藏)",指的究竟是什么,就很难捉摸,实际上也好像是不大可能发生的事情。

至于"坏其社稷",因国中别无他家社稷可供其毁坏,则只能是去毁掉赵氏自家的社稷,而这就更加匪夷所思了。所谓社稷之神,是国家和江山的象征。毁损社稷,则是江山易主之后才有可能发生的事情,不然顶多只能迁置其址,这位二世皇帝又岂能恣意损毁本朝的社稷,而在子婴的谏语中又根本没有劝阻二世自毁社稷的话语?前后文之间完全没有照应。这都堪称咄咄怪事,怎么讲都不符合正常的逻辑,只能出自胡编乱造。也就是说,《赵正书》的作者,以那份与太史公所见者相同的原始记载为依托,做了许多别出心裁的"创作"。

又如二世"大赦罪人",单纯这一点,并不是什么坏事,子婴在谏语中对此也没有加以阻拦,其行文同样前后失去照应。还有二世"欲起属车万乘以抚天下"事,本来是因为二世与赵高谋曰:"朕年少,初即位,黔首未集附。先帝巡行郡县,以示强,威服海内。今晏然不巡行,即见弱,毋以臣畜天下。"从而才逐一巡行秦始皇曾经去过的地方(《史记·秦始皇本纪》)。所以这也不是二世新搞的什么特别的花样,子婴同样不必谏阻。事实上谏语中也没有涉及这一点。这同样是"前言不搭后语",清楚体现出胡添乱改的迹象。

至于《赵正书》中子婴谏二世书的内容,也较《史记·蒙恬列传》所转录的原文做了很多添改(案除了有意的添改之外,还有诸多文字错讹,如"赵王迁"讹作"赵王钜"等),而这些添改同样有很多"前言不搭后语"的地方。

例如,《史记·蒙恬列传》下面这段话,即:

> 臣闻轻虑者不可以治国,独智者不可以存君。诛杀忠臣而立无节行之人,是内使群臣不相信而外使斗士之意离也,臣窃以为不可。

这契合子婴上书劝谏二世切毋枉杀蒙氏兄弟的宗旨,明显更忠实于原始纪事,而《赵正书》中相应的文句却是写作:

> 臣闻之:轻虑不可以治国,独勇不可以存将,同力可以举重,比心壹智可以胜众,而弱胜强者,上下调而多力壹也。今国危敌比,斗士在外,而内自夷宗族,诛群忠臣,而立无节行之人,是内使群臣不相信,而外使斗士之意离也。臣窃以为不可。

前者之"轻虑者不可以治国,独智者不可以存君",是这段话最核心的语句,所谓"轻虑",所谓"独智",都是直接针对二世而言,文中的"君"字是指"君位",与前面的"国"字相对应,都是秦二世实际据有的东西。可是,在《赵正书》中,"独智者不可以存君"是被写成了"独勇不可以存将",其"将"字何指以及"勇"字何谓,就都无从捉摸了。

另外在《赵正书》新敷衍出来的那些话中,"今国危敌比"这一句,最不着调。盖所谓"国危敌比",是陈胜、吴广等英雄豪杰纷纷起事之后才出现的局面,这已经是杀掉蒙氏兄弟大半年以后的事情了(《史记·秦始皇本纪》),子婴何以能在强力压制所营造的"太平盛世"之下凭空乱讲什么"今国危敌比"?

历史的事实,只有一个,而上文所述《史记》和《赵正书》纪事的差异,只是缘于两书的撰著之人截然不同——两书的作者,手里拿着两只完全不同的笔:一只是职业史官的笔,不过另一只笔到底是什么笔,这还需要留待下面另一个专题再来详细解说。若是在这里先做一个简单、形象的说明的话,可以说,《史记》和《赵正书》的差别,就像《汉书》同《赵飞燕外传》、《汉武故事》的差别一样:前者是信史,后者或为情色读物,或为神仙家故事,就其纪事的史料价值而言,二者是不可同日而语的。

回顾过往的历史,像这样的情况,并不是我们今天第一次看到,而怎样审视、怎样对待这类彼此大相径庭的记述,其实最主要的症结,并不是碍于景象扑朔迷离而难以分辨是非正误,更重要的,还是研究者是不是据有一个正确的基本出发点。

昔东汉人王充撰著《论衡》，列有《书虚》一篇，就专门阐述了他对相关问题的看法：

> 世信虚妄之书，以为载于竹帛上者，皆贤圣所传，无不然之事，故信而是之，讽而读之。睹真是之传，与虚妄之书相违，则并谓短书不可信用。夫幽冥之实尚可知，沈隐之情尚可定，显文露书，是非易见，笼总并传，非实事，用精不专，无思于事也。夫世间传书诸子之语，多欲立奇造异，作惊目之论，以骇世俗之人；为谲诡之书，以著殊异之名。

文中所谓"短书"，近人刘盼遂注云："此云短书者，仲任（德勇案：王充字仲任）谓世俗以真是之传为短书也。"（刘盼遂《论衡集解》卷四）接下来，王充在这个《虚妄篇》中连篇累牍地列举了大量既虚且妄的纪事，并一一为之辨伪祛疑。读此可知，像《赵正书》这样的"书妄"之著，自古以来，就充斥世间，现在我们拜盗墓贼之赐，偶然见到那么一部半部，实在不值得大惊小怪。

在王充考辨的这一系列"虚妄"之事中，最后一件，就和《赵正书》颇为类同——即与秦始皇之死有关。现在把它钞出来给大家看看，或许能对世人合理地认识《赵正书》的纪事提供很大帮助：

> 传书又言：燕太子丹使刺客荆轲刺秦王不得，诛死。后高渐丽复以击筑见秦王，秦王说之。知燕太子之客，乃冒其眼，使之击筑。渐丽乃置铅于筑中以为重。当击筑，秦王膝进不能自禁，渐丽以

筑击秦王髇，秦王病伤三月而死。

夫言高渐丽以筑击秦王，实也；言中秦王病伤三月而死，虚也。夫秦王者，秦始皇帝也。始皇二十年，燕太子丹使荆轲刺始皇，始皇杀轲，明矣。二十一年，使将军王翦攻燕，得太子首。二十五年遂伐燕而虏燕王嘉。后不审何年，高渐丽以筑击始皇不中，诛渐丽。当二（三）十七年，游天下，到会稽，至琅邪，北至劳盛山，并海，西至平原津而病。到沙丘平台，始皇崩。夫谶书言始皇还，到沙丘而亡，传书又言病筑疮三月而死于秦。一始皇之身，世或言死于沙丘，或言死于秦；其死，言恒病疮。传书之言多失其实，世俗之人不能定也。

其实关于秦始皇被刺客击中的传言，司马迁就对其做过严谨的辨析，在《史记·刺客列传》篇末述云："世……又言荆轲伤秦王，皆非也。始公孙季功、董生与夏无且游，具知其事，为余道之如是。"在我看来，所谓"传书"的"虚妄"，既然需要依赖《太史公书》来订正，对于性质近似的《赵正书》，也理当如此。在研究历史问题时，平心静气地多读一些传世基本典籍，至少能够帮助研究者开阔眼界和胸襟，免得做出少见多怪的反应。

遗憾的是，时下诸多研究者，往往过分夸大新出土材料的作用，更特别着力于通过某种新出土材料来一举颠覆千年旧史的记载，以致对像《论衡》这样的传世基本典籍通常是根本不屑一顾的。

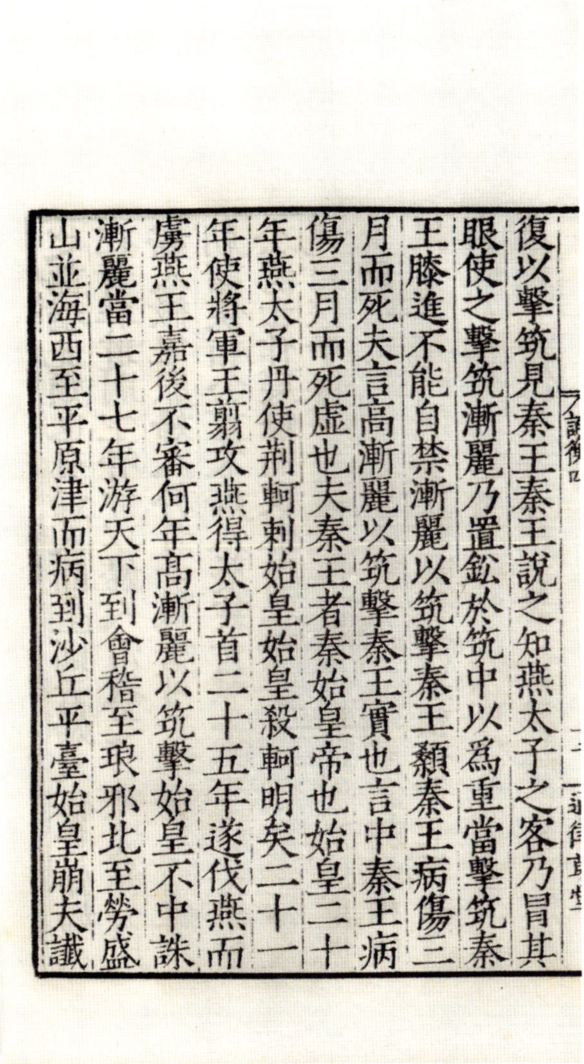

復以擊筑見秦王說之知燕太子之客乃冒其
眼使之擊筑漸麗乃置鈆於筑中以為重當擊筑秦
王膝進不能自禁漸麗以筑擊秦王頭秦王病傷三
月而死夫言高漸麗以筑擊秦王實也言中秦王病傷三
月而死夫言高漸麗以筑擊秦王者秦始皇帝也始皇二十
年燕太子丹使荊軻刺始皇殺軻明矣二十一
年使將軍王翦攻燕得太子首二十五年遂伐燕而
虜燕王嘉後不審何年高漸麗以筑擊始皇不中誅
漸麗當二十七年游天下到會稽至琅邪北至勞盛
山並海西至平原津而病到沙丘平臺始皇崩夫讖

图22 《四部丛刊初编》影印明嘉靖通津草堂刻本《论衡》

四、兵马俑与太史公书

司马迁写《史记》，虽然他自己说只是"述故事，整齐其世传，非所谓作也"（《史记·太史公自序》），但实际上并不是简单地整理编排旧有的资料，将其串联成书，而是开创了一种全新的历史著述的体裁。

在司马迁之前，历史著述的主要体裁，是编年体，也就是像鲁国的《春秋》和为它作注的《左传》那样的形式，严格按照史事发生的时间顺序，将其加载书中。春秋时期其他各个诸侯国的史书，其"通名"虽然并不相同，例如，楚国称作"梼杌"，晋国称作"乘"，但体例都应和鲁国《春秋》相同，都是编年系事。西晋时期在所谓汲冢出土的魏国史书《竹书纪年》，也是和《春秋》同样的体裁。类似的诸侯史乘，我们现在能够看到的，还有《史记·秦始皇本纪》篇末摘要附列的秦国史书《秦纪》等。还有像《汉书·艺文志》著录的《楚汉春秋》、《太古以来年纪》、《汉著记》和《汉大年纪》等，都应属于这类编年体史书。

其他如《世本》，主要记载帝王卿大夫的世系；《国语》，主要载录政治性对话；《国策》，汇编战国谋士游说之辞，等等。另外，透过近几十年来出土的简牍文献，我们还看到了早期史学著述的另外一些形式。譬如清华大学近年收藏的战国竹书《系年》以及《越公其事》等，就与后世的"纪事本末"体裁颇为相近。林林总总，各种各样的史书体裁好像都看到了，可就是没有看到所谓"纪传体"史书，也没有看到历史人物的传记。

结合传世文献和历年新出土的简文帛书，材料之多，足以让我们做出判断——司马迁开创了"纪传体"这一史书体裁,《史记》是中国历史上第一部纪传体史书。

所谓纪传体史书,其主要构成部分,除了诸帝的编年大事记"本纪"之外,最重要的乃是记载各方面代表性人物的"列传"。虽然另外或许还有记录典章制度的"书"或"志"以及用表格的形式罗列史事的"表",但后世效法《史记》的史书,或有或无,并不是非有不可的构件,这也愈加显示出"本纪"和"列传"是这种史书的核心内容。

就其实质内容而言,《史记》等纪传体史书中的"本纪",只是对《春秋》所代表的编年体史书的继承和发展,最能体现司马迁创意的内容,应该是人物列传。

日本京都大学的著名东洋史学家贝冢茂树先生,在1963年出版的《史记》一书中,就指出了司马迁撰著《史记》,在中国古代史学著述体例方面最具特色的贡献,就是独自创立了人物传记这一种历史记述的形式。贝冢茂树先生还对此做出了具体阐释。按照贝冢茂树先生的看法,司马迁这一创制,在世界古代史上,也是一项划时代的贡献,实在令人惊叹。如上所述,在这之后的五十多年期间,中国各地出土了大量早期简牍文献,其中包含很多种类的历史著述,但迄今为止,还没有见到比司马迁的《史记》年代更为久远的人物传记。这种情况,证明了贝冢茂树先生的看法是一项经得起时间检验的正确结论,符合历史实际。

可是,在缺乏成文可以依据的情况下,一下子写出七十篇传记来,而且每一篇往往又包含不止一个人物,这实在是一件相当艰辛、也相当困难的事情。司马迁自言其撰著《太史公书》,往往是"整齐百家杂语"

而成(《史记·太史公自序》),我想,人物传记方面,应该是他花费精力做这种工作最多最大的地方。

了解这一点,对我们认识《史记》之《李斯列传》和《蒙恬列传》的构成以及为什么会采录那些同样见诸《赵正书》的内容,会有很大帮助。

翻阅包括《李斯列传》和《蒙恬列传》在内的《史记》人物传记,应该很容易发现,其中很多传记都载有较长的人物对话。与后世大多数纪传体正史相比,《史记》这一特点是比较突出的。造成这一局面的原因,主要是对于大多数入传的人物来说,可以采录的"纪事"性素材偏少,而"纪言"的材料较多。我这里讲的"纪言"性材料,主要是指简牍文献研究者所称"语类"或"事语类"著述,而这类著述出土之多,是非常引人注目的。窃以为中国古代史官虽有所谓"左史记言,右史记事"的制度,从表面上看起来,似乎是"记言"与"记事"并重,但若不是以特定的人物活动为中心,早期"记事"的内容必然既简且尠;相对而言,"记言"更受到人们的重视,记录的话语会较为繁多,也会因详明的"记言"而牵连述及与之相关的人事。当年左丘明既撰集《左传》,复又集录《国语》,在客观原因上,正应该是基于这样的实际情况。

俗话说,巧妇难为无米之炊。基于这样的实际情况,我们就有理由推测,《史记》人物列传中较多、较长的人物对话,在很大程度上是由其材料来源所决定的。对比《李斯列传》、《蒙恬列传》这两篇传记中同《赵正书》相同或相近的内容,可以更加具体地说明这一点。

《李斯列传》、《蒙恬列传》与《赵正书》所共同依据的那份原始记载,究竟是怎样一种体裁,现在已很难清楚判断,不过很可能是一种"语类"或"事语类"著述。

这些对话，除了李斯和蒙恬两人之外，还涉及赵高和秦二世，特别是赵高，在相关事件中地位更加重要。在这种情况下，将其采入哪一个人的传记之中，就取决于司马迁对《史记》一书的整体构想了。

赵高是对秦朝的终结起到关键作用的重要人物，似乎应该在《史记》当中有一个系统的记述。可是不知出于何种考虑，司马迁没有为赵高立传，而是把他的活动分别散入《秦始皇本纪》、《李斯列传》和《蒙恬列传》等处。这很可能与司马迁自己也遭受腐刑并且沦为与赵高一样的宦官有关。读司马迁《报任安书》，即可清楚看到，他以身入蚕室为奇耻大辱，以至愤而言曰"事关于宦竖，莫不丧气"（《汉书·司马迁传》），从而也就能够理解，他是很不愿意凸显宦官之事的。

我们检读《史记·蒙恬列传》，能够很明显地看出司马迁设置人物列传时在蒙恬与赵高之间的取舍。《蒙恬列传》篇幅较短，除了秦始皇去世之后二世和赵高对他的迫害之外，并没有多少其他的事迹可记。如果司马迁为赵高立传的话，《蒙恬列传》载录的这些史事，大多也可以写入赵高的传记。事实上就连赵高的"出身"，也被司马迁写到了《蒙恬列传》里边，而这样的内容，更是理所当然地应该直接归属于赵高的名下。

总之，把这些与《赵正书》同源的内容写在哪一个人物的传记当中，这完全出自司马迁的主观安排，这是一种前无所承的"创作"。1947年，当时只有二十三岁的我的老师黄永年先生，在《李斯上书谏逐客事考辨》一文中（此文收入先生《文史存稿》），就已特别指出这一点，谓司马迁撰著《史记》时，"于列传则兼采杂说而成之"。所谓通人卓识，诚非仅仅拘泥于某一史事之是非正误而已。

然而这种在著述体裁上的"创作",包括对具体内容的取舍安排,对其所依据的更原始的素材的裁剪挪移,绝不是现在一些人很喜欢谈论的所谓"历史书写"问题。这样的技术处理,并不意味着司马迁在《史记》中所载录的具体内容可以随心所欲,想怎么写就怎么写,想写成什么样子就写成什么样子。

写历史不是写小说,也不是写诗作赋。在司马迁所生活的中国古代,它更不是什么"后现代"的"建构"。在当时,一部合格的历史著述,首先是要充分尊重历史的实际,准确地记录历史的本来面目。这一点,我们看《史记·李斯列传》和《史记·蒙恬列传》所剪取的李斯狱中上二世书与子婴谏二世语,这些内容与传记上下文的契合程度,可谓密合无间(除了像"先王"这样还没有顾上仔细订正的原始素材中的技术性错误写法),就像把夏娃还原成亚当的肋骨而它原本就长在那里一样。这是基于司马迁对客观存在的历史实际的准确认知,体现的正是历史的真实。因为这就像法庭质证一样,肆意编造的谎言必然前跋后疐,左抵右牾,只有真话,才能四平八稳地落地。

今天,怎样看待前人记述的历史,是一个颇显复杂、同时也稍微有些混乱的问题。将其归之于无从验证的主观"建构",至少是一部分"前卫"学者热衷谈论的话题。若是以这样的眼光来认识古人的著述,真实的历史,也就永远无从认知了。

幸好过去的历史不管过去了多久,毕竟还会有一小部分遗迹遗物留存下来。这些遗迹和遗物告诉我们,古代史籍中记载的那些人物,那些事迹,确曾真实地存在,并不像梦幻一样无从验证。

《史记》纪事的信实程度,近代以来的考古发现给予了很好的证明。

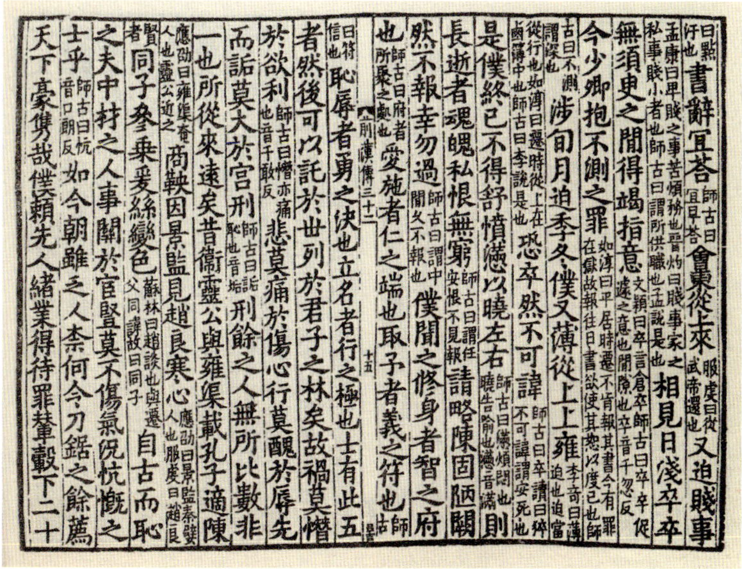

曰黜汙也書辭宜答師古曰宜早答會東從上來服虔曰從武帝還也又迫賤事孟康曰卑賤之事苦煩務也晉灼曰賤事家之私事賤小者也師古曰謂所供職也孟說是也相見日淺卒卒促無須臾之間得竭指意文穎曰卒言倉卒師古曰卒卒遽之意也間隙也卒音千忽反今少卿抱不測之罪如淳曰平居時遷不肯報其書今有罪在獄故報往日書欲使其恕以度己也師古曰不測謂深也涉旬月迫季冬僕又薄從上上雍李奇曰薄迫也迫當從行也如淳曰遷時從上在雍中也師古曰李說是也恐卒然不可諱師古曰卒讀曰猝不可諱謂安死也是僕終已不得舒憤懣以曉左右師古曰懣煩悶也曉告喻也懣音滿則長逝者魂魄私恨無窮師古曰謂任安恨不見報請略陳固陋闕然不報幸勿過師古曰謂中間久不報也僕聞之修身者智之府也師古曰府者所聚之處也愛施者仁之端也取予者義之符也師古

前漢傳三十二　十五

曰符信也恥辱者勇之決也立名者行之極也士有此五者然後可以託於世列於君子之林矣故禍莫憯於欲利師古曰憯亦痛也音千敢反悲莫痛於傷心行莫醜於辱先而詬莫大於宮刑師古曰詬恥也音垢刑餘之人無所比數非一世也所從來遠矣昔衛靈公與雍渠載孔子適陳應劭曰雍渠奄人也靈公近之商鞅因景監見趙良寒心應劭曰景監秦嬖人也服虔曰趙良賢者同子參乘爰絲變色蘇林曰趙談也與遷父同諱故曰同子自古而恥之夫中材之人事關於宦豎莫不傷氣況忼慨之士乎師古曰忼音口朗反如今朝雖乏人柰何令刀鋸之餘薦天下豪儁哉僕賴先人緒業得待罪輦轂下二十

图23　百衲本《二十四史》影印所谓景祐本《汉书》

晚近以来的学者，重视考古发现，往往只关注新出土的材料向研究者提供了什么与传世文献不同的内容，只关注利用这些新出土材料能够修正或补充什么传世文献的讹误与疏略。对于每一项具体的研究来说，这样的着眼点固然直接而又切实，可以实实在在地解决很多问题。然而若是仅仅这样一对一地看问题，犹如只见树木不见森林，新材料再好、再重要，从实质上看，毕竟只能起到拾遗补缺的作用。

换一个角度，人们若是对新材料中的旧史事给予相应的关注，同时对载录这些旧史事的传世典籍本身也给予充分关注，也许会极大地影响我们对历史面貌的整体认识。在这一方面，前辈大师王国维先生，以其深厚的学术素养和博大的学术眼界，很早就为我们做出杰出的典范。

1917年2月，王国维先生在罗振玉先生初步研究的基础上，写成《殷卜辞中所见先公先王考》这篇文章。接着，他又写出《殷卜辞中所见先公先王续考》，对这一主题做出补充论证。在殷墟卜辞的研究历史上，这两篇文章切实认定了卜辞中先公先王的名号，以此为基础，卜辞的研究才有了一个贯穿的序列，这为其后的一系列研究，奠定了一个坚实而又普遍的基础，因此可以说是一项划时代的研究。

与传世典籍相比较，除了订补一些《史记》的文字讹误以外，王国维还在文中特别指出："《世本》、《史记》之为实录，且得于今日证之"（王国维《殷卜辞中所见先公先王考》）。所谓"实录"，就是如实写录，有啥写啥，是啥写啥，其重点指向，显然是依据出土甲骨卜辞来印证《史记》记载的可靠性，证明《史记》纪事的真实性。

若是更进一步思忖王国维先生这两句话的语义，就又不能不联系到著名的"二重证据法"。稍后至上个世纪二十年代，王国维先生在清华

研究院讲授"古史新证"课程的时候,其总论中国上古史研究状况,述云:

> 吾辈生于今日,幸于纸上之材料外,更得地下之新材料。由此种材料,我辈固得据以补正纸上之材料,亦得证明古书之某部分全为实录,即百家不雅驯之言亦不无表示一面之事实。此二重证据法惟在今日始得为之。(王国维《古史新证》第一章)

在王国维先生身后,这一论述就被学界奉为其所独创的一种治学大法,时至今日,凡研治中国古代文史者,甫一入门发蒙,即无不知之。

对于学术界这种普遍状况,我是有不同看法的。如果仅仅就取地下出土之实物与纸上之遗文互相证释这一方式而言,作为一种治学的通用法则,实际古已有之,无论如何也说不上是王国维先生的创制。相关认识,已写入《〈海昏侯刘贺〉书里书外的事儿》一文(收入拙著《书外话》),读者自可参看。

在讨论《史记》纪事的可靠性这一问题时,重读王国维先生上述论述,更进一步斟酌,我对它又有了一些新的理解。

第一,王国维所谈的"二重证据法",重点是以"地下之新材料"来"证"传世的"纸上之材料"。

第二,所谓"证"包含两重涵义。其中一重,是以这些新材料来"补正纸上之材料",也就是对传世典籍的记载做出补充或订正。其第二重涵义,是用这些出土资料"证明古书之某部分全为实录,即百家不雅驯之言亦不无表示一面之事实"。

在这两重的相"证"的价值里面,其第一重之以新补旧,这是简单的技术层面问题，实际上是不同史料之间恒所固有的情况，并不是"地下之新材料"所独有的价值。所以，若谓真正具有独特意义的以所谓"地下之新材料"以印证传世"纸上之材料"的行为，就只剩下了证实古书的信实程度这一点了。

那么，王国维先生在比勘核实之后所得出的结论是什么呢？要想很好地回答这一问题，就应该切实把握当时的具体语境，要把前面谈到的他在《殷卜辞中所见先公先王考》一文中所说的话同"古史新证"课堂上的讲法结合起来思考，才能做出比较允当的说明：一是"证明古书之某部分全为实录"，而就其强调指出这一方法时实际针对的关于殷商历史的记载来说，便是"《世本》、《史记》之为实录，且得于今日证之"；二是对那些较殷商更早的上古早期传说时代来说，"即百家不雅驯之言亦不无表示一面之事实"。

像后面这类"百家不雅驯之言"，实际上是世界各国、各民族早期历史记录中都会有的情况，各国、各民族都经历过这么个阶段，殷商时期恰恰是中国古代的历史由文献记载从有些不太确实、不够清晰的时代全面进入信史时代的转折时期，而王国维先生通过考证殷墟卜辞所证明的"《世本》、《史记》之为实录"，在很大程度上也就等于证明了《史记》记载的殷商以下的历史，基本上也都是可靠的"实录"。

司马迁在《史记·三代世表》小序中尝有言曰："五帝三代之记，尚矣。自殷以前诸侯不可得而谱，周以来乃颇可著。孔子因史文次《春秋》，纪元年，正时日月，盖其详哉。至于序《尚书》，则略无年月，或颇有，然多阙，不可录。故疑则传疑，盖其慎也。"这段话充分体现了司马迁著史的慎重态度，还有他所能利用的信实资料，总的来说，应是启始于殷商时期,而且就连这一时期可以依据的信实史料,也主要是王国维所论证的先公先王的谱系传承,至所谓"诸侯"这一层级,仍然没有系统的凭借。

从这一认识出发,我理解王国维先生所说的"二重证据法",其准确的指向,应该是证实中国古代历史记载的信实性,总的来说,是不容轻易置疑的。这对于早期历史著述来说,当然主要是指《汉书·艺文志》在六艺略春秋类下附记的那一类严谨的史学著述,而且首先针对的就是被《汉书·艺文志》书作《太史公》的《史记》。

具体来说,所谓"二重证据",其第一重证据,从本质上来说,应该是指这些历史著述本身的"自证",即就传统的认识而言,这些"纸上之材料",其体裁的严谨性,已经具有相应的可信性和权威性,不宜恣意贬抑,故径可用这些传世史籍指证其人其事;而王国维所说的第二重证据,便是指那些"地下之新材料",用这些新发现的古代遗迹遗物,来进一步印证传世史籍纪事的真实性(当然在相互比勘的过程中,新出土材料也会对传世史籍有所订补)。

王国维先生运用这种"二重证据法"展现给我们的一个重要结论,就是《史记》的纪事乃是"实录"史事,从而为千秋万世留存下中国第一部真实可信的通史。

在此基础上,我们再来看《史记》关于秦朝史事的具体记载。

1974年发现的秦始皇陵兵马俑,被有些人誉为世界历史上的第八大奇迹。它吸引着全世界的游人来到这里参观,也一直吸引着世界各国学者的高度关注。绝大多数学者对它的关注,是看这些兵马俑坑出土的文物为秦代历史的研究提供了哪些新的资料。不过我的老师黄永年先生，却以一种更加开阔的眼光，由兵马坑中刚刚挖出的陶俑，看到了早已在世间流传两千多年的《太史公书》。

1982 年 10 月，当在秦始皇陵兵马俑坑遗址建立的博物馆、亦即所谓"秦俑馆"开馆三周年的时候，该馆编印了一本《秦俑馆开馆三年文集》。文集篇末的《编后》声明，作为"馆际学术交流的内部材料，文中材料，未经作者同意，不得公开引用"。但现在三十多年过去了，我在这里所要谈论的文章，作者也已经去世很多年了，相信编辑单位和相关人员对我引述这部文集的内容也能予以理解了。

这篇文章题为《考古发掘和历史研究》，篇幅很短，署名是我在专业上正式的导师史念海先生。可是审其内容、笔法，显然是由黄永年先生代笔的。尽管这篇文章的行文尽量模仿了史念海先生的习惯用法，语气也是贴近史念海先生当时的身份与地位，但模仿一个人的文章，就像仿造别人的签名一样，是很难写得和人家一模一样的，加之史念海先生和黄永年先生两人的治学特点及行文风格又都个性突出，作为受业问学日久的学生，我还是能够一眼看出这应该是出自黄永年先生的手笔。

现在我们做事儿很讲"规矩"，所以顺便在这里说一下旧时学者文人或是达官贵人倩人代笔的老规矩。这种做法，至少在前清时就已经相当普遍，而且在编录文集时，一般会文归其主，即谁执笔写的，就收入谁的集子，在标题下面附注说明系"代某某"而撰就是了。民国时期以迄今日，依然如此（现在很多出版社热衷于给著名学者出全集，就未能充分注意并妥善处理这类文稿）。史念海先生学术地位很高，所以秦俑馆特地请他赐稿，但他手头研究事忙，年龄又比较大了，这种场面事又不能扫人面子,于是就请黄永年先生代写了这篇文稿。这也是"循规蹈矩"的老办法。我在博士学位毕业前后也替老师写过一两篇应酬文字,因而也就更容易看出这篇文章的来路。

一个好的学者,即使是写这种应酬文章,也不会满篇泛泛空话,总是会有些实在而又特别的内容。因为书读多了,读通了,见识随时而生,它就收在眼底,就堆在胸中,想不写出来都难。同时,笔下流露出的味道,自然同八股塾师式的学者不同,更同那些醉心于师心臆造自家议题的学问家完全不同。

那么,黄永年先生在这篇短文中讲了些什么让我很在意、而且需要在讨论《史记》纪事的可信性时特别提及的内容呢?

所谓秦"兵马俑",是在秦始皇陵陪葬坑里出土的那一大批真形陶俑。尽管有很多想看热闹的"吃瓜群众"和专业考古学家,都跃跃欲试,想深挖狠掘,早一天掏开秦始皇的墓室一看究竟。但文物一旦出土着风,往往不如在它原来埋的那个地方保存得好,所以要不是有盗墓贼先行探路,"帮助"考古学家打开一条通道,造成曝光透亮的事实,国家是根本不让挖的。

人死如灯灭。死了,埋了,埋了也就埋了,特别是那些位高人贵、财富巨多的人,陪着亡人葬下大量金银财宝,也就更怕别人知道了。因为穷困小民一旦惦记上,就说不清那些金银财宝是给死去的先人预备的,还是给活着的贼小子配置的了。所以,大多数帝王陵墓墓室内部的情况,后世的活人是不会知道的。

可是,秦始皇这位千古一帝的陵墓,情况却显得有些特别,司马迁在《史记·秦始皇本纪》中对其安葬经过和墓室内部情形有如下一

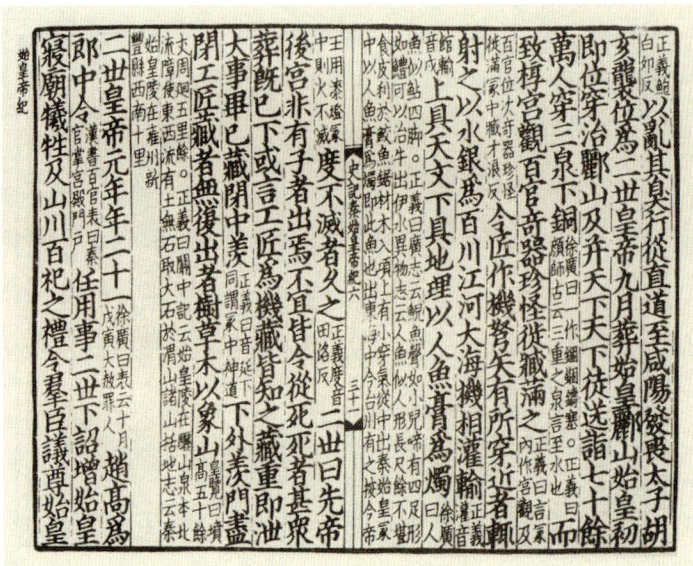

图24 百衲本《二十四史》影印南宋建安黄善夫书坊刻三家注本《史记》

段很详细的描述：

> （秦始皇三十七年）九月，葬始皇郦山。始皇初即位，穿治郦山，及并天下，天下徒送诣七十余万人，穿三泉，下铜而致椁，宫观百官奇器珍怪徙臧满之。令匠作机弩矢，有所穿近者，辄射之。以水银为百川江河大海，机相灌输。上具天文，下具地理。以人鱼膏为烛，度不灭者久之。二世曰："先帝后宫非有子者，出焉不宜。"皆令从死。死者甚众。葬既已下，或言工匠为机，臧皆知之，臧重即泄。大事毕，已臧，闭中羡，下外羡门，尽闭工匠臧者，无复出者。树草木以象山。

写得够详明了，但问题也就出在这个"详明"上：司马迁也没下到墓室里去看过，这么"详明"的情况，他又是怎么知道的呢？更重要的是，像这样的记载，可信吗？能够用作我们今天研究秦朝历史的史料吗？

黄永年先生看待秦始皇陵兵马俑这一发现的历史研究价值，就是从这一角度切入的。他在文中谈到：

> 研究历史，对待历史文献还要注意"去伪存真"。就《史记》的《秦始皇本纪》而来说，在"初并天下"之前都是文字简要的编年体，和《史记·秦本纪》的记述体例相同。司马谈、司马迁父子撰写《史记》时是看到秦国的国史《秦纪》的（见《史记·六国表》）。《秦本纪》和《秦始皇本纪》的编年部分承用《秦纪》，和前此的鲁国的国史《春秋》、魏国的国史所谓《竹书纪年》的体例相同，是古代国史

的传统写法，其史料价值当时是第一等的。但《秦始皇本纪》在"初并天下"以后的纪事却突然详细起来，譬如讲秦始皇陵，说"始皇初即位，……树草木以象山"。这些显然不是《秦纪》的原文，而系司马谈或司马迁根据其他记载或传闻增添进去的。而秦汉之际的有些传闻并不完全靠得住，往往水分太多，故事性太强烈，有的甚至根本不是事实。……《史记》所记秦始皇帝陵的规模侈大会不会也出于想象编造呢？今所见秦始皇帝陵仅是一般的土阜，高达并不超过汉唐诸陵，更不能不引起人们对《史记》所说的怀疑。

单纯考察传世文献本身，像这样的疑虑，几乎是陷入了一种无从破解的困难境地，可是黄永年先生却以一种通博的眼光，在秦始皇陵的兵马俑身上，看到了解决这一难题的契机。

黄永年先生论述说：

现在，兵马俑坑的发现，就彻底解决了这个问题，在陵侧的殉葬明器坑都有如此惊人的规模，则陵本身规模之宏大自可从而推知。因此，《史记》关于秦始皇陵内部的记述不仅完全可以相信是史实，而且所描绘其如何壮丽恐怕远不及其面貌的什一。由此，对《史记·秦始皇本纪》"初并天下"以后的其他记载，如"营作朝宫渭南上林苑中，先作前殿阿房，东西五百步，南北五十丈，上可以坐万人，下可建五丈旗，周驰为阁道，自殿下直抵南山，表南山之巅以为阙，为复道自阿房渡渭，属之咸阳"，以及"咸阳之旁二百里内，宫观二百七十，复道甬道相连，帷帐钟鼓美人充之"之类，也可推知并无夸大成分。这样，兵马俑坑的发掘，虽然没有找到文字的记载，好像比不上云梦睡虎地出土秦律等竹简之有价值，但从可以证实《秦始皇本纪》记载之可信来看，其价值不说超越至少是不亚于出土秦简的。这颇使我想起当年殷墟甲骨的发现，由于甲骨的发现，证实了《史记·殷本纪》世系之可信，和今天兵马俑坑证实《秦始皇本纪》之可信可说是先后辉映的学术界大收获。

这就是学养，这就是见识，由一个很具体的兵马俑坑，从总体上认识到了《史记·秦始皇本纪》的真实可信。其实在文史研究领域里要想做好每一项具体的研究，几乎都离不开这种融会贯通的眼光和学识。

若是我们在王国维先生和黄永年先生上述论述的基础上，把他们通过所谓"二重证据法"得出的结论再向外推展开来，从总体上来评价一下《史记》纪事的信实程度呢？

仔细究诘，这个问题非常复杂，三言两语很难说个明白，但若是简单地谈一下基本认识，我认为，《史记》的殷商以下部分，都是地地道道的信史，也就是信而有征、信而可征的历史纪事。我这样想，是觉得在王国维先生的眼里，《史记》记载的西周以后的历史，基本上是清楚可信的，或者说这一点应是他业已心仪其是而毋庸赘言的；由此上溯，殷商时期的历史，其可信性亦赖甲骨卜辞得以证明之。

至于《史记》对殷商以前那一段更早时期历史的记载，应该就是王国维先生"即百家不雅驯之言亦不无表示一面之事实"这句话所针对的主要对象。从王国维先生这句话中,我们就能够看出《史记》早期纪事的复杂性——其中恐怕只有某些方面的记载出自历史的真实情况。然而这既不是司马迁刻意违逆客观事实在"书写"着什么,也不是他自出机杼在肆意"建构"着什么,所以才会真真假假,在"一面之事实"以外,免不了会有诸多不大靠谱以至很不靠谱的东西。

事实上,商代以前历史记载的不确切性,是由缺乏足够可靠的原始资料所造成的。如前所述,世界上各个国家、各个民族的早期历史记载,都在很大程度上存在这种情况,这是人类成长过程中必然要经历的幼稚阶段,而不是进入什么"后现代"以后才发生事情。

自然的历史虽然是与时间相伴,无始而又无终,但人不是自古以来就有的物种,人类活动所形成的历史,也总是有个开头的地方。问题是在这一时期,人太幼稚了,留不下文字记录,也没有相应的历史意识,所以必然要有很长一段历史记载的空白期。由这初始的空白期,到像殷商时期这样的有可靠文字记录的信史时期,中间还有很长一个模糊不清的时段。在这一阶段,有文字记录的历史,从无到有;纪事的面貌,由含混逐渐转向明朗。

这是一个渐变的客观过程,而作为一部从古到今的通史,司马迁写《史记》,总要有个开头的地方,要有一个合适的切入点。作为一位严谨的史学家,司马迁本着努力追求史事的客观真实性的原则,做出了自己的斟酌判断。结果,我们都看到了:他是从黄帝时期写起。

司马迁是把黄帝的事迹列在《史记》第一篇《五帝本纪》的一开头。对自己撰著《史记》要从黄帝时期写起,司马迁在《史记·五帝本纪》篇末阐释说:

> 学者多称五帝,尚矣。然《尚书》独载尧以来,而百家言黄帝,其文不雅驯,荐绅先生难言之。……书缺有间矣,其轶乃时时见于他说。非好学深思,心知其意,固难为浅见寡闻道也。余并论次,择其言尤雅者,故著为本纪书首。

用现在的大白话来概括,就是虽然有关黄帝的种种传说往往都不大地道,但要是好学深思,还是能够从中看出一些端绪。于是,司马迁就从这种种说法中尽量择取最为典雅可信的那一部分内容,将其列为本纪的开端。若是换一个说法,这也可以说是于"不雅驯"的原始记载中尽可能找出相对"雅驯"一些的内容,作为这部通史起笔的地方——这只是没办法的办法而已。

重要的是,它告诉我们,太史公司马迁是在尽其所能,努力写出一部符合客观实际的信史。

五、顺天道,写人事

其实,关于司马迁写作《史记》的态度和这部通史的信实程度,东汉前期承继其后写出中国历史上第二部纪传体"正史"的班固,本来有过一个很好的评判。只是时下某些学者更在意西方那些隔着大西洋、太平洋的学者所创制的"后现代"观念,更在意依据这些远道而来、并且是出自很遥远的远缘学科的抽象理论,来诠释中国古代纷纭复杂的历史现象,从而得出一些迥异于以往的新奇观点。

学术本无国界。西洋东洋，四海同心。不管是在哪里，是人，走的就都是人道，所谓"人间正道是沧桑"，讲的就是人类历史发展的共同的必然性规律。可是，人类发展趋势的共同性，并不意味着我们就可以用某一得自特定领域有限经验的模式来简单地图示所有地区、所有时代、所有人群的一切历史现象；而且在我看来，历史研究的目的，是认识和揭示一个个具体的历史事件，而不是把纷纭复杂的史事塞进一个特定式样的珍宝箱。假如一定要这样做，在传统的"读书人"眼里，"削足适履"之讥，恐怕就在所难免了。

传统"读书人"重视旧史的记载，特别是历代"正史"所载录的史事，以此作为了解中国古代历史的基本依据，当然首先是基于这类史书的信实性和它的骨干地位，正因为如此，司马迁创立的这种著述形式才会受到后世的充分尊重并被代代相承。

除了这一根本原因之外，我在研究历史问题时特别重视这类"正史"，还是因为这些"正史"往往都是后代人记前代事，操刀执笔者距离他所记述的那个时代很近，相对来说，比较贴近那个刚刚过去了的时代，因而会有很多后人无以具备的周边知识和切身体会。

在我看来，包括《史记》在内的历代正史在其代代相承的过程中，后继时代的人们对前代正史的充分肯定，其中就潜含有对其他另外一类叙事的对比和排斥在内，这一点应当引起研究者的高度重视。

针对司马迁的《史记》，紧随其后撰著同样体裁的西汉断代正史——《汉书》的班固，在《汉书·司马迁传》中，写有如下一段评价：

自古书契之作而有史官，其载籍博矣。至孔氏篡之，上断唐尧，下讫秦缪。唐虞以前，虽有遗文，其语不经，故言黄帝、颛顼之事未可明也。及孔子因鲁史记而作《春秋》，而左丘明论辑其本事以为之传，又纂异同为《国语》。又有《世本》，录黄帝以来至春秋时帝王公侯卿大夫祖世所出。《春秋》之后，七国并争，秦兼诸侯，有《战国策》。汉兴，伐秦定天下，有《楚汉春秋》。

故司马迁据《左氏》、《国语》，采《世本》、《战国策》，述《楚汉春秋》，接其后事，讫于天汉。其言秦汉，详矣。至于采经摭传，分散数家之事，甚多疏略，或有抵梧。亦其涉猎者广博，贯穿经传，驰骋古今，上下数千载间，斯以勤矣。又其是非颇缪于圣人，论大道则先黄老而后六经，序游侠则退处士而进奸雄，述货殖则崇势利而羞贱贫，此其所蔽也。然自刘向、扬雄博极群书，皆称迁有良史之材，服其善序事理，辨而不华，质而不俚，其文直，其事核，不虚美，不隐善，故谓之实录。

从中可以看出，尽管班固对司马迁的"政治立场"颇有微词，也指出他对一些具体问题的处理"或有抵梧"，但班固对《史记》纪事信实程度的总体评价，却是"其文直，其事核，不虚美，不隐善，故谓之实录"，须知所谓"实录"云者，即相对于班固所见其他很不靠谱儿的同时代人相关的著述而言。譬如班固在文中提到的刘向，所撰《新序》、《说苑》，即见于《汉书·艺文志》著录，书中亦述及诸多秦汉时期的史事，但却是"广陈虚事，多构伪词"，叙事远不及《史记》质实（唐刘知几《史通·杂说下》，清张文虎《舒艺室随笔》卷四）。

关于《新序》、《说苑》这一类著述与司马迁《史记》在著述宗旨上的差别,宋人曾巩乃谓刘向"尤欲有为于世"(曾巩《元丰类稿》卷一一《说苑目录序》)。所谓"有为于世",用现在北京城里的市井语言讲,就是《新序》、《说苑》这些书里谈到的史事,不是为了纪事,而是要拿它"说事儿",是要通过这些事例讲说为人处事乃至治国平天下的道理。

基于这一出发点,其所记述事项或实有其事,或子虚乌有,不能一律都当真的。例如,《新序》所说汉武帝亲征匈奴之事就是一个架空虚构的故事。具备严谨专业素养的学者,对这类记述,会与《史记》、《汉书》之类正规的史学著述区别对待的。譬如清人沈钦韩在证释《汉书》时就曾特别谈到,《说苑》中一些与《史记》不同的关于秦始皇的故事,就"疑是文士发言愤托,言非实事也"(沈钦韩《汉书疏证》卷一〇上)。

其实在这一点上,《赵正书》同《新序》、《说苑》之类的书籍是完全相同的,所以才会有诸如胡亥遵奉遗诏以登大位之类的无稽之谈,只不过《赵正书》的具体属性同被《汉书·艺文志》列入诸子略儒家者流中的《新序》、《说苑》等书还有一定差别。前面已经谈到,关于这一点,我将在另一个专题中具体予以阐说。

不过除了著述宗旨和体裁这一因素之外,与后世同类史书相比,我们在考察《史记》纪事的客观真实性时,还要考虑当时专职史官的纪事方式以及他们所秉持的特殊观念和职业操守。过去张政烺先生论述中国古代史书与其他体裁著述在纪事性质上的差别,就特别强调指出:"中国古代很早就设立史官记录国之大事及国君的私人生活,态度认真不苟,树立起一种端正的学风,也传留下许多书籍。"(《〈春秋后语辑考〉序》,见《张政烺文史论集》)

所谓专职的史官,即如《汉书·艺文志》所言:"古之王者世有史官,君举必书,所以慎言行,昭法式也。左史记言,右史记事。"作为其记言记事存留于世的典型例证,则"事为《春秋》,言为《尚书》"。

那么,这些史官史事发生的过程中又是如何记言、记事的呢?《史记·廉颇蔺相如列传》如下一段文字,可以为我们提供一个生动的例证:

> 秦王使使者告赵王,欲与王为好,会于西河外渑池。赵王畏秦,欲毋行。廉颇、蔺相如计曰:"王不行,示赵弱且怯也。"赵王遂行,相如从。廉颇送至境,与王诀曰:"王行,度道里,会遇之礼毕,还,不过三十日。三十日不还,则请立太子为王,以绝秦望。"王许之,遂与秦王会渑池。秦王饮酒酣,曰:"寡人窃闻赵王好音,请奏瑟。"赵王鼓瑟,秦御史前书曰:"某年月日,秦王与赵王会饮,令赵王鼓瑟。"蔺相如前曰:"赵王窃闻秦王善为秦声,请奉盆缶秦王,以相娱乐。"秦王怒,不许。于是相如前进缶,因跪请秦王。秦王不肯击缶。相如曰:"五步之内,相如请得以颈血溅大王矣!"左右欲刃相如,相如张目叱之,左右皆靡。于是秦王不怿,为一击缶。相如顾召赵御史书曰:"某年月日,秦王为赵王击缶。"秦之群臣曰:"请以赵十五城为秦王寿。"蔺相如亦曰:"请以秦之咸阳为赵王寿。"秦王竟酒,终不能加胜于赵。赵亦盛设兵以待秦,秦不敢动。

这里所说秦、赵两国的"御史",与秦帝国建立以后司掌监察的同名官职明显不同,借用唐人杜佑的说法,此乃"记事之职也"(唐杜佑《通典》卷二四《职官》六)。昔春秋时曹刿谏鲁庄公如齐观社,尝有语云"君举必书，书而不法，后嗣何观？"（《左传》庄公二十三年）这席话，便是就此等"记事"之史职而言。

寻根溯源，所谓"记事"之史职以"御史"为名，本见于《周礼》的记载。盖《周礼》所载史官的设置，有太史、小史一组和由内史、外史、御史构成的另一组。御史附属于内史，其职能系"掌邦国都鄙及万民之治令，以赞冢宰。凡治者受灋令焉〔汉郑玄注：为书写其治之法令，来受则授之〕，掌赞书〔汉郑玄注：王有命，当以书致之，则赞为辞，若今《尚书》作诏文〕"（汉郑玄注《周礼》卷五、卷六），从这里似乎看不到明显的"记事"职事。不过按照清人黄以周的解释，内史亦称左史，太史亦称右史（黄以周《礼书通故》卷三四《职官礼通故》四）。这样我们就能够理解了，作为服从于左史（内史）的史官，御史随从于国王而记其所言，自是分内的事情。在此基础上可知，战国时期秦、赵两国的御史，沿承的还是周人旧制。《逸周书·史记》开篇即谓"维正月王在成周，昧爽，召三公、左史戎夫曰：'今夕朕寤，遂事惊予。'乃取遂事之要戒，俾戎夫言之，朔望以闻。"即云周王命左史戎夫记取一些睡梦之中令其警醒的前车之鉴，再于朔望日奏闻给他，以免重蹈覆辙。这正是周之王廷"左史记言"最好的实例。《史记·廉颇蔺相如列传》载秦御史所书秦王令赵王鼓瑟事，自属记其指令之言；其赵御史书秦王为赵王击缶事，循前例也应该是在记下蔺相如邀请秦王为赵王击缶的话语。只是如近人金毓黻所云，记言者未尝不载事，记事者亦未尝不载言，不过一重在言，一重在事而已，非谓言中无事，事中无言也（金毓黻《中国史学史》第一章《中国古代史官概述》）。至于杜佑谓此御史为"记事之职"，亦概言记言记事，并不是特指与"记言"相对的"记事"。

回到这里论述的主题,则透过秦赵渑池之会这一场景,可以清晰看出早期史官纪事的实时性和可靠性,而支撑历代正史的骨干,正是这样的史官纪事。

在司马迁那个时代以前,这种史官纪事的可靠性,还有另外一重更为深刻的原因——这就是在史官与上天之间还存在着一种非常特殊关联。

在《周礼》记述的太史这一职官之下,郑玄注云:"史官之长。"而这一职官实际统辖的属官,除了刚才提到的小史之外,还有一个"冯相氏"和一个"保章氏"。用今天的话来讲,这两个官职,掌管的都是天文历法方面的事物(汉郑玄注《周礼》卷五、卷六),属于自然科学,与历史的人文属性存在着明显的距离。

那么,为什么会出现这种在今天看起来颇显怪异的情况?关于这一点,首先我们应当明白,历史的推移,就是人类活动的时间历程,而时间的流动是通过天上日月星辰的变化来体现的,即《周礼·冯相氏》所说"四时之叙",而历法就是依据这些星体的运行规律而制定的。因此,要想清楚记录史事,首先必须掌握相应的天文历法知识。

司马迁的家族,本出自周之太史,而且"世典周史",同时也"世主天官"。后来虽中断较长时间,但乃父司马谈又重执祖业,这时依然需要先行"学天官于唐都"(《史记·太史公自序》),就都是基于这一原因。观司马迁本人亦以"文史星历"自表(《汉书·司马迁传》),同样可以说明这一点。汉武帝元封元年,当老太史公司马谈临终之际,与司马迁执手泣别,诉云:"余死,汝必为太史。"(《史记·太史公自序》)这样果决的语言,不管是出于坚定的期望,还是基于一种必然的安排,都表明史官这一职事对天文历象专业知识的要求，使它成为只有很少一部分人才能担任的职务，如班固在《汉书·艺文志》中讲述说，天文观测乃"非湛密者弗能由也"，编制历谱更是若"非天下之至材，其孰与焉"！因而，也就很容易在家族内部世代相承。

传言有一个名为"终古"的夏太史令因桀之暴虐而出奔于商，还有殷内史向挚也见纣之悖乱而亡命于周，他们都随身携带有"图法"；又"晋太史屠黍见晋之乱也，见晋公之骄而无德义也"，同样是"以其图法归周"（《吕氏春秋·先识》）。这种所谓"图法"，应该就是史官观天推运所用的专业工具。

不过日月星辰等事，不仅可以用来体现时间的流动，还是"天"的具体体现。《周礼》称"保章氏"这一职事系"掌天星，以志星辰日月之变动，以观天下之迁，辨其吉凶"，就显示出史官还有一个介于天地之间的特殊地位，能够上观天象以下解人事。上面提到的晋国太史屠黍亡奔于周后，对周之威公讲晋国将亡的征兆，乃对之曰："臣比在晋也，不敢直言，示晋公以天妖，日月星辰之行多以不当。"（《吕氏春秋·先识》），这就是以所谓"天妖"来说"世运"。其实上述夏太史令终古、殷内史向挚和晋太史屠黍，都是被《吕氏春秋》作为具有"先识"的人物例证来举述的，盖"国之亡也，有道者必先去，古今一也"（《吕氏春秋·先识》）。而这几位太史、内史能够独具只眼，看到国之必亡的命运，恐怕都与其身揣"图法"，能够判识亡国的天象等征兆具有直接关系。我们看《礼记·月令》云孟冬之月"命太史衅龟策，占兆，审卦吉凶"，同样显示出太史的神职身份。

观司马迁报任安书，诉说其忍辱负重以撰成《史记》一书，乃"欲

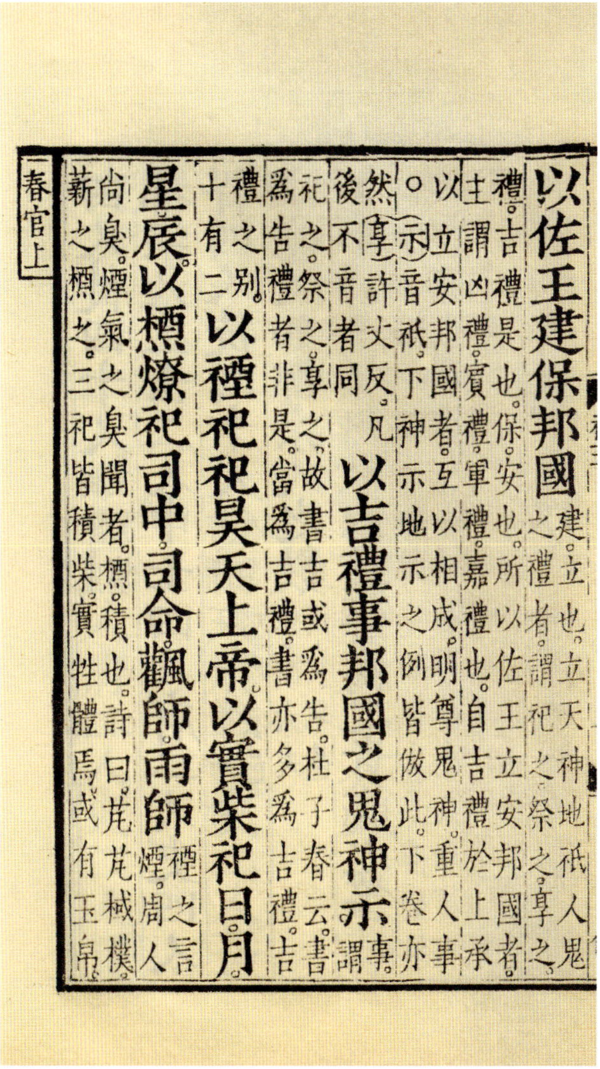

春官上

以佐王建保邦國　建立也立天神地祇人鬼之禮者謂祀之祭之享之禮吉禮是也保安也所以佐王立安邦國者主謂凶禮賓禮軍禮嘉禮也自吉禮於上承以立安邦國者互以相成明尊鬼神重人事○示音祇下神示地示之例皆倣此下卷亦然享許丈反凡後不音者同

以吉禮事邦國之鬼神示　事謂祀之祭之享之故書吉或爲告杜子春云書爲告禮者非是當爲吉禮書亦多爲吉禮吉禮之別十有二

以禋祀祀昊天上帝以實柴祀日月星辰以槱燎祀司中司命飌師雨師　禋之言煙周人尚臭煙氣之臭聞者槱積也詩曰芃芃棫樸薪之槱之三祀皆積柴實牲體焉或有玉帛

图25　《四部丛刊初编》影印明嘉靖刻本《周礼》

以究天人之际，通古今之变，成一家之言"（《汉书·司马迁传》），所说"天人之际"，就是上天对人事活动的控制作用。这种天人关系，在中国古代，首先体现为以"天时"所表征的自然规律对农业生产活动的制约，而在这一方面，早期的太史，就充当着一个重要的中间人角色。

《国语·周语上》载虢文公谏周宣王行籍田事，语曰："古者太史顺时觋（脉）土，阳瘅愤盈，土气震发。"这是讲太史负责观察四时的运行，以把握适合的土壤水分条件，适时耕作，而太史待到"农祥晨正，日月底于天庙"的天象出现，便可知悉"土乃脉发"，到抄家伙动手的时候了。于是，在太史的引导下，王者始督率百官庶民，种田植谷。其实这种自然的"天时"不过是"天道"、"天意"的表现形式之一。这样的天人关系，由具体到抽象，由个别到一般，就是由所谓"天道"、"天意"来规定人世间一切活动的生成和变化，所谓"天人合一"，真谛即在于此。

司马迁在《史记·天官书》中称天变"与政事俯仰"，乃"最近天人之符"，讲的就是这个意思。又司马迁之父司马谈在论述阴阳家时谈到的"春生夏长，秋收冬藏，此天道之大经也，弗顺则无以为天下纲纪"（《史记·太史公自序》），其"天下纲纪"四字讲的也是同样的意思。而像司马迁这样一个能以"究天人之际"为生涯的职业史官，显然是具有某种超越于寻常世俗人之上的社会身份的。

正是这样的身份，决定了像司马谈、司马迁父子这样的职业史官，需要对上天予以充分的敬畏，而且这种敬畏的程度，是要大大高于人世君主的。在司马氏父子之前，颇有几位先辈，即因不畏君主的淫威而实录史事，留下了"良史"的清名，受到世人高度赞誉。

在这当中，列在第一位的，应该是我辛家的祖先。商纣王时有大夫姓辛名甲，姓和名都是天干的名称，这一点就很特别，冥冥中显现着他与天文历法的联系。

西汉时人刘向记述说，辛甲向殷纣王连进七十五次谏言，纣王还是拒而不纳，于是去而之周，"周召公与语，贤之，告文王，文王亲自迎之，以为公卿，封长子"（《史记·周本纪》并刘宋裴骃《集解》引刘向《别录》。附案封地名曰"长子"，不知是不是与他长得人高马大英武气派有关），所谓文王"以为公卿"，实际上是让他出任太史一职（《左传》襄公四年）。如上所述，史官是一种很特别的职务，除了其神职性质之外，还需要专门的天文历法技术，故往往世传其业，周人能够让他出任此职，一定是基于辛甲在商朝已有的专业经历。《汉书·艺文志》诸子略道家类下著录有"《辛甲》二十九篇"，如班固所云，"道家者流，盖出于史官"，这是非常契合他的太史身份的。

班固在《汉书》中编制了一份《古今人表》，这份表格把古往今来的名人分作三六九等，加以排列，辛甲位居第三等，也就是上等人中的下位，名之曰"智人"（晋国因秉笔直书而称名于世的那位太史董狐，还有下文将要谈到齐太史兄弟三人和齐南史氏，也都是这一等人物）。想想看，通灵于神人之间，有这等本事，能不"智"么？

辛甲记史，虽然没有什么特别的事迹流传下来，但他敢于向荒淫的殷纣王犯颜直谏，竟连番七十五次之多，并在劝谏无效后断然离去，这些都应该与他的史官身份、特别是这一身份的神职性质具有直接关系。在顺应天道、适时而动这一点上，辛甲与前面谈到的夏太史令终古、殷内史向挚和晋太史屠黍，明显具有一种相同的职业素质。同样，敢谏与敢书一样,也与这一职业所赋予的特殊品质有关。

史官之敢于秉笔直书,最经典的一个事例,是春秋时期齐国大臣崔杼弑杀齐庄公时,齐国太史一家兄弟三人前仆后继以拼死载录史实的故事:

> 大(太)史书曰:"崔杼弑其君。"崔子杀之。其弟嗣书而死者二人。其弟又书,乃舍之。南(德勇案:或为"内"字之讹)史氏闻大(太)史尽死,执简以往。闻既书矣,乃还。(《左传》襄公二十五年)

此事往往被后世奉为史官出自神圣道德的壮举,或归之于偶然,如宋人吕祖谦即论之曰:"春秋之时,王纲解纽,周官三百六十,咸旷其职,惟史官仅不失其守耳。……以崔杼之弑齐君,史官直书其恶,杀三人而书者踵至。身可杀,而笔不可夺,铁钺有弊,笔锋益强。威加一国,而莫能增损汗简之半辞,终使君臣之分,天高地下,再明于世。是果谁之功哉!呜呼,文武周公之泽既竭,仲尼之圣未生,是数百年间,中国所以不沦于夷狄者,皆史官扶持之力也。"(吕祖谦《东莱博议》卷二"曹刿谏观社"条)实际上若是如上所述,全面了解中国古代早期史官的神职色彩,我们也就很容易理解,除了这一层社会道德的因素之外,在他们这些职业史官的身上,还有一种对上天的敬畏,这也可以说是一种更为恐怖的畏惧——因为若是违逆事实,曲笔书事,必定要遭受天谴神责,而这种惩罚的严酷程度是甚于世间一切暴虐的君主的。西汉人贾谊称"天子有过,史必书之,史之义,不得书过则死"(贾谊《新书·保傅》),实际上讲的也是这个意思。所以,才能独有史官不失其守,

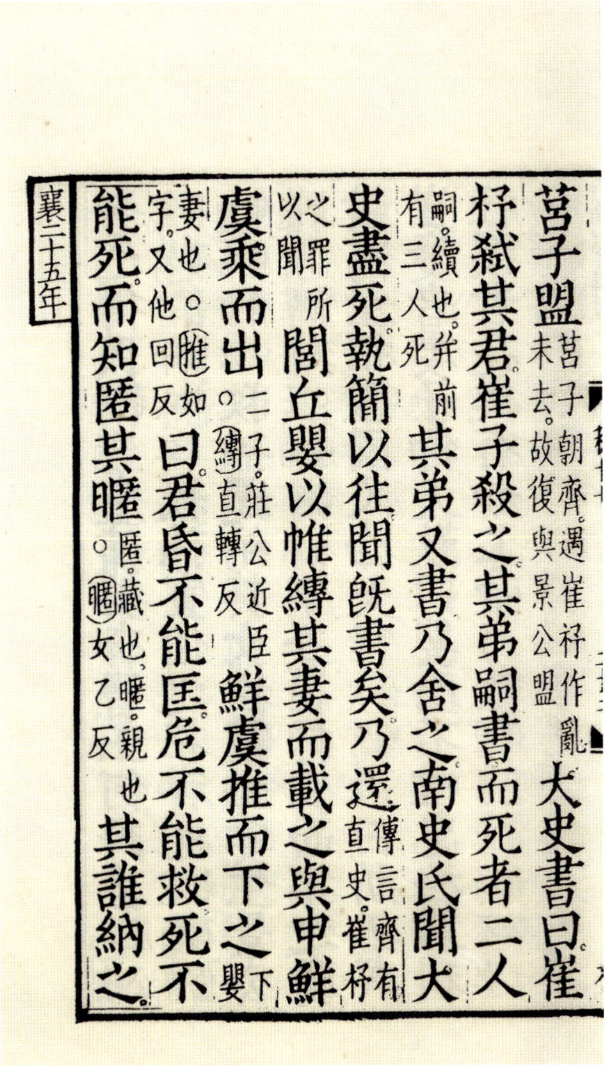

莒子盟莒子朝齊遇崔杼作亂
未去。故復與景公盟大史書曰崔
杼弒其君崔子殺之其弟嗣書而死者二人
嗣。續也。并前其弟又書乃舍之南史氏聞大
有三人死
史盡死執簡以往聞既書矣乃還傳言齊有直史崔杼
以之罪所閭丘嬰以帷縛其妻而載之與申鮮
以聞
虞乘而出二子。莊公近臣嬰下鮮虞推而下之嬰
妻也。雖如他回反縛直轉反曰君昏不能匡危不能救死不
字又匿。藏也。曬。親也。曬
能死而知匿其曬女乙反其誰納之。

襄二十五年

图26　《中华再造善本》丛书影印元相台岳氏荆溪家塾刻本《春秋经传集解》

他们才会奋不顾身，一往无前，甚至搭上他们整个史官的家族。

这种早期职业史官的素质，其流风余韵，在司马迁身上还有很强很强的存留，所以他才会有"欲以究天人之际，通古今之变"的意愿，而若是按照这样的认识来理解《史记》纪事的信实性，知道太史公的手里是握着一只"神笔"，在这只笔下，既容不得鬼话，也不会有意去写什么胡话。要是那样乱来，用他自己的话来说，是会闯下"罪莫大焉"的祸事的(《史记·太史公自序》)。这样，或许就不会面对被奸人盗掘出世的《赵正书》而产生什么困惑了。

当然，历史活动和历史文献的许多具体细节，并不像我在上面讲的那样简单，那样纯粹，这都是历史研究所必然要面对的问题，自古以来就是如此。只要我们顺天理、循人情，踏踏实实地去做考辨分析，即可去伪存真，揭示历史的本来面目。清代考据学家在这方面积累了丰富的实践经验，为我们留下诸多成功的范例，可以说他们已经把文史考据推进到一个相当深邃精湛的程度。我们老老实实地跟在他们后面，按照他们早已用过的方法学着做就是了。这种考据方法，是永远不会过时的。

2018 年 12 月 3 日记

第三篇　聚语诗书不避世

一、谈论古时旧事儿的小说

在上一篇《一件事，两只笔》里，我谈到，《史记》是一部由职业史官撰著的历史著作，作者司马迁是在倾其所能，最大限度地载录和书写历史的真实面貌。与这样的历史著作相比，《赵正书》属于一种别样的著述。

关于这一点，如同我在《一件事，两只笔》中所说，对读《史记》和《赵正书》，就像并观班固的《汉书》和《赵飞燕外传》、《汉武故事》之类的著述一般，二者完全不可等量齐观。不过《赵正书》既不是《赵飞燕外传》式的情色读物，也不是像《汉武故事》一般的神仙家故事，我们需要准确地把握其内在属性，才能更为合理地认识它的史料价值。

对《赵正书》的属性这一问题，竹书的主要整理人员，态度显得既有些模糊，又一直非常审慎。其模糊之处，在于始终不肯对《赵正书》中那些与《史记》悖戾的纪事表明态度，清楚说明这些纪事到底是可信、还是不可信，就是我在上一篇文稿里所转述的那句话——"不能断定何者更符合历史史实"（赵化成《北大藏西汉竹书〈赵正书〉简说》，刊《文物》2011 年第 6 期），而他们的审慎之处，则是刻意回避对这一著述的性质做出清楚的表述。

尽管竹书整理者曾比较正式地肯定《赵正书》是"西汉前期人讲述秦末重要史事的古佚书"（《北京大学藏西汉竹书（叁）》之《前言》），但"讲述"二字，本身仍很含糊，说真话，固然是在"讲述"，可说瞎话也未尝不可以说是"讲述"，所以这样的说法也几乎等于啥也没说。

后来，在《赵正书》正式出版之后，有些参与这部竹书整理的学者才正面触及这一问题,称《赵正书》的性质应属于"小说家言"(陈侃理《〈史记〉与〈赵正书〉——历史记忆的战争》,刊佐竹靖彦先生主编《中国史学》第二十六卷)。但相关学者对什么是"小说家",和《赵正书》为什么属于"小说家言"、特别是《汉书·艺文志》时期及其以前的"小说家"究竟是一种什么性质的书籍,并未做具体说明,而在我看来,这一点对我们深入认识《赵正书》的性质,是至关重要的,它直接关系到书中纪事的史料价值。

这事儿说来话长,不能不从班固编录的《汉书·艺文志》谈起。因为所谓《赵正书》的性质,也就是它在当时社会整个知识体系当中所处的位置,而每一部书籍的类别从属,就是这一位置的具体体现。班固纂集《汉书·艺文志》,其基本依据,是西汉后期刘向、刘歆父子两代相继撰成的《七略》;特别是《汉书·艺文志》对知识体系的划分,完全继承了刘向、歆父子确立的格局。因此,我们要想对《赵正书》的性质做出具体的说明,就不能不首先进入《汉书·艺文志》的知识体系。

《汉书·艺文志》把当时各项知识,罗列无遗,有一个庞大的身架。现在我们面临的问题,是在《汉书·艺文志》没有见到《赵正书》这一书名(不过《汉书·艺文志》著录的书籍不一定就没有包括《赵正书》在内,且待下文叙说),现在只能依据书中的内容来推定其从属的类别。

在这里,没有必要与之一一比照,只具体对比一下那些表面特征直接相关的类别,就大致可以满足我们的需要。

对于《赵正书》来说,海内外学术界特别关心、也是我们重点考察的事项,乃是其所记史事的真确可信性问题。

在上一篇《一件事，两只笔》中，我重点指出，司马迁的《史记》是一部由出自史官世家的职业史官所撰著的信史。这样的信史，在《汉书·艺文志》中，是被附着在"六蓺（艺）略春秋家"这一名目之下的。所谓"六艺"，是指《诗》、《书》、《礼》、《乐》、《易》和《春秋》，乃是儒家最为骨干的经典，所以也可以用《六艺》来作为它们的统名。《春秋》即《六艺》之一，乃"礼义之大宗"，系因承鲁国史官的记述以成书，所载录的史事则一本史官旧文。逮太史公司马氏父子两代相继撰述《史记》，立意本在乎绍继《春秋》的宗旨（《史记·太史公自序》），内容自然亦恪守前规，力求信实可靠。

在这一基础上，审看《赵正书》中那些在重大史实上与《史记》绝然背反的记载，诸如《赵正书》煞有其事地记述说，胡亥系遵奉遗诏登上大位，成为嬴秦二世皇帝，而不是阴谋篡位；又诸如《赵正书》还言之凿凿地记述说，赵高是被章邯诛杀，而不是被子婴处死，等等，这样的歧异，不像我们在不同史书之间常见的那种文字出入，显示出《赵正书》很可能是与《太史公书》截然不同的另一类著述。

谈到这样的问题，很容易让我们想到的一个可以参考的事例，是载录苏秦、张仪辈游说之辞的《战国策》。苏秦、张仪固然属战国纵横家中最具有代表性的人物，而《汉书·艺文志》一方面在"诸子略纵横家"下著录《苏子》三十一篇，《张子》十篇，另一方面，却又把《战国策》著录于"六蓺（艺）略春秋家"下，并附注云"记春秋后"，亦即载录春秋时代之后事迹的史书，这显然是对其纪事性质给予了充分的肯定。对此，应该引起我们特别注意的是，在刘向、歆父子和班固的眼里，《战国策》的内容同《苏子》、《张子》式的纵横家著述，性质是有根本性区别的。后来马王堆汉墓出土的同类著述（其中很多篇目，甚至与《战国策》基本相同），整理者将其定名《战国纵横家书》。若是认真对待并深切思索《汉书·艺文志》的成例，这样拟定的书名是否合适，似乎就大有重新斟酌的余地。

近代史学家对《战国策》的纪实性往往持轻视以至否定的态度。如吕思勉先生在《史通评》之"六家"篇中即谓"《国策》则纵横家言，其记事寓言十九，实不可作史读"。这种说法，确实有一定道理，《战国策》叙事因出自战国纵横家之手，意在危言耸听，打动人主，性质与史官记事有明显差别，故所说时间、地点、数目等项要素，较其本来面目，往往会有所变易；所记行事言辞，较其实际状况，亦时有增饰；特别是今所见文本，多经其门徒增饰改写，出入也就愈加严重。但毕竟其初始形态应是当时人说眼前事，大多应有可靠的事实依据，不会红口白牙，满嘴胡话。试想当日苏秦、张仪之辈若是对各国之间发生的事情，懵懂无知，讲起时事来完全随心所欲，信口开河，何以能令各国君主信服？司马迁撰著《史记》，在各国世家部分，就大量采录了《战国策》的记载，说明司马迁对其史料价值给予了充分的肯定，《汉书·艺文志》将其与《史记》相并列，也应当是基于同样的认识。

即使是与《战国策》这样的著述相比，《赵正书》的纪事，仍然显得有很多过于荒诞的内容，若是以《史记》作参照，似乎就很难将其归入"六蓺（艺）略春秋家"下。那么，在《汉书·艺文志》中还有哪些门类可以容纳像《赵正书》这样的书籍呢？答案，是只有"诸子略小说家"这一个门类。

下面我们以表格的形式，来直观地显示《汉书·艺文志》"诸子略小说家"的内容。这样，一目了然，更便于归纳总结其一般特征：

《汉书·艺文志》著录"小说家"书目表

书 名	篇 卷	《汉书》班固自注	后人注释
伊尹说	二十七篇	其语浅薄，似依托也	
鬻子说	十九篇	后世所加	
周考	七十六篇	考周事也	
青史子	五十七篇	古史官记事也	【《通志·氏族略》】其"以官为氏"项下之"青史氏"条引《英贤传》云："晋太史董狐之子，受封青史之田，因氏焉。" 【梁刘勰《文心雕龙·诸子》】《青史》曲缀以街谈。
师旷	六篇	见《春秋》。其言浅薄，本与此同，似因托之	
务成子	十一篇	称尧问，非古语	
宋子	十八篇	孙卿道宋子，其言黄老意	
天乙	三篇	天乙谓汤，其言非殷时，皆依托也	
黄帝说	四十篇	迂诞依托	
封禅方说	十八篇	武帝时	【杨树达《汉书窥管》】方说者，《史记·封禅书》记李少君以祠灶谷道却老方见上，亳人谬忌奏祠太一方，齐人少翁以鬼神方见上，胶东宫人栾大求见言方之类是也。
待诏臣饶心术	二十五篇	武帝时	
待诏臣安成未央术	一篇		【《汉书》颜注】应劭曰："道家也，好养生事，为未央之术。"
臣寿周纪	七篇	项国圉人，宣帝时	

续表

书 名	篇 卷	《汉书》班固自注	后人注释
虞初周说	九百四十三篇	河南人，武帝时以方士侍郎，号黄车使者	【《汉书》颜注】应劭曰："其书以《周书》为本。"师古曰："《史记》云虞初洛阳人，即张衡《西京赋》'小说九百，本自虞初'者也。"
百家	百三十九卷		【姚振宗《汉书艺文志条理》】刘中垒《说苑叙录》曰："除去与《新序》复重者，其余者浅薄不中义理，别集以为《百家》。"似即此《百家》。盖《说苑》之余，犹宋李昉等既撰集《太平御览》，复衮录《太平广记》也。
《汉书·艺文志》诸子略"小说家"小序		小说家者流，盖出于稗官。街谈巷语，道听途说者之所造也。孔子曰："虽小道，必有可观者焉，致远恐泥，是以君子弗为也。"然亦弗灭也。闾里小知者之所及，亦使缀而不忘。如或一言可采，此亦刍荛狂夫之议也。	

昔鲁迅先生撰著《中国小说史略》，解读上述记载，乃释之曰：

> 惟据班固注，则诸书大抵或托古人，或记古事，托人者似子而浅薄，记事者近史而悠缪者也。

所谓"古事"，即前史旧事。鲁迅先生这样简明的解释，并没有能够澄清所谓"小说家"的性质，而《汉书·艺文志》的记载，仍存有待阐发的问题。

在《汉书·艺文志》中，班固所附自注明确讲到述及"古事"的书籍，实际只有《周考》和《青史子》两种。其他如《务成子》"称尧问"，以其可能会涉及"古事"，或许勉强也可以算在其中。剩下的那些书籍，其是否述及"古事"，班固并没有做出明确的说明。不过从书

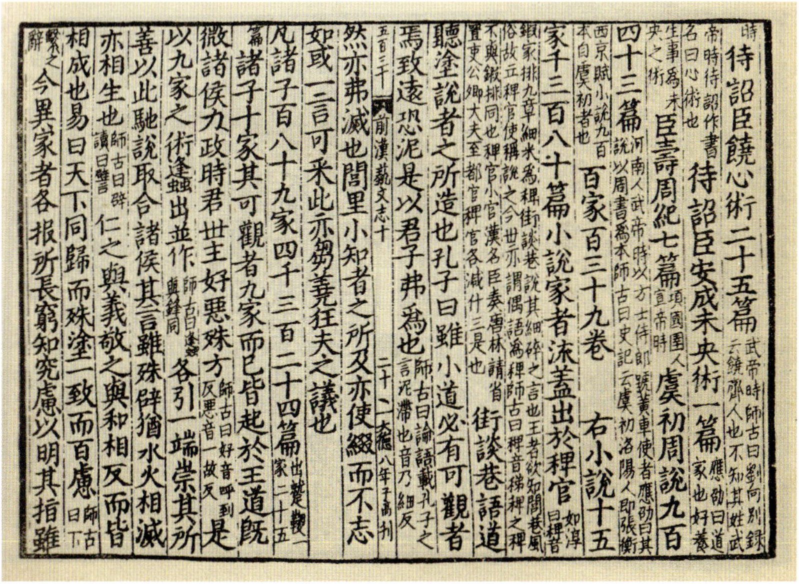
時
待詔臣饒心術二十五篇武帝時師古曰劉向別錄云饒齊人也不知其姓武
帝時待詔作書名曰心術也待詔臣安成未央術一篇應劭曰道家也好養
生事爲未央之術臣壽周紀七篇項國圉人宣帝時虞初周說九百
四十三篇河南人武帝時以方士侍郎號黃車使者應劭曰其說以周書爲本師古曰史記云虞初洛陽人即張衡
西京賦小說九百本自虞初者也百家百三十九卷右小說十五
家千三百八十篇小說家者流蓋出於稗官如淳曰稗音
鍛家排九章細米爲稗街談巷說其細碎之言也王者欲知閭巷風俗故立稗官使稱說之今世亦謂偶語爲稗師古曰稗音稊稗之稗
不與鍛排同也稗官小官漢名臣奏唐林請省置吏公卿大夫至都官稗官各減什三是也街談巷語道
聽塗說者之所造也孔子曰雖小道必有可觀者
焉致遠恐泥是以君子弗爲也師古曰論語載孔子之言泥滯也音乃細反
五百三十　前漢藝文志十　二十二　大德八年子高刊
然亦弗滅也閭里小知者之所及亦使綴而不忘
如或一言可采此亦芻蕘狂夫之議也
凡諸子百八十九家四千三百二十四篇出蹴鞠一家二十五
篇諸子十家其可觀者九家而已皆起於王道既
微諸侯力政時君世主好惡殊方師古曰好音呼到反惡音一故反是
以九家之術蠭出並作師古曰蠭古鋒字與鋒同各引一端崇其所
善以此馳說取合諸侯其言雖殊辟猶水火相滅
亦相生也師古曰辟讀曰譬仁之與義敬之與和相反而皆
相成也易曰天下同歸而殊塗一致而百慮師古曰下
繫之辭今異家者各推所長窮知究慮以明其指雖

图27　百衲本《二十四史》影印所谓景祐本《汉书》

名上看，臣寿《周纪》和虞初《周说》这两部书也应该述及周朝的史事，后者且有东汉人应劭"其书以《周书》为本"的注解，可以为之证明，这样，似乎就能够落实到地了。

不过关于这一点，近人张舜徽曾经提出过一个颇显新奇的论断，以为上述诸书书名当中的"周"字，与周秦汉唐之"周"无涉，只是一个用作"周备"之义的形容词。张舜徽先生在诠释《周官》一书的名称时写道：

> 自来论及《周礼》者，皆未究此书所以命名之义。愚意以为古之以"周"名书者，本有二义，一指周代，一谓周备。《汉志》著录之书，多有以"周"名书者，儒家有《周政》六篇，《周法》九篇；道家有《周训》十四篇；小说家有《周考》七十六卷（德勇案：实为"七十六篇"），臣寿《周纪》七篇，虞初《周说》九百四十三篇。细详诸书立名，盖皆取周备之义，犹《周易》之得义于周普，无所不备也。儒家之《周政》、《周法》，盖所载乃布政立法之总论；道家之《周训》，小说家之《周考》、《周纪》、《周说》，犹后世之丛考、丛钞、说林之类耳。故刘、班悉载之每类之末，犹可窥其义例。自后世误以为言周代事，说者遂多隔阂不可通矣。（张舜徽《汉书艺文志通释》之《六艺略》）

在诠释小说家《周考》一书时，张氏复释云：

> 此云《周考》，犹言丛考也。周乃周遍、周普无所不包之

意。……小说家之《周考》,盖杂记丛残小语、短浅琐事以成一编,故为书至七十六篇之多。其中或及周代轶闻者,见者遽目为专考周事,非也。下文犹有《周纪》、《周说》,悉同此例。

若果如其言,则不仅诸子略"小说家"之《周考》、《周纪》、《周说》诸书与周代无关,而且张舜徽先生还判定这些书籍的性质,不过"犹后世之丛考、丛钞、说林之类耳",关系到我们在这里论述的实质性问题,因而不能不稍加辨析。

研究重要的史事,未必需要依赖什么新发现的新材料来颠覆既有的认识,但古代遗留的实物,确实可以帮助我们更加明确地认定某些模糊不清或是具有歧义歧解的记载。事儿赶得也实在寸,就在与《赵正书》一同入藏北大的这批西汉竹书中,正有一种张舜徽先生提到的道家著述《周训》(见《北京大学藏西汉竹书(叁)》)。

虽说竹书书名的写法,同《汉书·艺文志》略有差异,是把"训"写作"马"字边儿的"驯"字,但"训"、"驯"两字形近义通,显示的应该是同样的意思。又通观这篇竹书的内容,是于一年十二月外另加一个闰月,月别一章,以周昭文公于每月初一训诫太子的形式,讲述君道政理;另外再缀以岁末一章,于年终腊日,做出同样的训诫。这样全书总共由十四章构成,每章亦可视同一篇,正与《汉书·艺文志》著录的"《周训》十四篇"相应,而阅读这篇竹书的文字内容,也与刘向

图28 北京大学藏西汉竹书《周驯》篇题(据《北京大学藏西汉竹书(叁)》)

《别录》对《周训》评语相符,即"人间小书,其言俗薄"(《汉书·艺文志》唐颜师古注引文)。

根据上述情况,就足以认定,此竹书《周驯》便是《汉书·艺文志》著录的《周训》,竹书的整理者也早就表明了这样的看法,而这一出土未久的西汉写本,自可确切无疑地证明:《周训》以及《汉书·艺文志》中《周政》、《周法》、《周考》、《周纪》、《周说》诸书,至少在形式上,讲的也都一定是周朝之事,张舜徽先生把这里的"周"字解作"周备"之义,显然是不能成立的。

这样,我们也就可以明确:在《汉书·艺文志》所著录的十五种"小说家"著述当中,至少有《青史子》和《周考》、《周纪》、《周说》这四种书籍,谈论的都是鲁迅所说的"古事"。这样的比例,已经不低,显示出它不会是一个偶然的现象,应当具有很大的普遍性。因此,我想也就有理由,暂且把讲述秦末史事的《赵正书》归入其中,再来看看其内在属性是否与小说家中其他书籍相符。

二、说事儿不纪事

如上所述,按照《汉书·艺文志》的知识体系划分,像《赵正书》这样具有很多从表面上看似乎很像是历史纪事的著述,若不是归入六艺略"春秋家"下,就只能列在诸子略"小说家"中(清人章学诚在《校雠通义》卷二就以为如《周考》、《青史子》等"非《尚书》所部,即《春秋》所次矣。……则其书亦不侪于小说也",这也是在二者之间择取其一),那么,促使刘向、歆父子以及班固做出"小说家"这一类别划分的主要依据是什么呢?或者说他们的主要着眼点是在哪里呢？

这个问题看似简单，其实却从来没人说清楚过，至少读书很少的我，到目前为止，还没有看到能够说服我的观点。

那么，解答这个问题的难点到底在哪里呢？难就难在《汉书·艺文志》著录的这些"小说家"书籍早就亡佚失传了，其流传时间最远的一部书《青史子》，也只是传到南朝，见于梁阮孝绪《七录》的著录（见《隋书·经籍志》引佚文），入隋以后也再也见不到踪影（《隋书·经籍志》）。看不到书，就没有具体的例证能够体现出这一类书籍的实际状况，因而也就很难切实地把握究竟什么才是其独有的特征。

在这种情况下，要想清楚地认识这一问题，不妨先从鲁迅先生过去对《汉书·艺文志》相关记述所做的总结入手。

如前所述，鲁迅先生说这些"小说"是"或托古人，或记古事"，其实托名于古人的言语，其本身，在形式上自已成为一种"古事"。由这一角度出发，我们不妨把鲁迅先生讲到的古人之言与古人之事通论并观，将其视作具有同样历史属性的旧说旧事，而鲁迅先生是把这些旧说旧事的特点，归结为或流于"浅薄"、"迂诞"，或失之于"悠缪"。

"悠缪"这个词儿现在不大常用，其实就是谬误严重、舛错多多的意思。如果我们相信《史记》是一部信实的史书并以此书为参照的话，那么，《赵正书》的纪事在这一点上，是与《汉书·艺文志》所述"小说家"完全相符的。

不过鲁迅先生所说"据班固注"而得出上述结论，与事实并不相符。这是因为在《汉书·艺文志》的班固自注中，我们只能看到他告诉读者，这些书籍或是出自"依托"，或是其妄托于古人的言论"浅薄"、"迂诞"，并无一语"小说家"书籍的纪事性属"悠缪"的注记。

事实上,班固对"小说家"书籍所做的注释,不仅丝毫没有体现出这些书籍具有"悠缪"的特点,而且对于那些被鲁迅先生称作记述"古事"的书籍而言,甚至还会给人一种出自信史的感觉,如班氏即谓《周考》一书是"考周事也",《青史子》更是"古史官记事也"。另外,与班固同处于东汉时期的应劭,也注释说虞初《周说》乃是"以《周书》为本"。仅仅看这些描述,这些书籍,与《春秋》、《左传》、《太史公书》等六艺略下的"春秋家"者流似乎并没有什么区别,很像是一些正儿八经的历史著述。

认真审看《汉书·艺文志》的结果,反倒是只有通过《赵正书》的纪事,才能够清楚证明《艺文志》中著录的"小说家"书籍,其"记事者"确实是"近史而悠缪者也"。当然,做出这样的推论,其必备的前提,是《赵正书》确实属于"小说家"的书籍。

问题还是那个问题。转了一圈,似乎重又回到了原点。班固自注这条路既然走不通,那么只能另辟蹊径。

接下来,让我们看看,其他现代学者,对"小说家"的性质这个问题又是怎样认识的呢?虽然很多人都谈到这个问题,但几乎所有人都是闪烁其词,实际上始终没有个清楚的说法。下面,我想举述两种讲述得比较明确、同时也比较重要的观点。

第一种观点,以张舜徽先生为代表。张舜徽先生在《汉书艺文志通释》中,全文引述了《隋书·经籍志》子部"小说家"的小序:

> 小说者,街说巷语之说也。《传》载舆人之诵,《诗》美询于

刍荛。古者圣人在上，史为书，瞽为诗，工诵箴谏，大夫规诲，士传言而庶人谤。孟春，徇木铎以求歌谣，巡省观人诗，以知风俗。过则正之，失则改之，道听涂说，靡不毕纪。《周官》诵训"掌道方志以诏观事，道方慝以诏辟忌，以知地俗"、而职方（德勇案：应正作"训方"）氏"掌道四方之政事，与其上下之志，诵四方之传道而观衣物"是也。孔子曰："虽小道，必有可观者焉，致远恐泥。"

继此之后，张舜徽先生附以评语云："此论实本《汉志》而更发挥之，可以互证。"

这样的评语，看似老生常谈，或者以为它无关紧要，实际上这直接关系到对汉代以前的"小说家"性质的认识。其实当年鲁迅先生在论述中国古代"小说"的发展历程时，就是直接由《汉书·艺文志》进入《隋书·经籍志》，前后连贯，来看待"小说家"的实质内容，不过鲁迅先生并没有直接触及二者之间是否存在内在联系这一问题，只是称述《隋书·经籍志》"所论列则仍袭《汉书·艺文志》"而已（鲁迅《中国小说史略》）。与此相比，张舜徽先生"本《汉志》而更发挥之，可以互证"的说法，则清楚显示出他是把二者视同一事，以为两书所说"小说家"具有同样的性质。

所谓寻流讨源，自是历史研究中惯行的做法，张舜徽先生思考的路径，看起来似乎很有道理。可是，在《隋书·经籍志》中，我们已经见不到一部《汉书·艺文志》旧有的著述，它所著录的书籍，像今天仍众所熟知的《燕丹子》和《世说》（即《世说新语》），究竟在多大程度上与《汉书·艺文志》的"小说家"相同，这是一个值得人们深思并且存在很大疑问的问题。实际上,情况并不那么简单,在《汉书·艺文志》与《隋书·经籍志》之间,并不一定存在"源"与"流"的关系。然而,这样的问题,似乎一向无人思考。在张舜徽先生之后,又有一些研究中国古代文学史的学者,继续沿着这条思路,探讨"小说"的起源及其早期形态问题。尽管这些学者的论述,言之凿凿,但"源"既不正,随波逐流,也就难免愈漂愈远,不知所终了。

第二种观点,见于余嘉锡先生的《小说家出于稗官说》(见《余嘉锡论学杂著》)。在这篇文章中,余嘉锡先生有如下一段重要论述:

> 桓子(德勇案:即两汉之际人桓谭)《新论》曰:"小说家合丛残小语,近取譬论,以作短书,治身理家,有可观之辞。"丛残小语,即所谓"街谈巷语,闾里小知者之所及"(德勇案:此乃《汉书·艺文志》"小说家"小序文句)也,不云出于稗官者,桓谭因泛论学术,涉笔及之,与刘班(德勇案:指刘向、歆父子与班固)著录,务穷流别,本自不同耳。谭与刘歆同时,其书盛称子政(德勇案:刘向字子政)父子,谓为通人,是必曾见《七略》,而班固尝受诏续其《琴道》一篇,固熟读《新论》者。故桓子之言,与《汉志》同条共贯,可以互相发明也。知此,可以论《汉志》著录之小说家矣。

像这样以同时代人的说法来论证《汉书·艺文志》的真相,较诸简单地勾连后世的《隋书·经籍志》以探求汉代"小说家"的面目,自然更具有历史学家的时代维度,因而也更加合理(案余嘉锡先生在文中对《隋书·经籍志》的说法,还做了很具体的批驳)。

在余嘉锡先生身后，还有很多学者（其中绝大多数是那些专门研究中国古代文学史的人），也对这一问题做出一些新的探讨，例如饶宗颐先生、袁行霈先生，等等（饶宗颐《论小说与稗官——秦简中"稗官"及如淳称魏时谓"偶语为稗"说》，见饶氏文集《文辙》。袁行霈《〈汉书·艺文志〉小说家考辨》，刊《文史》第七辑）。这些学者，或更多地偏倚新出土的秦简，或愈加侧重重新解读《隋书·经籍志》提供的线索，尽管他们都做出了积极的努力，但在我看来，所做论述，并不比余嘉锡先生旧日的考释更为深入，也更为切合实际，所以，在此一概置而不论。

余嘉锡先生的观点，大致即依据桓谭《新论》的说法，来确认《汉书·艺文志》"小说家"的基本特征。不过美中不足的是，在"合丛残小语，近取譬论，以作短书"这一总体特征当中，余嘉锡先生似乎对"丛残小语"和"短书"这样的外观特征更为关注，而没有充分认识"近取譬论"这一内在的文字特性。

所谓"近取譬论"，就是择取那些比较贴近于人情事理从而便于人们理解的事例，来做比喻，以阐释想要说明的道理。《荀子》论"谈说之术"，谓"譬称以明之"乃是"说常无不受"的重要手段之一（《荀子·非相》），足见这一论说方式在当时的重要性。

曹魏时人如淳，在注释《汉书·艺文志》时，在"小说家者流，盖出于稗官"这句话的下面附有解说云：

今世亦谓偶语为稗。（《汉书·艺文志》唐颜师古注）

这句话对我们理解汉代"小说家"的性质至关重要，可惜却一直被人视而不见。

看了这个"偶语",让我联想到《史记·老子韩非列传》里提到的"偶言"。在现在通行的《史记》当中,其相关文字如下:

> 庄子者,蒙人也,名周。周尝为蒙漆园吏,与梁惠王、齐宣王同时。其学无所不窥,然其要本归于老子之言。故其著书十余万言,大抵率寓言也。

唐人司马贞释此"大抵率寓言也"句云:

> 大抵,犹言大略也。其书十余万言,率皆立主客,使之相对语,故云"偶言"。又音寓,寓,寄也。故《别录》云"作人姓名,使相与语,是寄辞于其人,故庄子有《寓言篇》。"(《史记·老子韩非列传》唐司马贞《索隐》)

其"故云'偶言'"以及"音寓"的说法,表明小司马当时所见到的《史记》,"寓言"乃是写作"偶言"。

司马贞引述的《别录》,其作者,就是前面提到撰著《七略》的刘向,而刘向撰著《七略》,本是缘于他为西汉朝廷校订宫廷的藏书。在校订宫廷藏书的过程中,刘向每校定一部书籍,都要给这部书籍写出一篇提要性的说明,并奏上朝廷,《别录》就是这些内容提要的汇编。

刘向《别录》称所谓"偶言"或者"寓言"即"作人姓名,使相与语,是寄辞于其人"云云的说法,让我又联想到《史记》当中另一处相关的记载，这件事见于《史记·孟尝君列传》：

> 秦昭王闻其贤，乃先使泾阳君为质于齐，以求见孟尝君。孟尝君将入秦，宾客莫欲其行，谏，不听。苏代谓曰："今旦代从外来，见木禺人与土禺人相与语。木禺人曰：'天雨，子将败矣。'土禺人曰：'我生于土，败则归土。今天雨，流子而行，未知所止息也。'今秦，虎狼之国也，而君欲往，如有不得还，君得无为土禺人所笑乎"孟尝君乃止。

关于这个"木禺人"和"土禺人"，唐人司马贞也做过注解，文曰："（禺）音偶，又音寓。谓以土木为之，偶类于人也。苏代以土偶比泾阳君，木偶比孟尝君也。"（《史记·孟尝君列传》唐司马贞《索隐》）这可以说是印证刘向上述说法最贴切的一个实例。

依据司马贞这一注解，清人王念孙对"偶"字的语义又做有更进一步的考释：

> 念孙案："偶"，《索隐》本作"禺"，注曰："音偶，又音寓，谓以土木为之，偶类于人也。"是旧本作"禺"，有偶、寓二音。……《封禅书》"木禺龙栾车一驷"，《索隐》曰："禺，一音寓，寄也，寄龙形于木。一音偶，亦谓偶其形于木也。"《后汉书·刘表传》论曰："其犹木禺之于人也。"是"偶人"之"偶"，古通作"禺"。《管子·海王篇》"禺策之商，日二百万"，尹知章曰："禺读为偶。"《汉书·匈奴传》"此温偶䮈王所居地也"，班固《燕然山铭》"斩温禺以衅鼓"，"温禺"即"温偶"。（王

念孙《读书杂志》三之四《史记》第四"偶人"条）

要之，"偶"字本来是书作"禺"形，而后来通行的"偶人"，其原型也是书作"禺人"，其更具有实质性内涵的本义为"寄寓"，而不在于刘向所说"相与"与否。对此，东汉大儒郑玄，本来很早就做过清晰的说明，即云所谓"偶人"乃"有面目机发有似于生人"者（《礼记·檀弓下》郑玄注）。清人段玉裁复进一步阐述说："偶者，寓也，寓于木之人也，字亦作'寓'。"（段玉裁《说文解字注》）较段氏稍后，王筠亦述之云："即'木偶'，'偶'亦读寓。"（王筠《史记校》卷上）

对"偶"字这一语义，很早就有误解。如唐人颜师古在注解《汉书·酷吏传》时，即曾针对"匈奴至为偶人象（郤）都"（德勇案："郤都"是为汉景帝时雁门太守）一语释之曰："以木为人，象（郤）都之形也。偶，对也。"亦即将其解作后世"对偶"、"骈偶"之"偶"（这样的解释，应与刘向所说"相与"具有一关联）。对这样的解读，清人段玉裁辩驳说："按'木偶'之'偶'，与二枱并耕之'耦'义迥别，凡言人耦、射耦、嘉耦、怨耦，皆取'耦耕'之意，……今皆作'偶'，则失古意矣。"（段玉裁《说文解字注》）王筠更直接指斥颜师古说："此训……未免望文生义矣。"（王筠《史记校》卷上）

好了，在这样一种对"偶"字字义理解的基础上，让我们扭过头去，再来看一下曹魏时人如淳所说"偶语"的涵义。"语"之与"言"，其义无别，故"偶语"与"偶言"，词义自同。

如上所述，所谓"偶言"，是唐人司马贞所见古本《史记·老子韩非列传》里对庄子"寓言"的原始写法，而唐陆德明释《庄子·寓言》

見木偶人與土偶人相與語念孫案偶索隱本作禺
曰音偶又音寓謂以土木為之偶類於人也是舊本作
禺有偶寓二音後人改禺為偶又改注文曰偶音遇斯
為謬矣封禪書木禺龍欒車一駟索隱曰禺一音寓
也寄龍形於木一音偶亦謂偶其形於木也後漢書劉
表傳論曰其猶木禺之於人也是偶人之偶古通作禺
管子海王篇禺筴之商曰二百萬尹知章曰禺讀為偶
漢書匈奴傳此溫偶駼王所居地也班固燕然山銘斬
溫禺以釁鼓、
溫禺即溫偶
如有
如有不得還君得無為土偶人所笑矣念孫案如有

之篇名云"寓,寄也。"近人马其昶亦谓"寓言者,意在此而言乃寄之于彼。滑稽出之,正言若反,以世人不可与庄语"故也(马其昶《庄子故》卷七)。也就是说,《史记·老子韩非列传》的"偶言",应当就是这种"意在此而言乃寄之于彼"的"寓言"。这样的理解,是符合上文所述"偶"字的本义及其在当时的通行用法的。

"偶言"之义既是如此,如淳所说的"偶语"是什么意思,也就无需再做更多的论证了——结论,是按照曹魏时人如淳的说法,当时人是把这种"寓言"称作"稗"的。

清晰认识并准确理解这一情况,自然会引导我们的思路,回到《汉书·艺文志》"小说家"的小序上去。如同我们大家都看到的那样,这篇小序,开篇即谓"小说家者流,盖出于稗官"。

读《汉书·艺文志》可知,刘向、歆父子以及班固论述诸子之学的起源,谓其无不出于司掌相应职守的"王官"。近代以来,以胡适先生为代表的学者,对此说纷纷辩难质疑,众说不一,迄今仍无定论。不过即使是笃信旧说的学者,对这些所谓"王官"与古代实际存在的官职之间的关系,仍多存疑似之词。例如,余嘉锡先生即述之曰:

> 《汉志》所谓某家出于某官者,皆采自《七略》。盖古人之学,必有所受,故相传出于王官。刘歆考其学术渊源,亦似如此,遂姑存其说云尔。其所举羲和之官,理官,礼官,议官,清庙之官,农稷之官,稗官云者,《周礼》皆无此官名,盖约略言之而不敢凿也。即司徒之官、史官,亦是约举之词,不敢云儒家出于师氏、保氏,道家出于太史、小史也。故其言曰:"某家者流,盖出于某官。"盖者,疑

而未定之词，言其大略相近而已。（余嘉锡《小说家出于稗官说》）

余嘉锡先生这一看法，看似颇显迷离混沌，可是情况就是那么个情况，到现在也还是找不到更为通畅的解释。史阙有间，我们只能在承认既有事实的基础上，来审视这些所谓"王官"同出自这一官职的那一家学术之间的关系。

尽管详细的论证，还需要一些周折，但简单地说，从总体上看，这些"王官"之名与出自于此的那门学术，是相互对应的。其最为典型并且易于知晓者，如"法家者流，盖出于理官"，"从（纵）横家者流，盖出于行人之官"，"农家者流，盖出于农稷之官"。是什么"官"，就有什么"学"，其上下源流的承应关系，是显而易见的。

在这样的前提下，我们来看"稗官"与"小说家"是否存在同样的关系。

以往学者们在探讨这个问题时，通常都是把焦点聚集在"稗官"与"街谈巷语，道听涂说者之所造也"这句话的关联上，从而把"稗官"解释成为"小官"之义。最早提出这一观点的人，就是前面提到的曹魏时人如淳，它把"稗官"的"稗"字解作"细米"，也就是碎小的米粒，并且以为"街谈巷说，其细碎之言也"，后来唐人颜师古继承了这样的解释（《汉书·艺文志》唐颜师古注）。近人余嘉锡先生复又进一步推演其说，指实所谓"稗官"乃泛指天子之士，非确有斯职也（余嘉锡《小说家出于稗官说》）。

惟细思此说，似仍未能尽厌人意。盖《汉书·艺文志》诸子略下共载有十家之学，其所从出的"王官"，虽如余嘉锡先生所言，难以一一指实,但望文思义,仍可知其他九家所出之官都是有具体执掌的官职,专官司掌专事,理所当然,情亦信然,何以这一"稗官"竟独以职阶高低、官位大小名之?这在叙事逻辑上是很不顺畅的。

至《隋书·经籍志》之"小说家"序文,另以《周礼》载录的诵训、训方之官为"小说家"之所从出,则等同于完全否定了"稗官"与"小说家"的关系。对此,余嘉锡先生乃斥之曰:"诵训所掌,乃四方之古迹方言风俗,训方氏所掌,则其政治历史民情也,当为后世地理志郡国书之所自出,于小说家奚与焉。"(余嘉锡《小说家出于稗官说》)

其实《隋书·经籍志》的说法,是在根本没有条件看到《汉书·艺文志》之"小说家"书籍的情况下,编著者依据当时所见相关书籍而做出的一种揣摩,是很盲目的。实际上如前所述,《隋书·经籍志》的"小说家"书籍与《汉书·艺文志》的"小说家"著述,可能完全不是同一回事儿,其状其况,若是借用余嘉锡先生的话来讲,可谓之曰:"自如淳误解稗官为细碎之言,而《汉志》著录之书又已尽亡,后人目不睹古小说之体例,于是凡一切细碎之书,虽杂史笔记,皆目之曰稗官野史,或曰稗官小说,曰稗官家。不知小说自成流别,不可与他家杂厕。"(余嘉锡《小说家出于稗官说》)

问题是《汉书·艺文志》所谓"小说",其自身的流别究竟是一种怎样的形态呢?如果我们把桓谭《新论》所说的"近取譬论"看作是当时的"小说"恒所必备的一项基本特征的话,再结合"寓言"称"稗"的实际情况,那么也就很容易想到,"稗官"之"稗"指的本来也应该是以所谓"譬论"为主要特色的"寓言",这也就是如淳所说的"偶语"。——我想,这就应该是汉代"小说"自身的面目。

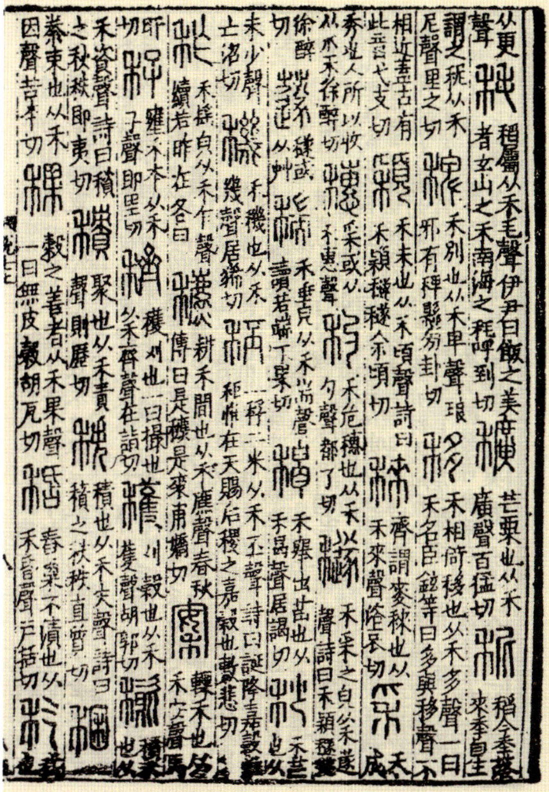

图30　《中华再造善本》丛书影印宋刻本《说文解字》

东汉人许慎，在《说文解字》一书中阐释"稗"字的涵义为"禾别也"。清人段玉裁进一步疏释此语云：

> 谓禾类而别于禾也。《孟子》曰："苟为不孰，不如荑稗。"《左传》云："用秕稗也。"杜云："稗，草之似谷者。"稗有米似禾，可食，故亦种之。（段玉裁《说文解字注》）

这种"谓禾类而别于禾"的"稗"，也就是长的样子像"禾"而实际上却与"禾"不同的"稗"，即可谓之曰"似是而非"之物，而举述这类相似的事物用以说明某种道理，正是所谓"寓言"的基本特色。所以，从"稗"字的本义上也可以看出，"寓言"称"稗"，是具有充分合理性的，而且要远比将其解作"细米"允当。

由"寓言"这一特殊表述形式，来核实偶然留存下来的非常有限的文字记载，可以看出，《汉书·艺文志》著录的那些书籍，是契合这一特殊表述形式的。

例如，关于《宋子》，《汉书·艺文志》班固自注云"孙卿道宋子，其言黄老意"。这里的"孙卿"，是指荀卿，即大家熟知的荀子，因为回避汉宣帝刘询的名讳，所以被刘向等改书作此名。也就是说，按照荀子讲述的概括认识，《宋子》一书意在阐发黄老的思想。

既然如此，此书何以未被列入道家却被列在了"小说家"之中？观《荀子·正论》讲述的情况，似可窥其仿佛：

> 子宋子曰："人之情欲寡。"而皆以己之情欲为多是过也。故

> 率其群徒，辨其谈说，明其譬称，将使人知情欲之寡也。

据此，则宋子论学，"明其譬称"为一大特色，而这一点与桓谭《新论》所概括的"近取譬论"这一"小说家"述学方式恰恰若合符节。

昔余嘉锡先生，正是由此入手，论证了《宋子》"何以不入道家而入小说家"的缘由：

> 意者宋子"率其群徒，辩其谈说，明其譬称"，不免如桓谭《新论》所谓"合丛残小语，近取譬论，以作短书"欤。盖宋子之说，强聒而不舍，使人易厌，故不得不于谈说之际，多为譬喻，就耳目之所及，摭拾道听途说以曲达其情，庶几上说下教之时，使听者为之解颐，而其书遂不能如九家之闳深，流而入于小说矣。（余嘉锡《小说家出于稗官说》）

同样，关于所谓《百家》何以在此"小说家"中，余嘉锡先生的论述事实上也触及了这一因缘：

> 《艺文类聚》卷七十四引《风俗通》曰："门户铺首。谨案《百家书》云，公输班（德勇案：参下文，"班"字似当作"般"）之水，见蠡曰：'见汝形。'蠡适出头，般以足画图之。蠡引闭其户，终不可得开。般遂施之门户云：'人闭藏如是，固周密矣。'"《太平御览》卷九百三十五引《风俗通》曰："城门失火，殃及池中渔（鱼）。谨案《百家书》，宋城门失火，因汲取池中水以沃灌之，池中空竭，

鱼悉露死,喻恶之滋,并中伤重谨也。"观其所引,诚不免浅薄,与道听途说无以异。然周秦诸子之言,类此者正自不乏,且以蠡之闭户不出,喻闭藏之当密,以失火取水而鱼死,喻滋蔓之难图,犹有"刍荛狂夫之议,一言可采"、"合丛残小语,近取譬论"之意焉。

尽管在我看来,余嘉锡当年的论述,并没有明确意识到桓谭《新论》"近取譬论"之说的实质性意义,因为结合前述对"稗官"本义的理解和对"小说家"内涵的分析,这种"近取譬论"的"寓言"式表述方法,才是所谓"小说"自成一家的根本特征,《宋子》一书尤其清晰地体现出这一点,但这两处论述,毕竟都着重指出了"近取譬论"是"小说家言"的一项重要特征。

至于桓谭《新论》所说的"丛残小语"也好,《汉书·艺文志》"小说家"序文所讲的"街谈巷语,道听涂说者之所造"者也好,一是其篇章长短的基本形态,一是其主要的出处来源,或不具备突出的独特性,或不具有关键的决定性,恐怕都不如"寓言"这一特征更加重要。

长久以来(至迟从唐朝初年纂修的《隋书·经籍志》开始),人们就已经弄不明白汉代"小说家"的实质内容是什么,近代文学史研究者由现代意义上的"小说"回溯古代的渊源,更进一步加大了这样的偏差。在这种情况下,对《汉书·艺文志》中的"小说家"著述,也就难以有清晰的理解。现在我们由"寓言"这一关键特征入手,就能够对相关著述做出更好的解析。

首先,既然是"寓言",其撰著意图,就只是借事儿"说事儿",

讲作者想讲的"道理",而不是写史纪事。在这样的"寓言"中,"事儿"只是个引子,真假虚实,无关紧要。言者随意"说事儿",不拘真假,是那么个理儿就行;听者只在意你讲的事儿是否能生动形象地体现出想说明的理儿,或者说顺着你说的事儿是不是能顺出你想说的理儿,根本不在意这事儿的虚实真假。昔吕思勉先生论先秦诸子的源流和形态,尝以虞初《周说》及《百家》篇卷之富,推论"小说家之多识往事,实可惊矣"(吕思勉《先秦学术概论》下编第十一章《小说家》),若知此"小说家"的"寓言"性质,或许就会做出不一样的判断。

像述古语古事而出于"依托",像这些"依托"于古人的言论或"浅薄"或"迂诞",像《青史子》和《周考》、《周纪》、《周说》诸书述及所谓史事的缘由和性质,这些问题,都可以很自然地找到合理的解答,甚至可以说其答案就明摆着呢,已经"毋庸赘言"。

还有像《伊尹说》、《鬻子说》与《汉书·艺文志》诸子略"道家"下的《伊尹》、《鬻子》是什么关系,亦即《伊尹说》和《鬻子说》的特色究竟是什么,以往说者议论纷纷,实际却都很难令人信服。特别是很多人都把《吕氏春秋·本味篇》中的一大段内容,结合东汉人应劭、许慎引述同样文字而归名于"伊尹书"或"伊尹"的情况,便将其视作"小说家"《伊尹说》较成片段的佚文。尽管顾实先生很早就从名称上对此做过区分,称《伊尹》与《伊尹说》二者"必非一书。礼家之《明堂阴阳》与《明堂阴阳说》为二书,可比证"(顾实《汉书艺文志讲疏》),但人们一直不能清楚说明《伊尹说》、《鬻子说》以及《黄帝说》、《封禅方说》、《周说》这些带有"说"字的"小说家"书名中的"说"字究竟有什么独特的涵义。现在我们明白了"小说家"是以"说事儿"为基本特征的,因而也就很容易理解这些书都应该是拿伊尹、鬻子、黄帝、封禅方和周代史事说事儿的(其他如臣饶《心术》、臣安成《未央术》的情况,应与《封禅方说》类似)。这样看来,我以为《吕氏春秋·本味篇》中的那一段文字,恐怕还应该是本自《伊尹》,而不会是《伊尹说》,因为我从中看不到明显的"说事儿"迹象,却有着浓重的道家色彩。

班固在《汉书·艺文志》诸子略的后序中说:"诸子十家,其可观者九家而已。"后世学者谁都明白,其不可观者,就是列在诸子十家最后面的那一家——"小说家"。在明白了"小说家"的寓言性质之后,我们也就很容易理解,《汉书·艺文志》中分立这一家的逻辑,和其他九家有很大差别,即不是依照它的思想内容,而是讲述思想内容的"譬论"方式,所以才会出现前文所说明明是"言黄老意"的《宋子》却被列入"小说家"的情况。这样我们也就能够明白,《汉书·艺文志》称"小说家"不可观,主要是说它完全没有独立的思想体系,实际上依据所"譬论"的内容,是可以分别归入其余九家之内的;同时,其设事譬喻的道理,又往往太过浅显,不过姑妄言之、姑妄听之而已。也正因为不可观,它也就亡佚得很彻底,早就都失传了,所以后世才对这个"小说家"说不清,道不明。

研治古代文史的学者,常常会感叹"余生也晚",没有赶上心目中的学术盛世。不过在另一方面,就历史文献资料的利用而言,现在地不爱宝,既有考古工作者不断努力的工作,也有盗墓者跟着助兴,这就使得我们这些生得很晚的后生,常常可以看到前辈无法看到的惊人秘籍。这真是生得早,不如赶得巧,至于能不能做出超轶前贤的学术贡献,那就只能看个人的修行了。

谁也想不到的是，现在，一部写录于西汉中期以前的小说家著述——《赵正书》就摊在我们面前，文字大体完整，只有很少一小部分缺损。我认为，它和前面所做的分析一模一样，是一篇地地道道的"寓言"故事。像很多"小说"一样，它的叙事，是"依托"为秦始皇、秦二世和李斯、赵高的故事。

"其语浅薄"，"街谈巷语"的味道很浓，"寓言"的结构，并不十分严谨合理。整篇"寓言"，似由两个主题、也就是两个理儿构成：一个是"牛马斗而蚊虻死其下，大臣争齐民苦"，一个是"不听谏而亡"。而说前一个理儿的事儿，是赵高与李斯斗而二世因以亡国；说后一个理儿的事儿，则是二世不听子婴劝谏而身死国亡。

话说到这里，人们究竟应该怎样看待《赵正书》的纪事性叙述，我想也就不言自明了。若是由"小说家"书籍这一认知往前再稍稍做一点儿推论的话，那么，我认为《汉书·艺文志》诸子略"小说家"项下著录的《百家》，未必像清人姚振宗所揣测的那样，是刘向编辑《说苑》利用剩余材料纂集的所谓"百家"，恐怕只是对当时那些不知作者姓名、来路复杂的各种短篇"小说家"著述的汇编。"百家"云者，众家而已。而现在我们看到的这篇《赵正书》，说不定就是《汉书·艺文志》所谓《百家》中的一篇。

过去陈寅恪先生论中梵著述形式之别，尝谓"天竺佛藏，其论藏别为一类外，如譬喻之经，诸宗之律，虽广引圣凡行事，以证释佛说，然其文大抵为神话物语，与此土诂经之法大异"（陈寅恪《杨树达论语疏证序》，见《金明馆丛稿二编》）。这篇《赵正书》虽说不是什么诂经之作，但在以不经之事设为譬喻以证释某种义理这一点上，亦与梵土之譬喻经体差相仿佛，且在诸子学说当中得以自成一家，足见不惟四海同心，是人，表达心声的形式也差不了多少。

前文已经谈到，《吕氏春秋·本味篇》那一段过去被认定为"小说"《伊尹说》的内容实为道家著述《伊尹》的片段，这样一来，直到这次发现《赵正书》前，我们在传世文献中所能见到的汉以前"小说家"言，便只是相当零碎的只言词组，由此愈加凸显出《赵正书》这一发现的重大学术价值——这主要不是提供了什么颠覆既有认识的嬴秦新史事，而是让我们第一次看到了汉代以前古"小说"的真实面目，为我们认识中国"小说"的早期渊源，提供了一项前所未有的实际例证。

在我看来，《赵正书》的发现，确实具有颠覆性的意义，只是它颠覆的乃是中国古代文学史以及中国古代学术史既有的认知，而不是现在很多人关注的古代政治史问题。

三、哪有不讲《诗》、《书》的儒生

研究过去的历史，是为了探明历史的真相，是要一看历史的真实形态。然而历史的真实形态往往遮掩在层层迷离的表象之内。历史研究的困难，在于不知怎样才能剥离这些迷惑研究者的表象，而历史研究最为诱人的魅力，则是往往在不期然间竟会深入到史事的核心。研究者能不能做到这一点，不仅仅是能力和方法的问题，也不仅仅是运气的问题，关键在于个人的情趣；至少我认为中国古代历史研究领域的情况就是这样。

至于研究者是不是具有这样的情趣，从根本上来说，则是对待学术研究的心性问题。假如你像清朝乾嘉学者那样，只是一昧地想要求真求实，求真求是，就不会简单地套用任何基于现代西方社会科学理论创建的研究模式，或是亦步亦趋地追随某种时尚的或是通行的研究范式。走这样的路，固然有它充分的合理性，特别是强大的实用性和有效性，但同时必然又带有强烈的局限性。中国古代历史的研究者，通常是只能利用十分有限的资料来透视多姿多彩的古代社会，而任何一种研究模式或研究范式都会把观察者的目光聚集在某种特定的、甚至更准确地说是一种既定的对象上。这就极大地限制了人们观察的视野，阻碍研究者在研究的过程中很自然地去识破那些本来很容易发现的问题。

在中国的老辈学者中，在从事文史研究的方法上，颇有一些人强调"读书得间"。这意味着在阅读史料的过程中自然而然地发现问题，再通过阅读更多的史料，更细心地解读史料，有根有据地去解决问题。尽管实际应用这样的方法，并不只是低头看书、亦即专心壹意地阅读史料那么简单，那么纯一，但对于某些真心求知问学的人来说，很多意想不到的问题，确实会在读书的过程中自然而然地呈现在你的面前。

在前面的论述过程中，我把西汉时期以前人们所说的"偶言"、"偶语"解作"寓言"，用以说明汉代及其以前"小说家"的性质和主要特征，借此判明《赵正书》纪事的"说事儿"性质。这样认识"小说家"，自以为较诸以往算得上是一种全新的认识，甚至可以说已经颠覆了学术界对中国早期"小说"既有的认知。假如说这样的看法，对先秦两汉的诸子学说以及对中国古小说史的研究会有一定积极意义的话，也只是悉心分析《赵正书》属性过程中所带来的一项意想不到的收获。然而这正是我心目中的学术研究,就像我在研究秦汉政区地理过程中所牵带出来的对西汉新莽时期年号问题的新看法一样,是放飞自己本心所必然会取得的收获。

顺藤摸瓜,前述研究过程中对"偶语"的一词的判读,还会把我们的认识,带入一个更为重大、或者说是更为影响中国古代总体政治进程和文化面貌的历史事件——这就是秦始皇对待儒生和儒学到底是怎样一种态度?

看到"偶语"这一词语,稍稍读过一点儿《史记》并且也关注秦汉史事的人们,大概都会对《秦始皇本纪》中李斯那段"别黑白而定一尊"的奏语留下个大致的印象。李斯奏上这一重大国策的时间,是在秦始皇三十四年:

> 今皇帝并有天下,别黑白而定一尊。私学而相与非法教,人闻令下,则各以其学议之,入则心非,出则巷议,夸主以为名,异取以为高,率群下以造谤。如此弗禁,则主势降乎上,党与成乎下。禁之便。臣请史官非秦记皆烧之。非博士官所职,天下敢有藏《诗》、《书》、百家语者,悉诣守、尉杂烧之。有敢偶语《诗》、《书》者弃市,以古非今者族。吏见知不举者与同罪。令下三十日不烧,黥为城旦。所不去者,医药卜筮种树之书。若欲有学法令,以吏为师。

具体的文字,虽然还有待深入解析,但一眼望去,便可知都是帮助那位暴君控制民意舆情的强力措施,秦始皇当然乐不得的,当即大着嗓门喊出了个"可"字,亦即指令满朝上下各级官吏照单执行。

后世流行有秦始皇"焚书坑儒"之说,所谓"焚书",即源出于此。关于这一点,后面还要论及,这里暂且按下不表,先来集中关注"有敢偶语《诗》、《书》者弃市"这句话说的究竟是什么意思。

在现在通行的三家注本《史记》中,我们可以看到,南朝刘宋时人裴骃的《史记集解》引述东汉人应劭的注解是:"禁民聚语,畏其谤己。"至唐朝人张守节撰著《史记正义》,则又具体落实"偶语"之"偶"的涵义说:"偶,对也。"

实则在《史记·高祖本纪》中也还可以看到相关的记载:

> 汉元年十月,沛公兵遂先诸侯至霸上。……召诸县父老豪杰曰:"父老苦秦苛法久矣,诽谤者族,偶语者弃市。吾与诸侯约,先入关者王之,吾当王关中。与父老约法三章耳:杀人者死,伤人及盗抵罪。余悉除去秦法。诸吏人皆案堵如故。凡吾所以来,为父老除害,非有所侵暴,无恐!且吾所以还军霸上,待诸侯至而定约束耳。"乃使人与秦吏行县乡邑,告谕之。秦人大喜,争持牛羊酒食献飨军士。

在"偶语者弃市"句下,裴骃《史记集解》引述应劭语曰:"秦禁民聚语。偶,对也。"据此,则张守节释"偶"为"对",同样是本自应劭的旧注。

进一步斟酌,事情还不止于此。其实东汉人应劭并没有注释过《史记》,他只是注过《汉书》。应劭注释《汉书》的书,名为《汉书音义》(《汉书》卷首唐颜师古《汉书叙例》)。由于《汉书》中很大一部分内容,是沿用

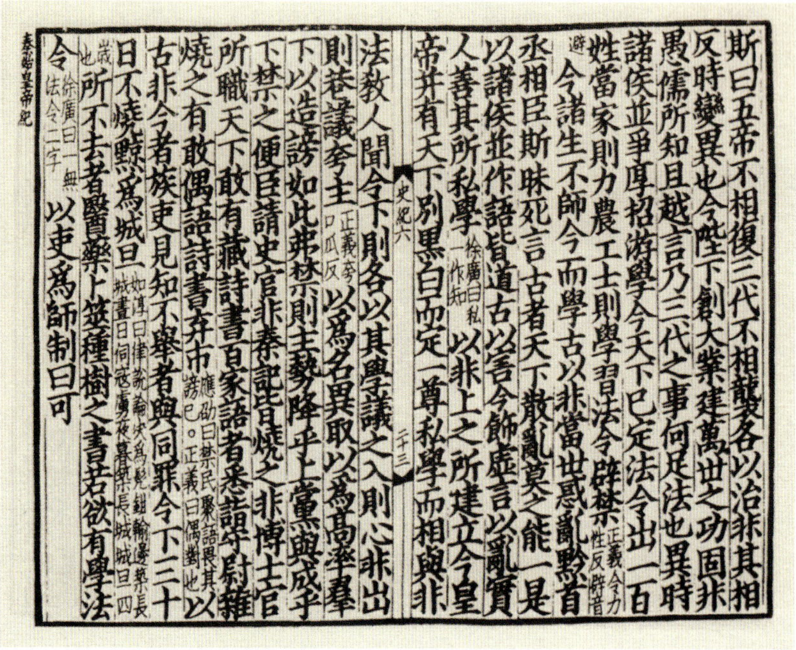

斯曰五帝不相復三代不相襲各以治非其相
反時變異也今陛下創大業建萬世之功固非
愚儒所知且越言乃三代之事何足法也異時
諸侯並爭厚招游學今天下已定法令出一百
姓當家則力農工士則學習法令辟禁（正義令力性反辟音避）
今諸生不師今而學古以非當世惑亂黔首
丞相臣斯昧死言古者天下散亂莫之能一是
以諸侯並作語皆道古以害今飾虛言以亂實
人善其所私學（徐廣曰私一作知）以非上之所建立今皇
帝并有天下別黑白而定一尊私學而相與非

史記六　二十三

法教人聞令下則各以其學議之入則心非出
則巷議夸主（正義夸口瓜反）以為名異取以為高率羣
下以造謗如此弗禁則主勢降乎上黨與成乎
下禁之便臣請史官非秦記皆燒之非博士官
所職天下敢有藏詩書百家語者悉詣守尉雜
燒之有敢偶語詩書棄市（應劭曰禁民聚語畏其謗已。正義曰偶對也）以
古非今者族吏見知不舉者與同罪令下三十
日不燒黥為城旦（如淳曰律說論決為髡鉗輸邊築長城晝日伺寇虜夜暮築長城城旦四歲也）
所不去者醫藥卜筮種樹之書若欲有學法
令（徐廣曰一無法令二字）以吏為師制曰可

秦始皇本紀

图31　百衲本《二十四史》影印南宋建安黄善夫书坊刻三家注本《史记》

或改写《史记》的旧文，所以裴骃在撰著《史记集解》时就采录了不少应劭注释《汉书》的文字。

这事儿麻烦的是，在今本《汉书·高帝纪》中，"偶语者弃市"这句话，是被写作"耦语者弃市"，相应地，应劭的注语，也是"耦，对也"。在上一节中，我们已经看到，清人段玉裁早就做过考辨，即此"二耜并耕之'耦'"与"偶"字的本义迥然有别，而"偶"字本来并不具有所谓"对也"这一重语义。现在若是以《汉书·高帝纪》的写法为准，那么，至少在字面上看来，应劭的说法也就成了一种非常合理的解释。

在一般性文献学意义上，对"耦语者弃市"这一说法更加有利的是，《汉书》是以较多存留古字原貌著称于世的，这一特点，与今本《史记》相较，尤为突出。造成这一局面的原因，是因为传世的《汉书》，系唐人颜师古注本，而颜师古在做出这一注本时曾对底本的文字做过系统的刊改。颜师古本人自己对这一做法做有清楚的表述：

> 《汉书》旧文多有古字，解说之后，屡经迁易，后人习读，以意刊改，传写既多，弥更浅俗。今则曲核古本，归其真正，一往难识者，皆从而释之。(《汉书》卷首唐颜师古《汉书叙例》)

由这种一般状况出发来考虑，也就愈加显示出应劭"对也"这一注解的可信性。

问题是《汉书》篇幅巨大，用"卷"来表示，就有一百卷之多，其中有不少卷因为文字太多，后人还要把它劈开，拆分成上、下两卷，甚至上、中、下三卷。对这么多文字一一"曲核古本，归其真正"，无疑是一项庞大的学术工程，而在学术面前，谁也不是神，谁的认识都会有局限，校核如此繁多的文字，自然难保每一处判断都正确无误。所以，具体的问题，还要做出具体的分析。

这就是学术研究，既要充分考虑一般性的基础，并由此出发，在大背景上看待每一个具体的问题，同时还要俯下身去，细心审视每一个具体的问题。因为就像西洋人常说的那样，魔鬼就隐身在细节之中，你不能只看"大模样"。话讲得好像有点儿绕，实际操作也不是那么轻巧，得练一阵子。不过事儿一看就能明白，不难。

先让我们看《史记·高祖本纪》所说关中"父老苦秦苛法久矣，诽谤者族，偶语者弃市"这几句话。显而易见，让诸位父老经受惨痛折磨的"诽谤者族，偶语者弃市"这两大弊政，是源自由李斯奏请、始皇帝批准施行的"有敢偶语《诗》、《书》者弃市，以古非今者族"那两大基本维稳措施；换句话讲，也可以说是那两大维稳措施的简缩版。

古人、今人都是人，陕西人、河南人、安徽人和北京人也还都是中国人，所以，在用相对简略的话来表述比较复杂的内容时，应是省略次要的辅助性内容而保留最核心的关键性词语，神智大致正常的人，话都应该是这么个说法。

假如像应劭以来包括颜师古在内以至今天绝大多数人通行理解的那样，把这个"偶语"（或"耦语"）理解成"对语"，亦即面对面地说话，那么，不管是就其狭义而论，是指一对儿人四只眼睛两张嘴直冲着对方讲，还是再稍微引申一下，是指三位以上么一拨人围成个小圈子后口眼结合对着这圈子上任何一个人讲，刘邦讲给关中父老听的这句话，也都太不可思议了。因为秦始皇乃至秦二世要是真的这么管控社会，那么除了他们父子俩儿像齐奥塞斯库一样站在高台子上训谕子民，其他人就只能对着墙角自言自语，谁都不能和别人说话了。——这当然是绝对不可能的，不仅当时不可能，即使是后来在1984年的第一空降场也是绝对不可能实行的：哪怕是极端集权的体制，终究也有不可逾越的极限。事实上，检读《史记》可知，在秦始皇颁布所谓"偶语者弃市"这道诏令之后，人们还是面照会，话照讲，并没有受到严酷惩治的情况。所以，这样讲，未免太宽泛了，是会引发严重歧义的。话，没这么个说法。

"偶语者弃市"，连老大哥都不会做，那么"偶语《诗》、《书》者弃市"呢？首先，问题不能这么看。因为刘邦谈话的重点，是赵家人不让别人"偶语"，而不是禁止世人谈《诗》论《书》。再说若是把"偶语"解作"对语"，即使"偶语《诗》、《书》者弃市"，同样也是根本不可能的；更何况像应劭那样以为"偶语者弃市"是因为"秦禁民聚语"，就更是怎么也无法想象的事儿了。

这是因为《诗》、《书》是儒生的基本读物，不读《诗》、《书》就算不上是儒生。就在秦始皇依照李斯上述提议诏命天下"有敢偶语《诗》、《书》者弃市"的下一年，也就是秦始皇三十五年，因秦始皇大规模妄杀无辜，弄得人心惶惶，《史记·秦始皇本纪》记载出现了下述情况：

> 侯生、卢生相与谋曰："始皇为人，天性刚戾自用，起诸侯，并天下，意得欲从，以为自古莫及己。专任狱吏，狱吏得亲幸。博士虽七十人，特备员弗用。丞相诸大臣皆受成事，倚办于

上。上乐以刑杀为威，天下畏罪持禄，莫敢尽忠。上不闻过而日骄，下慑伏谩欺以取容。秦法不得兼方，不验辄死。然候星气者至三百人，皆良士，畏忌讳谀，不敢端言其过。天下之事无大小皆决于上，上至以衡石量书，日夜有呈，不中呈不得休息。贪于权势至如此，未可为求仙药。"于是乃亡去。始皇闻亡，乃大怒曰："吾前收天下书，不中用者尽去之，悉召**文学**、方术士，甚众，欲以兴太平。方士欲练以求奇药。今闻韩众去不报。徐市等费以巨万计，终不得药，徒奸利相告日闻。卢生等吾尊赐之甚厚，今乃诽谤我，以重吾不德也。**诸生**在咸阳者，吾使人廉问，或为訞言以乱黔首。"于是使御史悉案问**诸生**，诸生传相告引，乃自除。犯禁者四百六十余人，皆阬之咸阳，使天下知之，以惩后。益发谪徙边。始皇长子扶苏谏曰："天下初定，远方黔首未集，**诸生皆诵法孔子**，今上皆重法绳之，臣恐天下不安。唯上察之。"始皇怒，使扶苏北监蒙恬于上郡。

在这段纪事中，值得我们重视的内容有两点：一是秦廷常设"博士"七十人，在发布"偶语《诗》、《书》者弃市"这一诏命之后，这一职位和员额配备，并没有任何变动；二是按照长公子扶苏的说法，当时秦始皇所要坑掉的"诸生"四百六十余人"皆诵法孔子"，这意味着这些人很可能都是儒生。尽管《史记·儒林列传》谓秦始皇"焚诗书，坑术士"，再结合此事缘起于卢生等术士而不是儒生，故秦始皇所坑者似应包含一部分术士在内，但《史记·封禅书》另外还记载说"诸儒生疾秦焚《诗》、《书》，诛戮文学"，这"文学"讲的就是儒生（下文还要具体论证），因而直接谈及此事的扶苏的话，还是更值得重视，被坑掉的人至少应以儒生为主。

首先我们来看这些秦廷的"博士"究竟是些什么样的人。按照《汉书·百官公卿表》的记载，西汉在奉常亦即太常（景帝中六年改用此名）这一官职之下设有"博士"一职，朔其渊源，乃是上承自"秦官"，且"员多至数十人"，这也与秦廷"博士"七十员的设置，具有直接的因承关系。其实惹出李斯献策"别黑白而定一尊"的缘由，是在"始皇置酒咸阳宫"时，"博士七十人前为寿"（《史记·秦始皇本纪》），这可以进一步证实"七十"应是秦廷常设的博士数目，从而也就愈加证明汉廷的博士的确是沿承秦朝的制度。

《汉书·百官公卿表》记载说，"博士"这一官职的执掌，是"掌通古今"。什么样的人才能够通晓古往今来那么多事儿呢？在当时，儒生最适合承担这样的使命。这是因为孔子以《诗》、《书》、《礼》、《乐》、《易》和《春秋》诸书教授门徒，而这些内容，是当时承载古今事宜最重要的载体，特别是《诗》、《书》和《春秋》，到目前为止，仍是世人认识上古社会最基本、同时也最重要的典籍，脱离这些典籍，是根本无法知悉上古时期的基本情况的。《汉书·百官公卿表》记述说，汉武帝建元五年，在此基础上"初置《五经》博士"，这愈加显现出秦廷设置的这一"博士"，就应该是研习经学的儒家门徒。

前面在《一件事，两只笔》那一篇里我提到过的秦廷儒学博士叔孙通，就是与这七十位博士具有同等身份的一位大秦"博士"。《史记·刘敬叔孙通列传》记载说，这位叔孙先生"秦时以**文学**征，**待诏博士**"。这一记载相当重要，它告诉我们，当时所说的"文学"，与儒生、

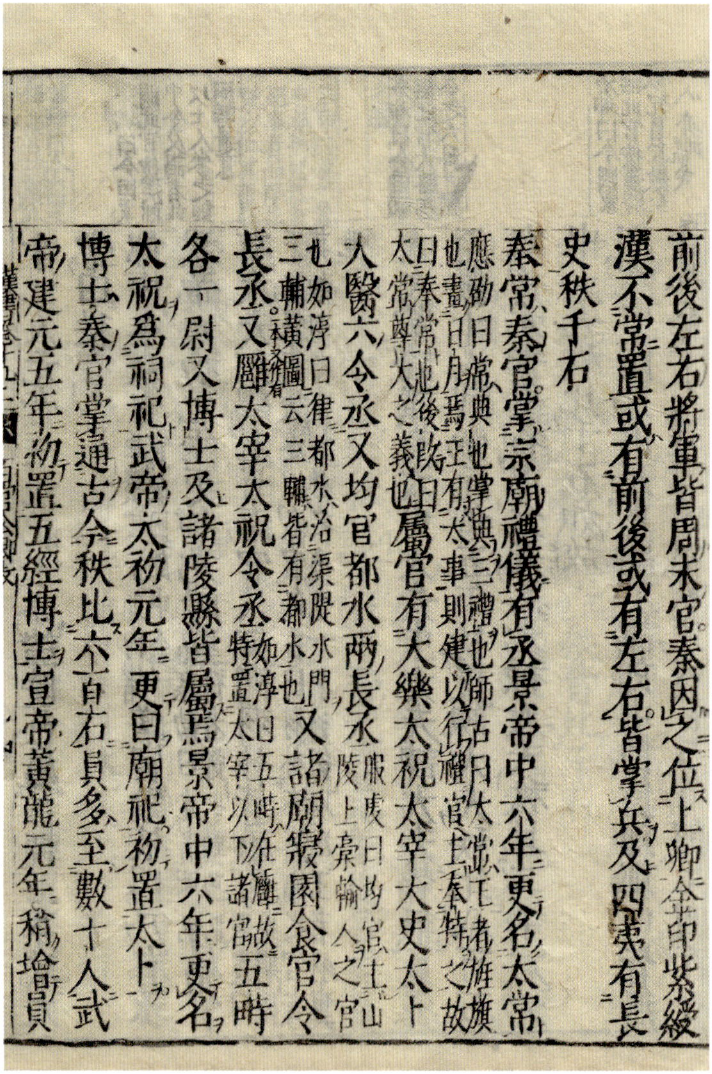
前後左右將軍皆周末官秦因之位上卿金印紫綬漢不常置或有前後或有左右皆掌兵及四夷有長史秩千石

奉常秦官掌宗廟禮儀有丞景帝中六年更名太常應劭曰常典也掌典三禮也師古曰太常王者旌旗也畫日月焉王有大事則建以行禮官主奉持之故曰奉常也後改曰太常尊大之義也屬官有大樂太祝太宰大史太卜大醫六令丞又均官都水兩長丞服虔曰均官主山陵上槀輸入之官也如淳曰律都水治渠隄水門三輔黃圖云三輔皆有都水也又諸廟寢園食官令長丞又廱太宰太祝令丞如淳曰五畤在廱故特置太宰以下諸官五畤各一尉又博士及諸陵縣皆屬焉景帝中六年更名太祝為祠祀武帝太初元年更曰廟祀初置太卜

博士秦官掌通古今秩比六百石員多至數十人武帝建元五年初置五經博士宣帝黃龍元年稍增員

图32　日本明历翻刻本《汉书评林》

博士都具有密切关系。

再读读《史记·刘敬叔孙通列传》接下来这段记载，会有助于我们更清楚地认识这种关系：

> 数岁，陈胜起山东，使者以闻。二世召**博士**、**诸儒生**问曰："楚戍卒攻蕲入陈，于公如何？"**博士**、**诸生**三十余人前曰："人臣无将，将即反，罪死无赦。愿陛下急发兵击之。"二世怒，作色。叔孙通前曰："**诸生**言皆非也。夫天下合为一家，毁郡县城，铄其兵，示天下不复用。且明主在其上，法令具于下，使人人奉职，四方辐辏，安敢有反者！此特群盗鼠窃狗盗耳，何足置之齿牙间。郡守尉今捕论，何足忧。"二世喜曰："善。"尽问**诸生**，**诸生**或言反，或言盗。于是二世令御史案**诸生**言反者下吏，非所宜言。诸言盗者皆罢之。乃**赐叔孙通**帛二十四，衣一袭。**拜为博士**。叔孙通已出宫，**反舍**，**诸生**曰："先生何言之谀也？"通曰："公不知也，我几不脱于虎口！"乃亡去。……汉二年，汉王从五诸侯入彭城，叔孙通降汉王。……
>
> 叔孙通**儒服**，汉王憎之。乃变其服，服短衣，楚制，汉王喜。**叔孙通之降汉，从儒生弟子百余人**。

通观这段记载，可以帮助我们判明如下几点：

（1）待诏博士，并不等于博士，只是一个相当于"预备博士"或者"候选博士"的身份。

（2）"诸生"在很大程度上可以看作是"诸儒生"的略称，所以，如前引《史记·秦始皇本纪》所见，扶苏才会讲出"诸生皆诵法孔子"那样的话(尽管有时也许还会兼指像卢生那样的方士)。同时，所谓"待诏博士"，即使不是指这种儒生，也一定是指这种儒生当中地位稍高的一部分人。

（3）叔孙通在这次被召见前只是一位"诸生"，也就是被征集到秦廷的众多儒生当中的一员，属于秦二世召集的"博士诸儒生"中的"诸儒生"，经历此番机智的应对，它才成为大秦的"博士"。至于秦二世是在法定的那七十个名额之外把叔孙通列为"七十一博士"或"博士第七十一"，还是正好有个已"拜"的博士死了，让叔孙通填补上空缺的位置，就不得而知了。

（4）秦人所谓"文学"，在很大程度上，也就相当于"儒学"。观《韩非子·五蠹》论"儒以文乱法，侠以武犯禁"，而具体阐释这一论题时所举述的"以文犯法"的"儒"者，俱以"文学"相称；又前文已经谈到，《史记·封禅书》述及秦始皇坑儒事，也是以"诛戮文学"称之，这些都可以进一步认证这一点。

（5）所谓"博士"，既然是从儒生中出，应即传习儒学的学者。观司马迁之父司马谈在概括诸家学说特点时，指出儒者之学系以"博而寡要"著称于世，盖因"儒者以《六蓺（艺）》为法，《六蓺（艺）》经传以千万数"，以至达到"累世不能通其学"的程度（《史记·太史公自序》）。若此，非"博"而何？故元人马端临乃谓"秦以儒者为博士"（见马端临《文献通考·经籍考》），近人胡适亦云"大概秦时的'博士'多是'儒生'"（说见胡适《中国哲学史大纲》卷上）。

在这一认识的基础上，重审前面引述的那一段《史记·秦始皇本纪》的内容，我们就可以肯定，在"偶语《诗》、《书》者弃市"这道诏令发布之后，仅仅是在帝都咸阳，聚集的儒生至少就有四百六十余人，而这四百六十余人不过是在包括咸阳在内全国各地为数更多的儒生当中被秦始皇认定犯下"为訞言以乱黔首"大罪的那一小部分人而已。秦始皇"坑"掉这四百六十余人之后，剩下的那一大群至少在表面上还效忠于大秦、谀颂这个统一大帝国的儒生以至"文学博士"，包括新科博士叔孙通和他的弟子在内，直到秦廷倾覆之际，依然是饭照吃，觉照睡，当然更重要的是，依照他们的职业本分，书也要照样读，学也要照样讲。

司马迁的父亲老太史公司马谈，在论述儒家"要指"亦即根本宗旨时讲述说："儒者以六蓺（艺）为法。"（《史记·太史公自序》）因而若是借用康有为的话来讲的话，这些儒生和"文学博士"，"其人皆怀蕴《六艺》，学通《诗》、《书》"（康有为《新学伪经考》之《秦焚六经未尝亡缺第一》）。这是理所当然的事情，而其读书讲学的具体内容，当然也只能是《诗经》、《尚书》等《六艺》之学。

那么，这些人怎么讲学呢？怎么相互交流、相互切磋呢？须知那时候"经之授受，不箸竹帛，解诂属读，率皆口学"（清汪中《述学·内篇》卷三《贾谊新书序》）；人们又还没有手机，没法发微信；使眼色、打手势，也传递不了《诗》、《书》等儒家经典所蕴涵的复杂的信息。没法子，只能见面交谈，而这也就是应劭、颜师古辈所说的"对语"。可要是一见面说上两句"窈窕淑女，君子好逑"，就会惨遭"弃市"，那么，谁还会干这份倒霉的差事，岂不早就像叔孙通后来所做的那样"一走了之"了呢?

当年郭沫若先生在国民党政权行将崩溃之前写下的那首《三十七年七月偶成》诗,咏叹云"偶语诗书曾弃市,世间仍自有诗书。周厉当年流彘后,卫巫勋业复何如",援用的也是应劭、颜师古的旧解。

这样的诗,虽然是有为而发,但作为抨击黑暗专制体制的呐喊,实际具有永恒的社会价值;况且后世独裁者的言论控制,实多有胜出于嬴秦之处。不过著名历史学家写出这样的诗句,却并不符合当日的实际情况。大秦朝廷里既然养着那么多儒生和"文学博士",李斯的奏议中也只是说"非博士官所职,天下敢有藏《诗》、《书》、百家语者,悉诣守、尉杂烧之",后来在秦二世当政时期,他还劝谏二世皇帝说"放弃《诗》、《书》,极意声色,祖伊所以惧也;轻积细过,恣心长夜,纣所以亡也"(《史记·乐书》),这也就意味着单纯地诵《诗》读《书》是符合朝廷所推崇的社会道义的,"博士官"是可以合法地收藏和利用"《诗》、《书》、百家语"的,因而也就绝不会禁止他们聚谈《诗》、《书》,更不会定下如此残酷的"弃市"之刑对其加以惩治。

我们研究历史,既不是写诗,也不是评事儿论事儿,首要的任务,乃是揭示史事的本来面目。

应劭、颜师古以至现代学者郭沫若等人对"偶语《诗》、《书》者弃市"这句话中"偶语"的理解既然荒谬不合情理,我们就只能另辟蹊径,寻找它的正解。如同前面第二节所述,"偶语"与"偶言"这两个词语,都可以看作是"寓言"的不同写法;或者更准确地说,是"寓言"的原始写法。那么,移用这一语义,来解释"偶语《诗》、《书》者弃市"这句话,会不会更为妥当一些呢?

由"寓言"这一语义出发,来解读"偶语《诗》、《书》"的语义,就是借用《诗经》和《尚书》等典籍来说事儿。我们看一看李斯进上这一奏语时开头所讲的另外一段话,应能很容易看出其中的端倪:

> 五帝不相复,三代不相袭,各以治,非其相反,时变异也。今陛下创大业,建万世之功,固非愚儒所知。且(博士齐人淳于)越言乃三代之事,何足法也?异时诸侯并争,厚招游学。今天下已定,法令出一,百姓当家则力农工,士则学习法令辟禁。今诸生不师今而学古,以非当世,惑乱黔首。丞相臣斯昧死言:古者天下散乱,莫之能一,是以诸侯并作,语皆道古以害今,饰虚言以乱实,人善其所私学,以非上之所建立。(《史记·秦始皇本纪》)

接下来,才是前面引述的那一大段"别黑白而定一尊"云云的话。换句话来讲,就是这段话乃是李斯那一段话所针对的具体内容,特别是其中"今诸生不师今而学古,以非当世,惑乱黔首"以及"道古以害今,饰虚言以乱实,人善其所私学,以非上之所建立"这些话,而"诸生"们讲说这类话,必然要包含大量凭借《诗》、《书》等儒家典籍来说事儿的内容。他们念的就是这些书,学的、讲的都是这些书里的学问,脱口而出的就是这些书上写的事儿,关键,是不能借书说事儿,亦即借古讽今,"以非当世",并且"惑乱黔首"。

这样看来,我把"偶语《诗》、《书》"理解成借着《诗》、《书》这个由头来说事儿,就应该是比较合理的了;同时,刘邦把这句话简化成"偶语者弃市"也应该是一种很简练的表述了,因为它保留了"偶语"亦即说事儿找事儿这项核心内容。过去颇有一些学者,因尊奉应劭、颜师古的旧解,未能合理地理解"偶语《诗》、《书》"的本义,从而对"偶语《诗》、《书》者弃市"这一禁令发布之后仍有那么多儒生被秦始皇坑掉,感到大惑不解。譬如宋人王应麟就是如此。尽管他翻来覆去费很大力气对此做了一番解释,可是却越说越糊涂,怎么也没能说清事情的原委(王应麟《通鉴答问》卷二"坑诸生"条)。

如果说这样的看法,能够比东汉人应劭以来的旧解更好地疏通《史记》相关内容的话,那么,颜师古承用应劭之说,在《汉书》中把《高帝纪》的"偶语"改写成"耦语",应该对后世产生了更大的影响。这是因为后世读《汉书》、用《汉书》、讲《汉书》的人,都大大多于《史记》,因而从总体上说,看《史记》时往往是先入为主,头脑中业已存有《汉书》的影子。唐代以后,颜师古的注本独行天下,其"耦语"的写法自然很容易影响人们对《史记》文字的认识。因此,现在我们不妨再回过头来,进一步论证为什么我会判定《汉书·高帝纪》的"耦语"是出于颜师古妄改。

假如说这一"耦语"是《汉书》固有的写法,并且也应该解作"对也",也就是说这是出自班固的手笔,那么,同一语义的用语,在《汉书》其他部分,也应如此书写。

可是,在《汉书·张良传》中,我们却可以看到一个本来具有这一语义的词汇,却是被写作"偶语":

> 上已封大功臣二十余人,余日夜争功而不决,上居雒阳南宫,从复道望见诸将往往数人偶语。上曰:"此何语?"良曰:"陛下

不知乎？此谋反耳。"上曰："天下属安定，何故而反？"良曰："陛下起布衣，与此属取天下，今陛下已为天子，而所封皆萧、曹故人所亲爱，而所诛者皆平生仇怨。今军吏计功，天下不足以徧封，此属畏陛下不能尽封，又恐见疑过失及诛，故相聚而谋反耳。"

这里的"偶语"，是高祖刘邦从复道之上远远看到的情形，因为只见其形，未闻其声，所以根本无法知晓这些人讲的是什么（亦即无从知晓他们是不是在拿什么事儿说事儿），只能看到他们说话的样貌，所以才会请张良帮助做出揣测。这意味着"偶语"这两个字在这里表述的只能是应劭所说"对也"这一语义，即诸将相对而语，而不能解作说事儿的"寓言"。检核《汉书·张良传》所依据的《史记·留侯世家》，其载述此事，相关文字乃是书作"从复道望见诸将往往相与坐沙中语"，故知班固所书"耦语"之"耦"实即"相与"之义，而这个"相与"也就是应劭讲的那个"对也"的意思。

现在我们看到的实际情况是，班固在这里使用的是"偶语"这一写法，而不是"耦语"。这也就意味着《汉书·高帝纪》中"耦语者弃市"的"耦语"即使是被班固理解成"对语"的语义，他也是会像《汉书·张良传》一样写作"偶语"的。尽管如前引段玉裁语所述，这样的写法已经颇失古意，但东汉之世已去古渐远，这也是文字流变过程中的正常现象，而现今我们看到的"耦语"，自属颜师古承用应劭旧注而斟酌改定的文字，其"自我作古"的结果，反而改是为非，使《汉书·高帝纪》这句话顿失古义。

四、李斯那厮到底是谁家的人

准确理解"偶语《诗》、《书》者弃市"这句话的涵义，实质上必然地牵连到秦朝对儒生和儒学的态度，而要想更好地认识这一问题上，就需要对李斯的学术和思想做出相应的说明。

谈到李斯其人，从很早起，读史论政者就特别看重其"行申商之法，重刑（形）名之家"这一方面（《旧唐书·朱敬则传》）。晚近以来，更径以法家人物视之。逮至全国人民"评法批儒"之时，李斯复跃身成为当时法家门派的杰出代表。

假若事实果真如此，李斯进奏"偶语《诗》、《书》者弃市"这样的"国策"，即使是把"偶语"理解成"对语"，似乎也算得上是顺情合理的事儿了。盖党同伐异，乃理宜然也。

可是众所周知，李斯受学于荀子（《史记·李斯列传》），而荀子无论怎么说，都是当时最有影响的儒家代表人物，一代大儒怎么教出了个法家信徒？不管怎么讲，这都很是令人费解。无独有偶，战国时期另一法家代表人物韩非，更是个响当当的法家大腕儿，却"与李斯俱事荀卿"，而且李斯还"自以为不如非"（《史记·老子韩非列传》），也就是韩非本应习得更多荀子的儒家学说。

李斯实干的事儿虽然很多，却没有留下什么著述，所以，我们在《汉书·艺文志》里看不到他的身影，在西汉人眼里，其学术思想究竟属于哪一个门派，还需要一番斟酌，韩非的"《韩子》五十五篇"，则是清清楚楚地著录在《汉书·艺文志》诸子略的"法家"项下，他属于谁家的人，明摆着呢。更加怪异的是，《史记·老子韩非列传》记载说，韩非不跟着荀子好好学习儒家的仁义礼乐，却颇"喜刑（形）名法术之学，而其归本于黄老"。也正因为如此，司马迁在《史记》中才安排让韩非与老子同传。事情显得越来越混乱，好像越发让人看不清个头绪。

面对这样混乱的情景，我们首先要清楚，这看似混乱的局面，其实正是历史的本来面目，后世许多人心中那种诸子之间壁垒森严、家自为说的印象，并不符合历史实际，即北宋时人欧阳修"诸子之论，各成一家"的描述（《新唐书·艺文志》小序），并不能很好地说明先秦诸子间错综复杂的存在状态。

我们还是回到《汉书·艺文志》自身的记述，看看两汉时人怎么看待早期诸子学说之间的关系：

> 诸子十家，其可观者九家而已。皆起于王道既微，诸侯力政，时君世主，好恶殊方，是以九家之术，蠭出并作，各引一端，崇其所善，以此驰说，取合诸侯。其言虽殊，辟犹水火，相灭亦相生也。

所谓"各引一端"复"相灭亦相生也"，就是诸家学说之间往往会你中有我，我中有你，不同程度地有所错杂纠结。

司马迁在《史记·老子韩非列传》说韩非"喜刑（形）名法术之学，而其归本于黄老"，而他老爹司马谈从更大视野通观诸家学说时对黄老思想所做的概括，与此所谓"归本"云者角度正好相反。盖司马谈乃谓黄老之道家学说系"因阴阳之大顺，采儒、墨之善，撮名、法之要，与时迁移，应物变化"（《史记·太史公自序》），从字面上看，可以把这段话理解为道家兼有儒、墨、名、法诸家之长。惟其相互之间的源流主从关系，仍嫌相当模糊。

迨近人吕思勉先生，则清晰阐明"道德名法一贯之理"：

> 盖古称兼该万事之原理曰道，道之见于一事一物者曰理，事物之为人所知者曰形，人之所以称之之辞曰名。以言论思想言之，名实相符则是，不相符则非。就事实言之，名实相应则治，不相应则乱，就世人之言论思想，察其名实是否相符，是为名家之学。持是术也，用诸政治，以综核名实，则为法家之学。此名、法二家所由相通也，法因名立，名出于形，形原于理，理一于道，故名法之学，仍不能与道相背也。（吕思勉《先秦学术概论》下编第三章《法家》）

或者更清楚地讲,可谓之曰"法家无不与道通也"（吕思勉《先秦学术概论》下编第二章《儒家》）。通俗地讲，即谓所谓法家本是源出于道家。不过对于名、法相通的实质，或可援依清人陈澧的说法做出进一步的理解："《尹文子》云：'以名稽虚实，以法定治乱。万事皆归于一，百度皆准于法，则嚚顽聋瞽可与察慧聪明同其治也；能鄙齐功，贤愚同虑，此至治之术也。'名家、法家立说之意，尽于此数语。"（陈澧《东塾读书记》卷一二《诸子》）

但这只是看待这一问题的诸种视角之一，若是转换一个角度，还可以做出不同的解释。若胡适之先生谓"中国古代只有法理学，只有法治的学说，并无所谓'法家'"（胡适《中国哲学史大纲》上卷)，即云所谓"法家"并不是一种系统的社会思想学说，只是针对社会某一侧面特定问题的技术性主张,与道家、儒家、墨家等诸子之说并不处在同一层面之上。这就是一种很有道理的看法。看前文对"小说家"性质的认识,知悉"小说家"的划分,依据的要素即与其他诸家完全不同,就更能理解这一认识的合理性。

实则儒家所重之"礼"与所谓法家伸张之"法",本是一个健全社会互为表里的两个方面。《汉书·艺文志》论法家者流的功用,称"信赏必罚,以辅礼制。《易》曰'先王以明罚饬法'",这实际上已经述及所谓法家学说与儒家学说相辅相依的关系。班固在《白虎通》中对这一关系做有更加详明的叙述:

> 圣人治天下,必有刑罚何?所以佐德助治,顺天之度也。故悬爵赏者,示有所劝也;设刑罚者,明有所惧也。……礼为有知制,刑为无知设也。(班固《白虎通·五刑》)

吕思勉先生尝谓"出乎礼则入乎刑,礼家言之与法家言相类,亦固其所"(吕思勉《先秦学术概论》下编第二章《儒家》),应即本自班固上述说法。"刑"的量度自然是基于社会共同尊奉的"法","入乎刑"也就是"入于法"。因而这样的说法很好地揭示了礼、法之间的内在联系,显示出对于儒家思想来说,所谓"法家"的学说正是其题中固有之义。

西汉初年的儒家代表学者陆贾,论述礼、法生成之序,乃谓"民知轻重,好利恶难,避劳就逸,于是皋陶乃立狱制罪,县(悬)赏设罚,异是非,明善恶,检奸邪,消佚乱",在"先圣"已使"民知畏法,而无礼仪"的情况下,才又由所谓"中圣"来教民"明父子之礼,君臣之义",

继之再由"后圣"来"定《五经》,明《六艺》,……原情立本,以绪人伦"(陆贾《新语·道基》),概而言之,即礼随法生,礼基于法。由此引申,那么也可以说儒家学说本来是用以弥补法治的不足,而不是排斥或取代社会的法治。

儒家,作为一种有为而发、亦即针对并且实用于现实社会的思想主张而不是乌有之乡的虚幻理想,胡适所说法理学或法治的学说,在特定的社会环境之下,必然会由其门徒彰显出来。

由这一角度出发,看待战国时期的儒家学说,首先我们可以看到,在孔夫子身后,儒家在逐渐发展成为一种世之显学的同时,也形成了不同的门派。与李斯同时的韩非,即谓"自孔子之死也,有子张之儒,有子思之儒,有颜氏之儒,有孟氏之儒,有漆雕氏之儒,有仲良氏之儒,有孙氏之儒,有乐正氏之儒",即所谓"儒分为八"(《韩非子·显学》)。像古往今来寰宇间所有思想信仰一样,信徒们各有各的理解,各有各的发挥,纯正如初的儒学是根本不存在的。再以战国后期的荀子与后来被尊奉为儒家正宗的战国前期的孟子而论,他们两人之间的差别,实际上就是在特定的历史环境下,分别凸显了上述儒家学说中"礼"与"法"这两个不同侧面。

历史是由古到今顺着走过来的,可是由于越古也就越远,对于今天的研究者来说,离得越远,看起来就会越加模糊。因此,在我们研究历史的时候,有时倒过来从后往前捋,也许会更容易厘清其发展过程。

《史记·李斯列传》记载说,李斯"乃从荀卿学帝王之术",这句话对我们理解荀子的思想和学说,非常重要。因为只有老师在讲坛上教"帝王之术",学生才能跟着他学到这种东西。荀子一天到晚给学生讲的这种"帝王之术",即使不是贯穿其学术思想的精髓,也是十分重要的主要构成部分。

对比一下《史记》对孟子学术活动情况的记述,能够更好地理解这种"帝王之术"的特点到底是什么:

> 孟轲,……道既通,游事齐宣王,宣王不能用。适梁,梁惠王不果所言,则见以为迂远而阔于事情。当是之时,秦用商君,富国强兵;楚、魏用吴起,战胜弱敌;齐威王、宣王用孙子、田忌之徒,而诸侯东面朝齐。天下方务于合从(纵)连衡(横),以攻伐为贤,而孟轲乃述唐、虞、三代之德,是以所知者不合。退而与万章之徒序《诗》、《书》,述仲尼之意,作《孟子》七篇。(《史记·孟子荀卿列传》)

这意思是什么?是说孟子的学说,已经完全不适合列国诸侯的政治需要,战国诸侯对学者及其学说的需求,不过是在群雄纷争之世以求强兵胜敌而已,而所谓强兵胜敌,正是帝王的根本欲求,因而这样的学说,应当就是所谓"帝王之术"。显而易见,以孟子为代表的传统儒家学说,已经不能适应战国社会的实际需要,是被君王们视作迂阔难行的书生之谈。

一味侈谈"唐、虞、三代之德"的孟子既然处处碰壁,生于其后的荀子,不管是个人想在社会上有所施展,还是想要施行儒家的根本社会理想,都需要相对于孟子的主张做出更能适合社会实际的调整,此即《荀子》开篇处"青取之于蓝而青于蓝"一语隐而未发的本义所在（参据清陈澧《东塾读书记》卷一二《诸子》），而在这当中的一项重要内容，就是不效法唐、虞这些上古时代的"先王"而"法后王"，所以他才把"略法先王而不知其统"列为子思、孟轲一派儒者的首要罪过（《荀子·非十二子》）。

按照我的理解，所谓"法后王"的实质，是直接面对各种具体的社会问题，为当世的"帝王"提出施政的思想和制度建设的理念，而在这一目的之下，对人性的认识，便由孟子的"性善说"转换成了"性恶说"。为扼制这种人性之恶，就要强化法制的建设，于是荀子就大力彰显了儒家思想中固有的那些法理学或是法治的内容。《荀子》云"赏不当功，罚不当罪，不祥莫大焉"（《荀子·正论》），强调的就是礼、法并重的观念。

荀子本人虽然入齐"三为祭酒"，适楚又一度出任"兰陵令"，但时间都不是很长，没有能充分施展自己的政治理想（《史记·孟子荀卿列传》），这自然与他的学说还带有更多传统儒家的成分有关。

结果，这样的政治实践，就由比他走得更远的学生李斯展开了。上一节引述的李斯奏上"偶语《诗》、《书》者弃市"这一"国策"时所讲到的"五帝不相复，三代不相袭"云云那一大段话，正是荀子"法后王"思想的具体表述，而类似的话，此前在秦始皇二十八年"颂秦德、明得意"的琅邪台刻石铭文篇末从臣附记中已经做有清楚表述，即恣意贬抑"古之五帝三王，知教不同，法度不明，……实不称名，故不久长"（《史记·秦始皇本纪》）。

昔宋人苏轼初怪李斯从学于荀子却"大变古先圣王之法，于其师

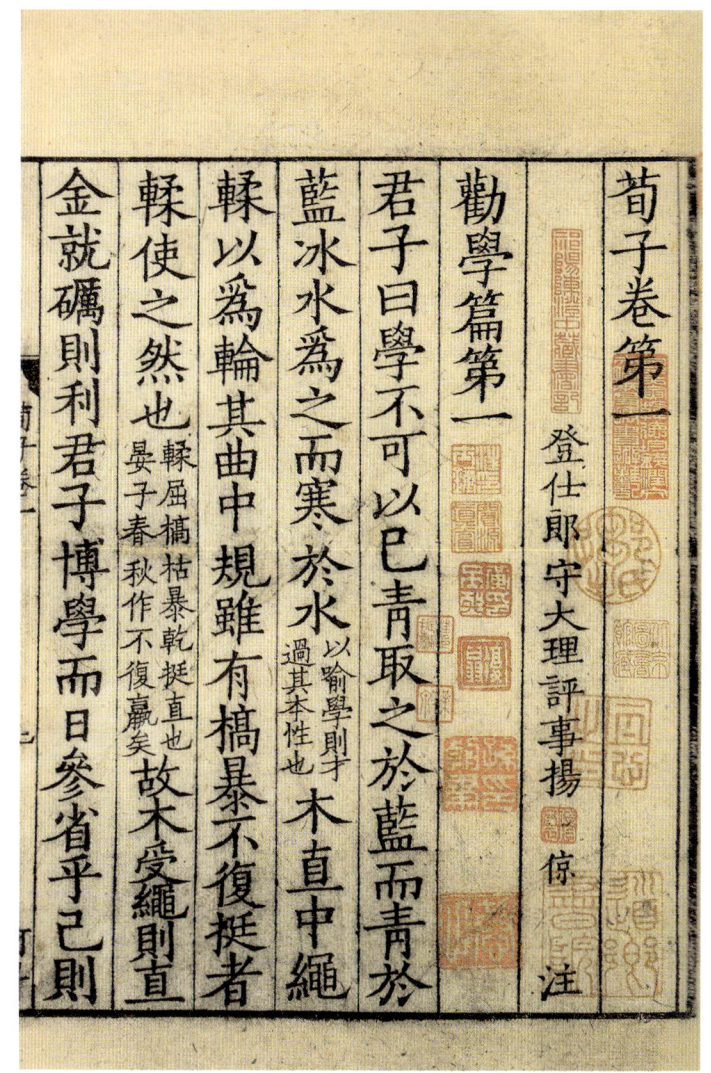

图33 《中华再造善本》丛书影印宋刻本《荀子》

之道不啻若寇雠",逮后来"观荀卿之书,然后知李斯之所以事秦者,皆出于荀卿而不足怪也"（苏轼《经进东坡文集事略》卷七《荀卿论》）。李斯在施政上所获取的比老师荀子更大的成功,就在于他更加突出法治,奖励耕战,而这正是当时列国君主所迫切需要的。与李斯一同受学于荀子的鲍丘子,德行虽高于李斯却终生"伏隐于蒿庐之下,而不录于世"（陆贾《新语·资质》、桓宽《盐铁论·毁学》）,所学所述不合时宜,应是导致其不遇人主赏识的主要原因。

陈寅恪先生论李斯的学术与实践,尝有语云:"李斯受荀卿之学,佐成秦治,秦之法制实儒家一派学说之所附系。《中庸》之'车同轨,书同文,行同伦'（即太史公所谓'至始皇乃能并冠带之伦'之'伦'）,为儒家理想之制度,而于秦始皇之身,而得以实现之也。"（说见陈寅恪《冯友兰中国哲学史下册审查报告》,刊《金明馆丛稿二编》）这是对李斯儒家身份的清楚认证。

古今大师这些话,可都不是随便说的。看到这儿,大家就能明白了:李斯那厮本是儒家的人,如果再借用一句元人马端临的话来讲,那就是"其初亦自儒者法门中来"（马端临《文献通考·经籍考》）。太史公司马迁在《史记·李斯列传》中清楚评议说"（李）斯知《六蓺（艺）》之归",此又非儒家门生而何！正因为如此,如上一节所述,他才会劝谏二世皇帝不宜"放弃《诗》、《书》,极意声色",并观老太史公司马谈所概括的"儒者以《六蓺（艺）》为法"（《史记·太史公自序》）,可知李斯这句话终究还是清楚显露出他的儒家本色。《史记·屈原贾生列传》载"孝文皇帝初立,闻河南守吴公治平为天下第一,故与李斯同邑而常学事焉,乃征为廷尉",清人赵翼以为此人即李斯弟子而能"以经术饰吏事"者（赵

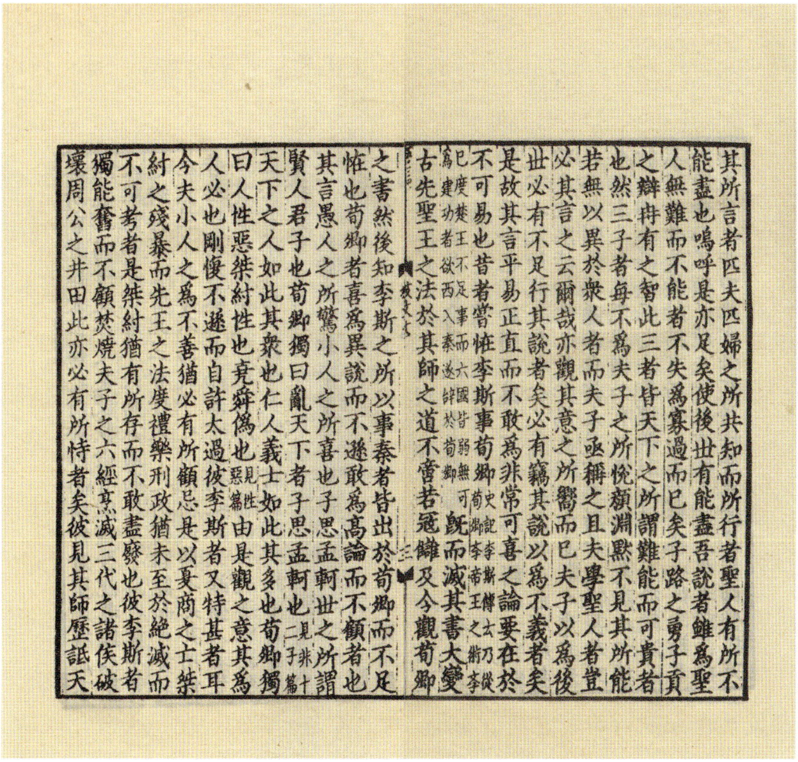
其所言者匹夫匹婦之所共知而所行者聖人有所不
能盡也嗚呼是亦足矣使後世有能盡吾說者雖為聖
人無難而不能者不失為寡過而已矣子路之勇子貢
之辯冉有之智此三者皆天下之所謂難能而可貴者
也然三子者每不為夫子之所悅顏淵默不見其所能
若無以異於衆人者而夫子亟稱之且夫學聖人者豈
必其言之云爾哉亦觀其意之所嚮而已夫子以為後
世必有不足行其說者矣必有竊其說以為不義者矣
是故其言平易正直而不敢為非常可喜之論要在於
不可易也昔者嘗怪李斯事荀卿（史記李斯傳云乃從荀卿學帝王之術李
已度楚王不足事而六國皆弱無可為建功者欲西入秦遂辭於荀卿）既而滅其書大變
古先聖王之法於其師之道不啻若寇讎及今觀荀卿
之書然後知李斯之所以事秦者皆出於荀卿而不足
怪也荀卿者喜為異說而不遜敢為高論而不顧者也
其言愚人之所驚小人之所喜也子思孟軻世之所謂
賢人君子也荀卿獨曰亂天下者子思孟軻也（見非十二子篇）
天下之人如此其衆也仁人義士如此其多也荀卿獨
曰人性惡桀紂性也堯舜偽也（見性惡篇）由是觀之意其為
人必也剛愎不遜而自許太過彼李斯者又特甚者耳
今夫小人之為不善猶必有所顧忌是以夏商之亡桀
紂之殘暴而先王之法度禮樂刑政猶未至於絕滅而
不可考者是桀紂猶有所存而不敢盡廢也彼李斯者
獨能奮而不顧焚燒夫子之六經烹滅三代之諸侯破
壞周公之井田此亦必有所恃者矣彼見其師歷詆天

图34　《四部丛刊初编》影印宋刻本《经进东坡文集事略》之《荀卿论》

翼《陔余丛考》卷四一"李斯本学帝王之术"条),斯即犹如李斯之从学于荀子,有其师乃有其徒,有其师必有其徒。正因为李斯本为儒家门徒,所以才会教出像吴公这么本分的儒生。

其实不惟李斯,在秦国更早大力推行法治的商鞅,初见秦孝公时讲的也是儒家主张的三代帝王之道,因秦孝公以其不合时宜,实在耐不住"邑邑待数十百年以成帝王",不得已,商鞅才改而"以强国之术"说之(《史记·商君列传》),故唐人司马贞以"王道不用,霸术见亲"称之(《史记·商君列传》篇末《索隐述赞》)。审其学行经历,与李斯如出一辙,这同样体现出儒家学说与所谓法家的源流关系。

我们若是对比一下西汉前期人晁错的经历,或许能够更好地理解儒家与所谓"法家"学说的关系以及李斯的儒家身份。

《史记·袁盎晁错列传》记述晁错出身云:"晁错者,颍川人也。学申商刑(形)名于轵张恢先所。"(案"轵张恢先"是指轵县的张恢先生)这和前述李斯"行申商之法,重刑(形)名之家"的情况是十分相像的。《史记·袁盎晁错列传》紧接着又记载说,晁错"以文学为太常掌故",而按照唐司马贞《史记索隐》引述东汉人著《汉旧仪》的说法,乃"太常博士弟子试射策,中甲科补郎中,乙科补掌故"也。上一节已经谈到,西汉太常属下的"博士",是从秦朝沿袭下来的一个官职,充任其职者的学术属性,是儒学,故晁错以"文学"的背景担当这一"博士"的下属职务,同叔孙通"以文学征,待诏博士"的情况也非常相似。《史记·袁盎晁错列传》又记载说:"孝文帝时,天下无治《尚书》者,独闻济南伏生故秦博士,治《尚书》,年九十余,老不可征,乃诏太常使人往受之。太常遣错受《尚书》伏生所。还,因上便宜事,以《书》

称说。"从伏生受《尚书》这一情况,更确切无疑地表明了晁错的儒者身份。可是,在《汉书·艺文志》诸子略的"法家"项下,我们却清楚看到著录有"《晁错》三十一篇",亦即儒生写出了"法家"重要的著述。这愈加清晰地体现出儒家政治实际上很需要胡适所说法理学或法治的学说,而法制与礼制正是儒家政治的两个不同侧面,需要相辅而行。

五、大秦博士订立皇汉的礼仪

上一节论证李斯其人所持治国方略究竟是出自儒家还是所谓"法家"的学说,是想从其施政方略所依托的学术背景,来进一步说明把"偶语《诗》、《书》者弃市"这句话中的"偶语"理解为借古讽今"以非当世"的合理性。进一步深入认识和解释相关问题,需要进一步审视秦廷的总体文化政策、特别是对待儒生和儒学的态度,而要想阐明这一问题,就不能不触及对所谓"焚书坑儒"的认识。

首先,既然李斯所习所知就是儒学,那么,秦始皇重用他,这本身就是重视儒学的一项重要表现。

如谓不然,请看秦廷设置的七十博士。这七十博士,在前面的第三节中已经有所论述,而按照前文所做论述,当然都是儒学博士。这些儒学博士第一次出现于史籍当中,是秦始皇三十四年,这位踌躇满志的"始皇帝",不知是不是为了庆贺自己的生日,在咸阳宫中大摆酒席,席间有"博士七十人前为寿"。关于这一事件,前文也已经谈到。现在重提此事,是想说明,这一情况显示出,这些儒学博士,在秦廷当中,本来是很受重视的，不然何以能够集体出席如此重大的典礼？

深入分析这一情况，我们可以看到儒学发展到战国后期以至秦统一后所呈现出来的两个不同侧面。

其中一个侧面，即前文所说以荀子"帝王之术"为标志的用于施政和制度建设的显学。其特点，一是意识观念上的"法后王"与"性恶说"，一是社会管制上注重法理学或法治的学说。荀子是其理论上的重要倡导者，李斯则是发挥其理论并践行其事的实践者。

另一个侧面，是孔子以来传统儒家在社会生活方面所体现的一项基本特色，或者说是与一般朝野秩序密切相关而又与具体的施政方略具有相当距离的一项重要内容，这就是老太史公司马谈所说"列君臣父子之礼，序夫妇长幼之别"这一点（《史记·太史公自序》）。

这两个侧面，在秦朝，在秦廷，都有非常突出的体现。前者就是以李斯为代表的"帝王师"，他们极力彰显儒家思想中固有的法理学或法治学说一面，直接服务于秦始皇征服天下并统治天下的政治目标；后者主要是传承社会礼仪的形式和精神，体现这一点的，就是以那七十名官设博士为代表的普通儒学精英。

秦始皇聚拢这些儒学精英，列置于朝廷，侯生、卢生却议论说是"特备员弗用"，他们两个人这种说法，既对，也不对。

说他们讲得对，是指本着传统儒家"法先王"的政治态度，按照孔子和孟子的社会理想来指导国家的政治活动，进行制度建设。从这一意义讲，这些儒学博士确实是基本上没有发挥出什么作用的。

前面第三节提到，李斯提出"别黑白而定一尊"这一"国策"，是针对齐人淳于越博士所言"三代之事"而发声的。为此，下面我们就来看看淳于越先是讲了些什么话。这话就讲在秦始皇三十四年的"始皇帝"庆寿宴上。在淳于越讲话之前,先有"博士仆射"也就是统领众博士的头目周青臣(《史记·李斯列传》),面谀颂圣,赢得龙心大悦,而普通的一员博士淳于越,却很不识相地接着说道:

> 臣闻殷周之王千余岁,封子弟功臣,自为枝辅。今陛下有海内,而子弟为匹夫,卒有田常、六卿之臣,无辅拂,何以相救哉?事不师古而能长久者,非所闻也。今青臣又面谀以重陛下之过,非忠臣。(《史记·秦始皇本纪》)

大喜的日子,讲这种让寿星佬窝心的话,本来难免触霉头,更何况像这样典型的"法先王"主张,确实是完全不合适宜的。结果,就是招致了李斯和秦始皇的一顿乱棒,不仅此等"不师今而学古"的举措未被理会,反而还引发了"焚书坑儒"这一疯狂行径:既烧了儒家的书,接下来又埋了儒家的人,由李斯那厮帮助秦始皇"别黑白"而令赵家当家的径行把自己"定于一尊"。

不过全盘通观当时的政治形势和前后历史变化,这并不意味着秦始皇对儒家的彻底否定,只能说是摒弃了传统儒家的某些政治主张,不让这些主张影响其核心政治。而这些被秦始皇摒弃的政治主张,应属时势不容的迂阔之谈。在当时,不仅秦始皇不予理会,恐怕在任何一位君主那里也都不会找到市场。《史记·儒林列传》所说"天下并争于战国,儒术既绌焉",就是当时实际情况的写照。

至于所谓"焚书坑儒",更是有特定的意图和对象,而不是要禁断儒书并杀绝儒生。关于这一问题，前人早有辨析，从宋人郑樵，到近人康有为，前后相继，大体已经澄清了世俗的错误理解（郑樵说见《通志·艺文略》，康有为说见《新学伪经考》）。惟有个别细节，或可稍加补充说明，或是略为演绎。

关于"焚书"，李斯提出这一主张的出发点，是因为在秦始皇已经"别白黑而定一尊"的新体制下，"私学乃相与非法教之制，闻令下即各以其私学议之，入则心非，出则巷议，非主以为名，异趣以为高，率群下以造谤。如此不禁，则主势降乎上，党与成乎下"。为此，才需要将"诸有文学《诗》、《书》、百家语者蠲除去之"（《史记·李斯列传》）。具体的做法，是令"非博士官所职，天下敢有藏《诗》、《书》、百家语者，悉诣守、尉杂烧之"（《史记·秦始皇本纪》）。

司马迁记述说，秦始皇这样做，是想要"愚百姓"，也就是使老百姓的脑子都变得稀里糊涂的。因为读书才会使人头脑清醒，明白事理；依据书本、特别是神圣经典讲出来的话，才会有更大的权威性，才能影响社会公众。弄得那些有文化的社会精英没得书读，他们在社会公众面前也就失去了优势。而失去了书中所记正常人行事的参照，失去了往古先人的模范事迹和是非善恶标准，不管他这位"始皇帝"在咸阳宫里发布什么样的指示，人们就都再也不易弄清楚他讲的这些话有多么混账，是多么荒唐，搞不明白天底下究竟发生了什么事儿，这样就会达到"使天下无以古非今"的效果（《史记·李斯列传》）。

这里值得注意的是：第一，私学者妄议并批评朝政，是蠲除并焚毁民间私传私存相关书籍的基本原因。所以官方"博士官所职"者，并不在毁弃之列；第二，朝廷所要毁弃的民间私藏书籍，并不仅限于儒家的著述，《诗》、《书》等《六艺》之外，还有"百家语"。贾谊在西汉前期撰《过秦论》，阐释秦朝覆灭的原因，述及此事，也说是"焚百家之言"。而这所谓"百家之言"或"百家语"，包括的范围相当广泛，除了"史官非秦记皆烧之"以外，朝廷明令可以存而不去的书籍，只有"医药卜筮种树"（这里"种"和"树"是两个并列的动词，大致相当于现在的"种植"，不是"种大树"的意思）之书（《史记·秦始皇本纪》）。这就意味着焚而毁之的民间藏书，也必然要包括所谓"法家"的书籍在内。

当时所谓"诸子"各家之学，老太史公司马谈归结为阴阳、儒、墨、法、名、道六家（《史记·太史公自序》），刘向、歆父子及班固是列出儒、道、阴阳、法、名、墨、从（纵）横、杂、农、小说十家（《汉书·艺文志》）。怎么看，谁来分，"法家"都是其中重要的一家，若谓"百家"之语，当然不可能将其排除在外。

秦始皇连所谓"法家"的书籍也要禁毁，道理很简单，这是因为大前提是"别黑白而定一尊"（《史记·秦始皇本纪》）或"别白黑而定一尊"（《史记·李斯列传》）。"一尊"既定，由哪一路来"以古非今"都不行。不管先讲"黑"，还是先说"白"，哪怕秦始皇嘴里吐出来的话，句句都是颠倒黑白，那也是谁都不能妄议、更不能稍许偏离的宇宙真理。你往右偏，讲儒家的圣贤道理，和他立异，当然不行；可是若往左偏，讲出比他更纯正、更地道的"刑（形）名法术"，比他显得还要"正确"，惹出的麻烦也许更大，那会更不行。——天下万民之法，有我定的就够了，他人何得妄言？

透过这样的分析，我们可以看到，单纯就对各家学术思想的态度而言，秦始皇可以说是一视同仁的，并没有特别对儒家采取什么贬抑打击的政策，所谓"焚书"，关键是想要禁绝官方管控系统之外的私家藏书，康有为云"焚书之令,但烧民间之书,若博士所职,则《诗》、《书》、百家自存"（康有为《新学伪经考》之《秦焚六经未尝亡缺第一》），乃是指明了当时的实际情况。

至于"博士官所职"范围之内的藏书，虽然很可能也会包括所谓"百家语"在内，但如前面第三节所述，"博士"首先应当是传习儒学的学者，其藏书当然首先也应该集中于儒家典籍。对此需要稍加解释的是，除了朝廷这七十名定额之内的"博士"以外，受其传授而研习儒家经典的那些"诸生"，也不能仅仅依赖耳闻心记而不看书写的文本，至少一部分特别重要的经典，在这些"诸生"之间，会有很多写本存在并流传。看看秦始皇在咸阳城里一次就捉拿到四百六十多名妖言惑众的"诸生"，就能够想见这个群体有多么庞大；同时也很容易理解，若是没有其他原因造成损毁的话，会有多少未焚的儒家经典足以留存于世。故宋人郑樵云"(秦始皇)所焚者一时间事耳,后世不明经者,皆归之秦火使学者不靚全书,未免乎疑以传疑"（《通志·艺文略》），这样的说法，自属通人之论。

说完"焚书"，再来看"坑儒"。其实只要不带预知的成见，稍一展读《史记·秦始皇本纪》的记载，就很容易知悉，被秦始皇坑掉的那四百六十多名"诸生"，只是以其"为訞言以乱黔首"而招致这位暴君愤恨，所以才惨遭杀害，"使天下知之，以惩后"，也就是以血腥的屠杀来威吓读书人闭嘴不再说话，而不是所有的儒生都由此断绝了生路。叔孙通在"坑儒"之后，还活跃于嬴秦朝廷，并且在逃离秦廷时还带了一帮学生（《史记·刘敬叔孙通列传》），就是最好的证明。另外，这位始皇帝在去世前一年的秦始皇三十六年，还指令朝廷那些博士为他写了一首《仙真人诗》，这也是儒生始终蒙受朝廷任用的一个重要例证。不过郑樵说"始皇所坑者盖一时议论不合者耳"（《通志·艺文略》），这话讲得虽然不错，却不够十分准确；更确切地说，应该是非议暴君，非议暴政，并不仅仅是"议论不合"而已。当时的儒生，即使不像庙堂显宦周青臣那么谄媚，也没有叔孙通那么圆滑机巧，若是两耳不闻窗外事，一心只读圣贤书，单纯就个人的生存和生活而言，大致也都能混得不错。

不仅如此，据《史记·李斯列传》记载，朝廷在颁布"焚书"令的同时，还特别安排，日后"若有欲学者，以吏为师"。

这句话，如前面第三节引文所见，今本《史记》的《秦始皇本纪》，记作"若欲有学法令，以吏为师"。《秦始皇本纪》这处文字，有一些舛误，清人王念孙就指出，"欲有"应依据《李斯列传》订正为"有欲"（王念孙《读书杂志》之《史记》第一"若欲有学法令"条），所说应是。惟"法令"二字，在这里显得十分突兀，盖上文并没有特别提及禁止私学法令的事情，而且法令颁自朝命，判自衙署，怎么着都是官府掌握的事儿，小民遵而行之是了，"学"个什么劲儿呢？南朝刘宋时人徐广撰著《史记音义》，说他见过一个版本，和《李斯列传》一样，没有这"法令"二字（见《史记·秦始皇本纪》之裴骃《集解》）。

通观上下文义，我觉得今本《史记·李斯列传》和徐广所见别本《史记·秦始皇本纪》的写法，应当比较合理。因为这句话应是紧紧上承"焚书"令而来，意即在焚毁民间藏书之后，因民间已经再也无书可读，相关知识自然也无法传授，如若有人想学习这些知识，便可以"以吏为师"。王念孙说依据文义,《史记·秦始皇本纪》"若欲有学法令"这句话下边,还脱落了一个"者"字(王念孙《读书杂志》之《史记》第一"若欲有学法令"条),颇疑旧本《史记》缘此"者"字泐损莫辨,被人臆补为"法令"二字。

康有为解释"以吏为师"这句话的涵义,以为"吏即博士也"。又《汉书·萧望之传》载望之"好学,治《齐诗》,事同县后仓且十年,以令诣太常受业",唐颜师古注引曹魏如淳语曰:"令郡国官有好文学敬长肃政教者,二千石奏上,与计偕,诣太常受业如弟子也。"今案如淳所说,实本自《史记·儒林列传》的记载,自是汉武帝时就有的制度。

这一制度,康有为以为便是由儒生"以吏为师"的秦制因袭而来。康有为对这一问题,还进一步疏释说:

> 秦焚《诗》、《书》,博士之职不焚,是《诗》、《书》,博士之专职。秦博士如叔孙通有儒生弟子百余人,诸生不习《诗》、《书》,何为复作博士弟子?既从博士受业,如秦无"以吏为师"之令,则何等腐生,敢公犯诏书而以私学相号聚乎?(康有为《新学伪经考》之《秦焚六经未尝亡缺第一》)

我们看其他诸家学说,在朝廷中根本就没有一个像"博士"这样专门的官职,更不用说高达七十人之多的博士员额设置了。再结合康有为上述秦廷"以吏为师"的论述,愈可知作为一种思想学说,儒家在秦代不仅没有受到特别的压抑,而且与其他诸家学说比较起来,还可以说是独得朝廷的眷顾,有着其他诸家无可比拟的优越地位。

后世学人，往往过多集中关注和抨击"焚书坑儒"这一暴行，却严重忽略了与此同时秦始皇还在朝廷设置了儒学博士并允许其授徒讲学，而这至少在一个侧面显示出秦始皇对儒学的特别重视。昔清人汪中论荀子在儒学传承中的地位，谓"荀子之学，出于孔氏，而尤有功于诸经经典"，若《毛诗》，若《鲁诗》，若《韩诗》，若《左氏春秋》，若《谷梁春秋》，若《礼》，其经历嬴秦仍得以传承，荀子的门徒都在其中起到了关键性的作用（清汪中《述学·补遗》之《荀卿子通论》），盖在当时儒者之间"荀卿最为老师"（《史记·孟子荀卿列传》）。若是秦始皇在焚书坑儒之际一律禁绝儒学，士子们一碰面商讨一下《诗》、《书》等《六艺》的内容，就会遭到"弃市"的惩处，荀子的学问又何以能够经历如此严禁之后仍然得到传承？显而易见，秦廷设置儒学博士并允许其授徒讲学，正是儒学和儒家经典得以传承的重要社会条件。

那么，秦始皇为什么会一边儿"焚书坑儒"，一边儿还又重视以至任用儒生呢？这是因为"焚书坑儒"是为压制以儒生为代表的反对力量或者说是异议人士，是以所谓的"法"来震慑万民，但大秦帝国的建立，确实是一项亘古未有的创制，它和任何一个正常的社会一样，除了"法"，还有"礼"的一面。

仅仅依靠严刑峻法就能确保一个政权的运转和稳定，事实上是不可能的。上一节曾经说到"出乎礼则入乎刑"这一中国古代社会通则，不过事情若是倒转过来看，自然便是"出乎刑则入乎礼"。礼制，是一个社会正常运转的常规体制，这是天地自然之理，终归是谁也逃不脱的。在礼制建设方面，司马迁的父亲司马谈曾经谈到，与儒家相比，"若夫列君臣父子之礼，序夫妇长幼之别，虽百家弗能易也"（《史记·太史公自序》），亦即儒家学说最适宜于朝廷以及整个社会礼仪制度的建设，可见国家的礼仪制度建设是离不开儒家和儒生的。

儒生虽然常常会拿上古的理想社会说事儿，借古讽今，对当朝皇帝造成一定的威胁。但在通过"焚书坑儒"之举对其加以威吓之后，留存下来服务于朝廷的那些以"博士"为代表的儒者，因为身在体制里边，恩威交加，便足以妥妥地管控住这些穷酸书生，令其不再敢轻易借古讽今，给朝廷造成麻烦。另一方面，对于朝廷来说，在讲礼制方面，儒生既然是"百家弗能易"的最佳人选，不用他们，又去找谁为之效力呢？实际上是想用不想用也只有这些儒生才能实现大秦帝国的礼制建设。秦廷特别设置七十名博士的员额以及令其传授儒家的学业，原因即在于此。

因此，我们看到，早在秦始皇二十八年，"始皇东行郡县，上邹峄山，立石。与鲁诸生议刻石颂秦德，议封禅望祭山川之事，乃遂上泰山，立石，封，祠祀"（《史记·秦始皇本纪》）。更确切地说，所谓"与鲁诸生"之议云云这些话讲得并不十分清楚，实际上这一年是"征从齐鲁之儒生博士七十人，至乎泰山下"（《史记·封禅书》），议论封禅大典的儒生，并不是鲁国故土当地的学者，而是隶名于朝廷的那七十个博士，只不过跟随始皇帝东行到了鲁国故地的泰山脚下而已。

秦始皇与这些"儒生博士"商议刻石歌颂秦朝的功德以及封禅之类的祭祀大典，这当然是礼制建设的重要举措。同样，泰山刻石以下琅邪、之罘、碣石、会稽各地的刻石，同样也是其以"礼"治国的重要举措。这是大秦帝国治国方略中与严刑峻法相辅而行的另一个侧面。

《史记·封禅书》记载说，这次七十博士参与商议封禅之礼，由于

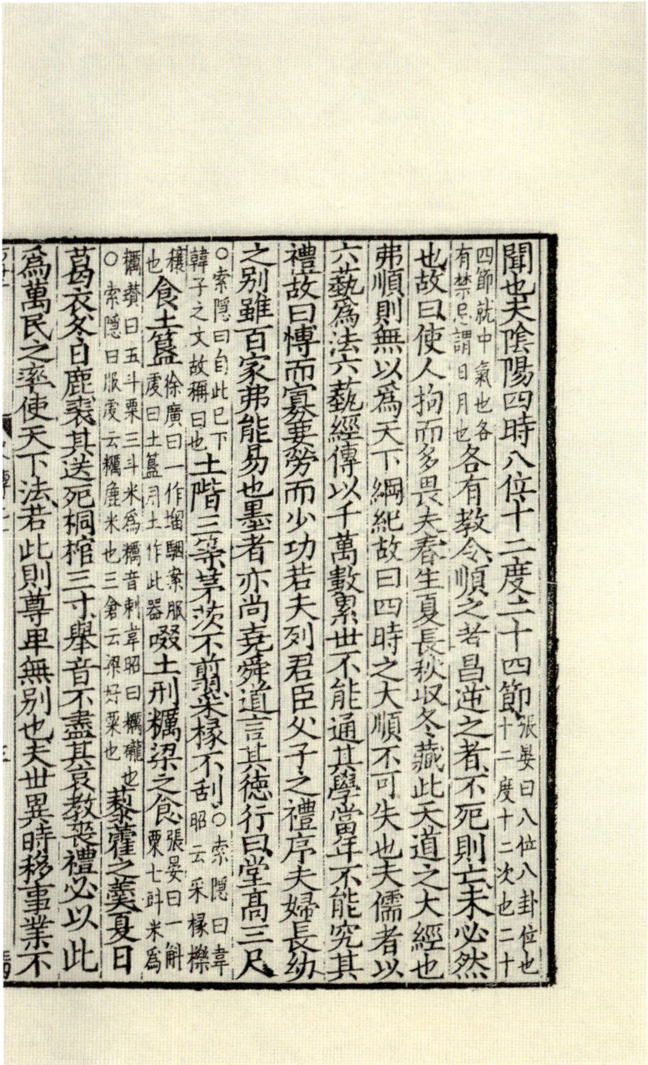

图35　《中华再造善本》丛书影印南宋淳熙三年张杅桐川郡斋刻耿秉重修附《集解》、《索隐》本《史记》

其议"各乖异，难施用"，致使秦始皇"由此绌诸生"，令其"不得与用于封事之礼"。儒生实际不顶事儿，秦始皇就干脆自行其是，既封又禅地搞了一次祭天祀地的大典，这恐怕是开天辟地以来的头一遭，可以说是这位始皇帝的一大创举。不过众儒生说不清封禅典礼该怎么搞，并不等于他们在朝廷的礼仪建置方面就一无所能，真的就都是废物点心。因为实际上没什么材料能够证明在秦始皇之前确实有人在泰山搞过封禅，这事儿一直只是个美丽的传说，就连这些儒生的祖师爷孔夫子都觉得这档子事儿"盖难言之"（《史记·封禅书》），他们这些后生小子又有谁能够说得清楚？

既然儒家在君臣父子、夫妇长幼这些社会礼仪方面的修养和能力"百家弗能易"，也就是具有其他任何一家学派都不具备的极大优势，那么，秦朝只要存在，就一刻也离不开这些儒生。这些儒生在泰山脚下遭到秦始皇抑绌五年之后，至秦始皇三十四年，我们很快就又看到他们这七十名博士，又齐刷刷地被秦始皇请到寿庆宴席之上，原因就在于此。这些儒生一直是朝廷制定和开展礼仪活动的重要支柱，也是传承《诗》《书》等《六艺》之学的骨干力量。譬如汉初独授《尚书》的伏生，就曾经是秦廷的博士（《史记·儒林列传》）。

上一节所说叔孙通率"儒生弟子百余人"归汉以后，刘邦也拜他为博士，重又出任了前朝的旧职，这当然是用其所长。至汉五年，刘邦取得天下之后，果然在皇汉的礼仪制度建设方面发挥了重大作用：

> 诸侯共尊汉王为皇帝于定陶，叔孙通就其仪号。高帝悉去秦苛仪法，为简易。群臣饮酒争功，醉或妄呼，拔剑击柱，高帝患之。

叔孙通知上益厌之也，说上曰："夫儒者难与进取，可与守成。臣愿征鲁诸生，与臣弟子共起朝仪。"高帝曰："得无难乎？"叔孙通曰："五帝异乐，三王不同礼。礼者，因时世人情为之节文者也。故夏、殷、周之礼所因损益可知者，谓不相复也。臣愿颇采古礼与秦仪式杂就之。"上曰："可试为之，令易知，度吾所能行为之。"（《史记·刘敬叔孙通列传》）

结果，经过叔孙通一番设置排演，群臣行礼如仪，让刘邦领受到了朝仪的庄严郑重，不禁感叹云："吾乃今日知为皇帝之贵也。"（案依据《汉书·礼乐志》的记载，叔孙通为汉高祖制定的礼仪是全面的，还包括"因秦乐人制宗庙乐"，故汉家宗庙乐章"大氐皆因秦旧事焉"）感慨之余，刘邦"乃拜叔孙通为太常，赐金五百斤"，使他一下子跃身成为像模像样的"高干"。

"太常"这个官儿，在当时是个地地道道的"正部级"干部（其实际地位比现代的政府部长还要稍微高些）。叔孙通骤升高位，靠的就是他在大秦帝国时学习到的儒生看家本事——礼学，用以帮助刘邦制礼作乐。而他所说"颇采古礼与秦仪式杂就之"这句话，则清楚显示出秦朝的礼仪，就是靠像他这样的儒生制定并协助朝廷具体施行的，所以他才能自如地撷取其中可行的部分用作汉廷的朝仪。

司马迁在《史记·刘敬叔孙通列传》篇末称誉叔孙通是"汉家儒宗"。我想，在两个方面，他都足以当之：一是汉朝礼仪制度的设计和施行，即"定宗庙仪法"、"定汉诸仪法"（《史记·刘敬叔孙通列传》）；一是成为太常之后，除了负责宗庙礼仪诸事之外，他还主管"博士"这支儒学的骨干队伍，这为汉朝儒学的人才建设，发挥了关键性的作用

(《汉书·百官公卿表》)。

顺着这一思路继续追究,很容易想到,刘邦是大汉的皇帝,自然要用皇帝的礼仪,而秦始皇是开天辟地以来的第一位皇帝,这是前无所承的,所以这位始皇帝在秦朝使用的各项礼仪,必然有很多是出自秦廷自己的创制,最适合、也最有可能给秦廷创制出这套全新礼仪的人,只有儒生。

这样我们也就能够明白秦始皇为什么如此重视儒生和儒学,为什么要在朝中设置多达七十人的博士职位。秦始皇"焚书坑儒",固然残忍至极,暴虐至极,但他像所有专制统治者一样,明白要想让他打下的江山皇图永固,传之万世,还需要一整套的礼仪制度,而要建设这样的制度,只能充分发挥儒生和儒学的作用。班固撰《汉书·古今人表》,把秦始皇列在既可与为善、亦可与为恶的"中人"(中人之下等,即"中下",与他的丞相李斯以及起事推翻秦朝的陈胜、项羽列在同一档次),至少在对待儒生和儒学的态度上,他还有与"焚书坑儒"不同的另一副面孔,还不能说是一个穷凶极恶的"下愚"之人。

弄清楚这一点,我们也就能够更好地理解,在秦始皇的治下,只要你不借古讽今,在所谓"纯学术"层面,儒家学说还是很受当政者重视的,儒生之间也是可以开展"学术讨论"的,当然更鼓励和奖赏取媚于朝廷的正能量(譬如卖身投靠的周青臣就混上了"仆射"官,成了管理其他博士的头目,还有奴颜婢膝地给秦始皇写作《仙真人诗》的博士,当让也会得到应有的赏赐);同时也绝不会出现两个人对谈《诗》、《书》或是几个人围成个圈儿轻声细语谈论一下《诗经》、《尚书》等儒家经典的内容就被官府杀掉并扔到菜市场示众的事儿的。

在秦朝，儒学不仅没有遭到彻底的禁锢，甚至还获得了其他诸家学说所没有的官学地位；至少在表面形式上，较诸其他各家学说，儒学是获得了更大的发展（陈寅恪先生甚至以为《中庸》乃"秦时儒生之作品也"，说见陈寅恪《书世说新语文学类钟会撰四本论始毕条后》，刊《金明馆丛稿初编》）。不然，就不会有汉家的礼仪制度建设和儒学的传授与"独尊"。

这样我们就能更好地理解，把当时人所说"偶语"理解为"寓言"，才符合秦朝社会的实际情况。

解析《史记·秦始皇本纪》中"偶语《诗》、《书》者弃市"这句话，帮助我们在一个更为广阔、也更为深刻的历史背景下，确切地理解了《赵正书》的"寓言"性质；反过来看，这篇目前世间唯一能够看到的早期"小说家"著述，又引导我们注意到并且揭示出秦廷重视儒家和儒生的那一个侧面。——这是在以往的历史研究中被大大忽略或是扭曲了的一项重要内容。

2018 年 1 月 21 日记

第四篇 朕姓甚名谁

一、死去以后才生出的始皇帝

对于绝大多数普通读者来说，初知《赵正书》，乍看《赵正书》，始读《赵正书》，哪怕只是听人讲一讲这篇竹书的篇名，最吸引人注意的，恐怕都是"赵正"这两个字。

"赵正"，这两个平平常常的字儿，能够吸引人们注意，是因为它是天下第一暴君秦始皇的姓名。圣人是人生的，暴君也是人生的。不管好人还是歹人，只要是人生的，哪怕长成个牲口样儿，也就都要像普天之下所有黎民百姓一样，有个人名。所以，秦始皇也有名有姓，是再正常不过的事儿了，本不足为奇，更不足为怪。

不过很多非专业人士听"秦始皇"这个说法听惯了，一时间也不大容易说清这个残忍的家伙到底是叫个啥名。

其实当年在秦朝的时候，并没有"秦始皇"这个名称。

"秦"是"秦朝"的"秦"，也是"秦国"的"秦"。我们一般说"秦朝"，是不包括秦兼并天下之前那一时期的，而"秦国"，则可以兼该秦作为周天子赐封的诸侯国时期和野蛮征服关东各地后直至其覆亡这整个历史阶段的。

有意思的是，秦始皇既不是生在旧诸侯国秦国的疆界内，也不是死在这个秦国的故土上。他出生在邯郸，那里是赵国的国都；死在沙丘平台，这里过去也是属于赵国的地界（《史记·秦始皇本纪》）。生和死，都同秦人故国沾不上一点儿边儿。

不过这没什么关系，"秦始皇"的"秦"，指的是秦朝的"秦"。

"秦始皇"一词，是指秦朝的"始皇"，可是在大秦帝国还存活在世间的时候，从来也没有"秦始皇"这么个说法。当时人一般不这样带着朝代的名称来称呼本朝的君主，这一点很好理解，但我在这里想要强调指出的是，甚至连"始皇"也没人叫过，因为根本就没有"始皇"这个名词。

在所谓秦始皇二十六年，更准确地说是秦王政二十六年，也就是这个牲口登上秦国王位之后的第二十六个年头，沉浸在一统天下的巨大兴奋和喜悦当中的这位秦王，诏命群臣云：

> 寡人以眇眇之身，兴兵诛暴乱，赖宗庙之灵，六王咸伏其辜，天下大定。今名号不更，无以称成功，传后世。其议帝号。

就是说，如果还沿用旧称，呼之曰"王"，是不能与他"兴兵诛暴乱"、也就是荼毒天下万民的功绩相匹配的，因而需要重新拟定一个"帝号"，以和他的新身份相称。

那么，秦王这道诏命所说的"帝号"是什么呢？——"帝号"就是与"帝"类似的名号。

"帝"是对上古神圣君主的称谓，然而这些神君圣主离开我们太远了，当时的情况，并没有留下确切的文字记录，所以，虽然人们在追溯往古历史时都把它讲得头头是道，可是却颇有"海客谈瀛洲，烟涛微茫信难求"的味道。在大秦帝国开国的时候，就是个说不清、道不明的事儿。

在《一件事，两只笔》那一篇里，我已经谈到，为给生活在这块土地上的人们留下比较清晰可靠的历史，司马迁尽最大努力，审辨、分析、裁断那些混沌不清的早期传说，确定从相对"雅驯"一些、也就是稍微典雅可信一些的黄帝时期入手，展开它的历史记述，这样为《史记》确定的开篇第一卷书，就是《五帝本纪》。

这《五帝本纪》，载述的便是上古时期五位神圣的"帝"。那么，什么样的君主才能以"帝"相称呢？唐朝人张守节著《史记正义》，采用的是东汉大儒郑玄的解释。由于这本来就是个说不清的事儿，即使是郑玄，也只能稀里糊涂地引述东汉时期一些"纬书"的说法：

《中候敕省图》云："德合五帝坐星者，称帝。"又《坤灵图》："德配天地，在正不在私，曰帝。"

所谓"纬书"，是汉儒出于政治目的有意曲解经义的一些著述。"纬"，相对于"经"来讲，就是横着来，打横炮，讲歪理，甚至瞪眼说瞎话。这样讲的话，当然与历史事实会有重大差距，而胡说八道的话在好糊弄糊涂人的同时，对于肯动脑筋想问题的人来说，自然都不大好懂。大家看明白郑玄引述的这些话没？我相信各位和我一样，啥也没看明白。如此解说，说了好像还不如不说。所谓《中候敕省图》所说谁和司命的星星相称，这太玄乎了，而《坤灵图》所说"德配天地"，大概也就像现代西方社会的政客们是不是代表民众的心声和利益一样，谁说他代不代表是一回事儿，老百姓信不信这种说法是另一回事儿。

原因，依然是上古历史的实际状况，还是"烟涛微茫信难求"。不用说黄帝以来的"五帝"，就是紧继其后的大禹，传世文献的记述，依然充满神性。前些年发现的西周"遂公盨"（或称"豳公盨"）铭文，虽然很令"信古"一派学者莫名其妙地兴奋了好大一阵子，现在似乎也还沉浸在心潮激荡的喜悦之中，但西周人谈夏禹，不会比今天我们谁夜里睡不好觉梦到赵匡胤做了什么事儿的信实性好到哪里去。所谓"遂公盨"铭文中"天命禹敷土，随山浚川"云云的语句，尽管同《尚书·禹贡》以及所谓"书序"里的某些话颇有相近之处，但这篇铭文本身，已经清楚显示出，史籍中的那些神圣君主，其形象是充满天神属性的。你能相信所谓大禹利用当时非常原始的生产工具能做出连现在二十一世纪谁都做不到的事儿？打死我也不会相信。所谓夏禹治水，是只有神才能做到的事儿。

所谓夏朝的开国君主大禹，已然如此，夏禹之前的五帝，就更难说了：这几位"大咖"当时是不是自称或被小民称之为"帝"，今天实在已经无从稽考，不过我们看殷商两周时期活在世上的任何一位君主并没有"帝"这个称号，就有充足的理由，对所谓"五帝"时期"帝号"的存在，理直气壮地表示怀疑。

在上古时期，"帝号"是一个扑朔迷离的存在。那么，在秦始皇之前，被后世认之为"帝"的，都有哪些神圣的人君呢？这个问题，更是谁也说不清楚。

商周时期在位在世的君主，并没有一个人有过"帝号"；商周以前的所谓夏朝，从所谓开国君主大禹起，因为是继"帝舜"之位，也都相继成"帝"，直至"帝桀"，那么有名的暴君，竟然也有"帝号"（《史记·夏本纪》）。

两相对比，所谓夏朝这些"帝号"，是不是真实的历史存在，不能不令人十分怀疑。因为要是前面自五帝以来一直有，那么，商人理应予以继承；反过来看，既然商朝的一代代君主只是称王，那么也就说明此前并没有比"王"更具权威性的名号（仅仅由此看来，历史文献中所谓夏朝是不是真实的存在，就大可斟酌，至少它不像时下很多考古学家所认定的那样千真万确。顺便说一下，现在中国颇有一些考古学家，在非常轻视老古书里写的事儿的同时，又非要把一些实实在在的考古发现和虚无缥缈的古史传说联系到一起不可，这实在有些不可思议）。

前面在《一件事，两只笔》那一篇文稿中我已经谈到，从殷商时起，《史记》的记载，才开始有可靠的文字资料作依据，从而变得相当信实，而在这之前，司马迁只能利用各种很不"雅驯"的传说资料来勉强叙述其大致梗概，其间很多具体的史事自然不够准确或不尽可信。在我看来，所谓"帝号"问题，亦应如此，同样并不可信。另外，面对夏桀也带有"帝号"这种情况，所谓"德配天地，在正不在私，曰帝"这样的解释，只要头脑正常，难道还会有人相信吗？反正我是绝对不信的，我只能把它看成是后世想象的上古君主的名号。这样的名号，大致在商周以后，便流传于世。

不过对于刚刚征服天下的这位秦王来说，历史的真实并不重要，重要的是在当时人的心目中有什么比周天子的"王号"更高的名号。——传说中上古君主的"帝号"，显然就是这更高一层的称号。我们看司马迁在《五帝本纪》中列举的五位帝君，是黄帝、颛顼、帝喾、唐尧、虞舜。虽然对所谓"五帝"还有其他一些不同的说法，但也都是举世景仰的圣君，在世人心目中的地位，远远超轶于商周的人王之上。正因为如此，秦王才想要弄个偌大的"帝号"，以压住被他灭掉的周朝的天子。

但像"五帝"一样的"帝号"是现成的,用不着让群臣来"议",既然需要"议",就是想让臣下"议"出个比已知的"帝号"更高、更值得炫耀的名号来。这心思,朝廷的大臣当然不难理解。

我们看到,丞相王绾、御史大夫冯劫和廷尉李斯等人上奏曰:

> 昔者五帝地方千里,其外侯服夷服,诸侯或朝或否,天子不能制。今陛下兴义兵,诛残贼,平定天下,海内为郡县,法令由一统,自上古以来未尝有,五帝所不及。

既然功绩之高已经盖过"五帝",就不必再沿用他们用过的"帝号"。

于是,王绾、冯劫和李斯等人便集合起朝廷设置的那七十名儒学博士一同商讨,琢磨出一个新的名号,同时还提出其他一些与之相辅的专门用语:

> 古有天皇,有地皇,有泰皇,泰皇最贵。臣等昧死上尊号:王为"泰皇";命为"制",令为"诏",天子自称曰"朕"。

暴君的威权之下,奴才也实在不大好当,马屁拍得轻重,就不易拿捏。王绾等人这媚虽献得很是到位,但未免有些过火:天皇,地皇,泰皇,这些名号听着好像挺高大上的,可哪儿也找不到什么真人做过,假惺惺的味道很浓,让你议"帝号"就是"帝号",说明这个"帝"字才是主子喜欢的词儿。

不过这些大臣和儒学博士的议论,也为最终确定秦王的新名号提

供了很大帮助:

> 王曰:"去'泰',著'皇',采上古'帝'位号,号曰'皇帝'。他如议。"(《史记·秦始皇本纪》)

这就是说,把"泰皇"的"皇"字留下来做形容词,用以修饰"帝"字,构成"皇帝"这一名号。

我理解,"皇"字在这里是表示"大"的意思(和"泰皇"的"泰"字所起的作用很相像),"皇帝"也就相当于"大帝"。究其实质,这依然还是个"帝号",但又是超越"五帝"等辈之上的"新帝号"。

新拟定的"帝号"是"皇帝",可史籍中为什么又有"始皇"的说法呢?

在这里,我们首先需要明确,"始皇"只是"始皇帝"的一种省称,是一种便宜的用法。《史记》叙其行事,有时也用全称,书作"始皇帝"(如《秦始皇本纪》开篇即谓"秦始皇帝者"以及"始皇帝幸梁山宫"的记载)。尽管如上所述,"皇"字只是"皇帝"这个名号中起辅助作用的限定性成分,"帝"才是核心内容,像这样的缩略语,喧宾夺主,很不得当,但古人话就这么个说法,时下诸如"毛总"、"白总"之类的称呼,实际上就是对"始皇"这种用法的沿承,懂了就行,别太较真儿。

在这里,值得注意的是,其实所谓"始皇"只是"始皇"其人过世后才会出现的称谓方式,因为这个"始"字实际起着替代谥号的作用,所以也就和谥号一样,只能用于相应的皇帝身后。

关于这一点,就在确定"皇帝"这一称号之后,这位刚刚当上天

下第一个"皇帝"的秦国故王,自己做过如下说明:

> 朕闻太古有号毋谥,中古有号,死而以行为谥。如此,则子议父,臣议君也,甚无谓,朕弗取焉。自今已来,除谥法。朕为始皇帝。后世以计数,二世、三世至于万世,传之无穷。(《史记·秦始皇本纪》)

这段话,讲得不够清楚,后世对它的理解,同样大多含糊其辞。下面让我们来慢慢分析。

理解这段话,麻烦的地方,是"始皇帝"、"二世皇帝"、"三世皇帝"以至"万世皇帝"这样的称谓,是人君在位在世时的名号抑或尊号,还是死后的谥号?

第一种解读,是既然说"除谥法",那么"始皇帝"、"二世皇帝"云云即可作为活人的名号来使用,就像"太古有号毋谥"以及"中古有号,死而以行为谥"时所行用的所谓"号"一样。

第二种解读,是"始皇帝"、"二世皇帝"这样的称谓既然是为替代"死而以行为谥"的谥号而设,那么,它虽然早已确立并布告天下,却应当如同死后拟定的谥号一样,仅用于皇帝过世之后,而不能用在生前,所谓"朕为始皇帝",乃是"我百年之后便称作始皇帝"的意思。

究竟哪一种理解更为妥当呢?在中国国内,我没有见到有什么人做过专门的说明,而看前人一般性论述,在述及这一问题时,好像根本就没怎么想,都浑浑噩噩,稀里糊涂地顺口随便说。

现在有"品位"的历史学家,学问做得越来越高大上,对我提出的这样的问题,通常是不屑一顾的。然而,问题就摆在那里,你不屑于理它，它也还是在那里摆着，高大上的专家可以假装没看见（其实现在更多的高端学者真的就是看不见），可小孩子总是纯真，这问题太扎眼了，你只要给他讲历史，实在绕不开，也躲不过去。

于是，我们就看到，在当今中国大陆最通行的中国历史年表——方诗铭先生著《中国历史年表》上，特地注明："秦统一全国，秦王政称始皇帝。"对成长中的每一个国民影响更大是，在我的国教育部组织众多专家编写、审定的中学历史教科书中，也出现了"嬴政自称始皇帝"的说法（2016年教育部审定义务教育教科书《中国历史（七年级上册）》）。大家千万不要以为这是因为中国古代史相关领域的专家没有人做出明确的讲述，编教材的人又无法回避，才对付着给出的说法，翻检一下翦伯赞先生主编的大学中国通史教材《中国史纲要》，其中由田余庆先生执笔撰写的秦汉史部分，其中就明确写道："统一战争结束后，秦王政已着手进行集中权力的活动。他兼采传说中三皇、五帝的尊号，宣布自己为这个封建统一国家的第一个皇帝，称始皇帝，后世子孙世代相承，递称二世皇帝、三世皇帝。"这可是名牌大学大牌专家红口白牙清清楚楚讲的话，要是把这看成是中国史学界的通行看法，恐怕并不过分。

就某一具体朝代的研究而言，相对来说，秦代的史料是比较稀少的，但若是就我们现在所要讨论的这一具体问题来说，秦朝反而具有其他很多朝代所难以比拟的坚实史料。——这就是秦廷石刻的铭文，它未曾受到后世历史"书写"的污染和干扰，完整如初地保存了当时的样貌。在这里，我想先从确实可靠的秦朝官方刻石文字入手，来看看朝廷是怎样使用相关名号的。

秦始皇从二十八年起至三十七年这十年间先后巡行关东各地，在泰山、琅邪、之罘、碣石、会稽诸地留下的石刻铭文，甚至也包括其真实性尚且有些可疑的所谓秦始皇二十八年峄山刻石铭文，都是以"皇帝"来指称这个暴君。同样，秦代铜器上铭刻的始皇二十六年统一度量衡的诏书铭文，也都是题作"二十六年皇帝尽并兼天下"云云。在比较著名的秦代遗物中，还有所谓"阳陵兵符"或称"阳陵虎符"，其铭文曰："甲兵之符，右才（在）皇帝，左才（在）阳陵。"这是秦帝发兵的信物，属于所谓"国之重器"，因而尤能体现其正式的称谓。

最近正在日本东京国立博物馆举行并且取得了巨大成功的颜真卿书法作品特别展，为了体现颜真卿书法技艺的历史渊源，同时还展示了一批此前各个时期有代表性的字体字形。印制在其展品图录中的两种秦朝文字，一是秦始皇泰山刻石的拓本，一为始皇帝统一度量衡诏

图36　秦阳陵兵符
　　（据宁波博物馆、中国国家博物馆编著《国家宝藏》）

书铭文的拓本。众多国人,喜大普奔,打飞机,与盛事,高兴得不亦乐乎。不过没钱打飞机的也不用着急,让朋友带本展品图册来,只要打开这本图录看上一眼,"皇帝"这个正式称谓,便堂堂皇皇地展现在我们眼前,再正式不过,也再清楚不过了。

研究历史,认识历史,这并不困难,真相常常就摆在我们的眼前而被人们视而不见。我们不光要用眼睛看,还要动脑筋想。这种情况,明白无误地提示我们,秦朝的皇帝,在其生前,应该是不把"始、二、三、四"这些序数加冠于"皇帝"之上的。

下面再来看《史记·秦始皇本纪》下面这段记载:

> (二世皇帝元年)二世与赵高谋曰:"朕年少,初即位,黔首未集附。先帝巡行郡县,以示强,威服海内。今晏然不巡行,即见弱,毋以臣畜天下。"春,二世东行郡县,李斯从。到碣石,并海南,至会稽,而尽刻始皇所立刻石,石旁著大臣从者名,以章先帝成功盛德焉:
>
> **皇帝**曰:"金石刻尽**始皇帝**所为也。今袭号而金石刻辞不称**始皇帝**,其于久远也,如后嗣为之者,不称成功盛德。"丞相臣斯、臣去疾、御史大夫臣德昧死言:"臣请具刻诏书,刻石,因明白矣。臣昧死请。"制曰:"可。"
>
> 遂至辽东而还。

上文所列二世刻石,今存世者有琅邪刻石,除"刻石,因明白矣"作"金石刻,因明白矣",文字略有不同之外,俱与《史记·秦始皇本纪》载录的铭文相同。

《史记·秦始皇本纪》"刻石"自然是石刻铭文中"金石刻"的讹变，可明明是刻在石头上的文字，为什么要说"金石刻"，而不是像今本《史记》一样书作"刻石"？这是因为如前所述，秦始皇二十六年统一天下以后朝廷所镌记的歌功颂德的文字，不仅限于刻石铭文，还有那些在铜器甚至铁器、陶器上铭刻的统一度量衡的诏书，而秦二世时同样也在相关铜器等器物上制作了类似的铭文：

> 元年，制诏丞相斯、去疾："灋度量尽始皇帝为之，皆有刻辞焉。今袭号，而刻辞不称始皇帝，其于久远也，如后嗣为之者，不称成功盛德。刻此诏。"故刻左，使毋疑。（容庚《秦金文录》）

并观这些铭文，可以更为切实地认定相关史事。

透过上列秦二世元年诏书的文字，我们可以获取如下两点认识：（一）秦二世自称"皇帝"，这和前述秦始皇诸刻石中对他这位"始皇帝"的称呼一模一样，即当朝的皇帝，只是徒称"皇帝"而不带序次。（二）在这时，也就是二世皇帝登基之后，才正式出现"始皇帝"的称号。这意味着什么？意味着所谓"始皇帝"、"二世皇帝"等皇帝的序次犹如谥号一样，只用于过世的皇帝而不能、也不会用于在世的皇帝和在位的皇帝。

日本学者鎌田重雄先生在1962年出版的《秦の始皇帝》一书，本来已经检核《史记》的记载，辨明在司马迁文中并未见有"始皇帝"的自称，同时还指出秦始皇东巡刻石，都是以"皇帝"相称，没有"始

第四篇 朕姓甚名谁 197

图37 始皇二十六年秦权上的诏书铭文
　　（据容庚《秦金文录》）

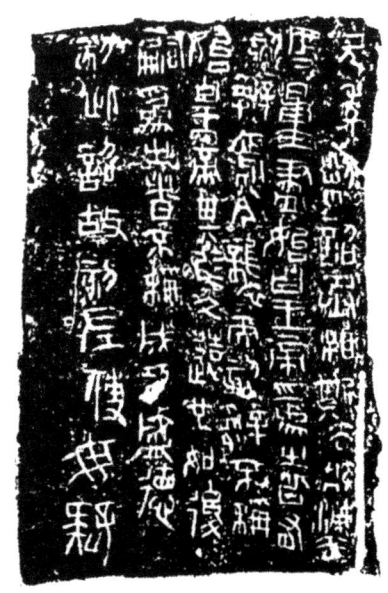

图38 二世元年诏版
　　（据容庚《秦金文录》）

皇帝"的用法，可他一边讲这些话，一边又说胡亥继位成为皇帝之后，在称谓自己为"二世皇帝"的同时，始称父皇为"始皇帝"（《秦の始皇帝》之《秦王政，始皇帝となる》）。今案胡亥在世时从未自称"二世皇帝"，鎌田重雄先生这种说法，很不妥当，这也妨碍了他透彻认识"始皇帝"、"二世皇帝"这些称谓的确切性质。

除了这种"第一手"史料显示的状况之外，在研究古代历史问题时，我们还应该特别重视贴近所研究时代的人对相关史事的认识。

幸运的是，在东汉人班固撰著的《汉书》中，我们看到了西汉前期人贾山对"始皇帝"这一称谓的认知。贾山写过一篇题作《至言》的文章，是呈送给汉文帝的，文中"借秦为谕"，述云：

> 秦皇帝东巡狩，至会稽、琅邪，刻石著其功，自以为过尧舜统；县（悬）石铸钟虡，筛土筑阿房之宫，自以为万世有天下也。古者圣王作谥，三四十世耳，虽尧舜禹汤文武累世广德，以为子孙基业，无过二三十世者也。秦皇帝曰"死而以谥法，是父子名号有时相袭也，以一至万，则世世不相复也"。故**死而号曰始皇帝**，其次曰二世皇帝者，欲以一至万也。秦皇帝计其功德，度其后嗣，世世无穷，然身死才数月耳，天下四面而攻之，宗庙灭绝矣。（《汉书·贾山传》）

需要知道的是，贾山写出这段文字的时候，司马迁还没有出生，这也就意味着上面这段引文，对于我们来说，不仅是他对"始皇帝"、"二世皇帝"这些称谓的认识，同时也是比司马迁的《史记》更早、更为原始甚至也更为可靠的历史记载。因而贾山这些说法，不仅可以帮助我们理解《史记》相关纪事的本义，它还可以补充一些《史记》未予载录的内容，完善我们的认识。

贾山《至言》给我们提供的新认识，是秦始皇决定采用"始皇帝"、"二世皇帝"以至"万世皇帝"这样的称号，除了《史记·秦始皇本纪》所说这样做可以免除"子议父，臣议君"的"无谓"谥法之外，还考虑到按照这种"无谓"的谥法，则"父子名号有时相袭"，而若是"以一至万"地排列下去，"则世世不相复也"。所以，避免谥法用字有限所造成的"父子名号"重复，也是致使秦始皇做出此等安排的一项重要原因（当然我们也很容易想象，像他那样残害天下苍生，按照谥法的规矩来给他确定谥号，肯定不会有什么好名称，这一点他自己当然不会不明白）。

《至言》这篇文章所提供的比这更加重要的价值，就是它清清楚楚地告诉我们，"始皇帝"、"二世皇帝"以至"万世皇帝"这些称号，虽然在秦朝刚一有"皇帝"的时候就都由它的第一个皇帝"秦始皇"定好了，但实际上是一种相当于谥号的名号，只有在当朝的皇帝死去之后，才能被"激活"启用，即"死而号曰始皇帝"。这样看来，我的国中学课本以至大学教材里"嬴政自称始皇帝"的说法，实在是很不靠谱儿。

当然史家着笔以及后世人著书立说，却可以用"史终言之"的笔法，叙述说"秦始皇帝者，秦庄襄王子也。庄襄王为秦质子于赵，见吕不韦姬悦而取之，生始皇"（《史记·秦始皇本纪》），从这娃一生下来就以"始皇"相称。多少读过一点儿史书的人，大家都明白，这是这个行道上的规矩，明白实际上该是怎么一回事儿。

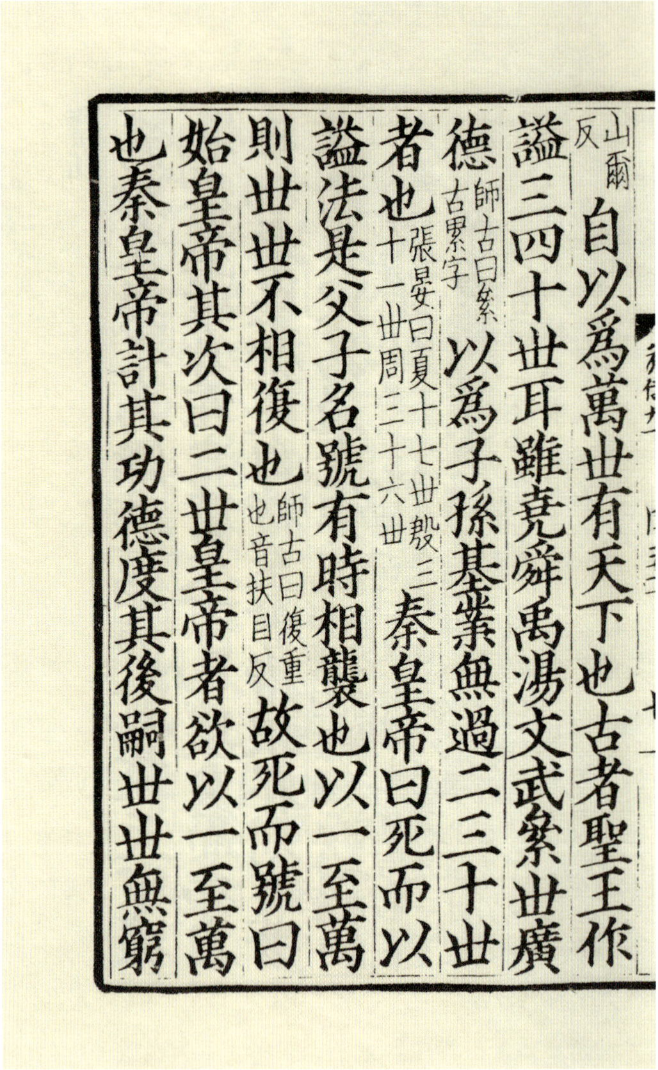

山爾反

自以爲萬世有天下也古者聖王作

謚三四十世耳雖堯舜禹湯文武絫世廣

德師古曰絫古累字以爲子孫基業無過二三十世

者也張晏曰夏十七世殷三十一世周三十六世秦皇帝曰死而以

謚法是父子名號有時相襲也以一至萬

則世世不相復也師古曰復重也音扶目反故死而號曰

始皇帝其次曰二世皇帝者欲以一至萬

也秦皇帝計其功德度其後嗣世世無窮

图39 《中华再造善本》丛书影印宋蔡琪家塾刻本《汉书》

不过在引述当时人原话的时候，妥当的处理形式，还是应该一如彼时所说，不宜"终而言之"的。在这方面，《史记》就颇有一些失宜之处。如《秦始皇本纪》记秦始皇三十五年侯生同卢生相与为谋，开口就说"始皇为人"如何如何；还有秦始皇三十六年时从天上掉下来一块陨石，"黔首或刻其石曰'始皇帝死而地分'"云云，这些用法，恐怕都像我在《一件事，两只笔》中所述李斯称道"先王之时"的说法一样，是司马迁因仍于原始材料的写法而没有能够做出合理的处理，并不能反映当时的实际情况。

基于这样的认识，我们还可以通过"皇帝"或是"始皇帝"这些名号的用法，来判断一些铭文的真伪。

在清人严可均辑录的《全上古三代秦汉三国六朝文》中，收录有一篇号称是李斯所书的白璧铭文，据云是当年秦始皇埋藏于句曲山中，其辞曰"始皇圣德，平章江山，巡狩苍川，勒铭素璧"（《全上古三代秦汉三国六朝文》之《全秦文》卷一。案严氏所据为《至正金陵新志》，陶弘景《真诰》卷一一载录这篇铭文，"江山"二字书作"山河"）。晚清汉学巨擘俞樾，对此亦信以为真，甚至感叹云"惜无人掘而出之"（俞樾《茶香室丛钞》之《三钞》卷一六"句曲山秦篆"条）。然而按照前文所得出的结论，当时是不应该、也不可能出现"始皇"这一写法的，因而它必定出于后人胡编乱造，就是使劲儿往地底下掘，把它掘了出来，也是后人赝造的假货，看看笑笑是了，当不得真。

写完上述内容，翻检日本学者栗原朋信先生的《秦汉史の研究》，看到其中列有一章，专门考述了"始皇帝"这一称号的性质，始知他早已做出了正确的结论，后来日本学术界的主流，也都采纳了这一看法（如西嶋定生先生著《秦汉帝国》），因而我的论述，实质上只是重申了一遍栗原朋信先生早已讲述过的观点，并不具备学术上的发明。

不过栗原先生的书出版于1960年，如上所述，鎌田重雄先生在这两年之后出版的《秦の始皇帝》，就没有完全遵循栗原先生的见解。另一方面，在欧美学术界，1986年剑桥大学出版社出版的《剑桥中国秦汉史》，尽管在其篇末开列的参考书目里明确列有栗原朋信先生的《秦汉史の研究》，可是在写到这一问题时，其表述形式为："他（德勇案：指秦始皇）取消了史书中以继承者赠予的谥号称已死的统治者的做法。取而代之的是，这个君主宣称，他本人作为始皇帝进行统治，其后裔则作为'皇帝二世'、'三世'继续统治，以至千秋万代。"（以上引文据中国社会科学出版社杨品泉汉译本）"他本人作为始皇帝进行统治"这样的说法，讲的显然是活人而不是死者，这就说明西方学术界并没有正确地吸纳栗原朋信先生的观点。考虑到这些情况，特别是中国史学界的蒙昧状况，还有秦始皇在中国历史上的重要地位，在这里重申或者说强调指明"始皇帝"这一称号的性质，我想还是具有重要意义的。

二、天下第一个皇帝就是赵家的人

弄明白"始皇帝"的来龙去脉，明白了什么是"皇帝"、什么是"始皇帝"，我们就可以清清爽爽地回过头去，正眼看一看中国历史上的第一个皇帝到底姓甚名谁。

回答秦始皇的姓氏问题，说简单是很简单，若说复杂，就确实需要多少花费一点儿笔墨，讲述一些相关的知识，或者说谈论一番认识这一问题的基础。

然而，只要稍微展开论述，就会看到很多学术问题都会带有的一项严重缺憾——你尽可以听专家学者夸夸其谈，但不能多问，尤其是不宜像小孩子那样刨根问底不停地连续追问下去。好多事儿，都是你听听专家谈他能谈的就好了，千万不要以为他肚子里还藏着更深切也更高明的见识，真的一求教，往往就会让人家发囧出糗了。

不是专家无能，也不是专家不努力，而是历史太复杂，早期的历史留下的资料又太少，认识这一时期的历史问题太困难了，这是谁都难以避免的尴尬和无奈。就姓氏问题而言，简单地说，东周以来的情况，可供归纳总结的文献记载已较丰富，因而从很早起，就有学者试图探寻其一般状况，得出了大体清晰的认识，但是仍不能十分透彻地说明姓与氏更早的渊源。

影响人们认识的主要难点，当然是缺乏足够清晰的史料，但我觉得对相关文字内容的误读误解，在某些方面，可能会比资料尠少给相关研究造成的困扰更为严重。譬如，对商周铜器铭文中所谓"族徽"的认知，似乎就有重大差误，至少我是不敢认同的。若然，依赖这些所谓"族徽"做出的对姓氏制度的解释，自然也就失去了事实的依据。

商周铜器铭文中的所谓"族徽"，就是用一个特定的图形标记来代表某一族属或是姓氏（商周金文所谓"族徽"之"族"与姓、氏虽有差别，但不管怎样，至少所谓"族"的核心构成部分，毕竟还是"姓"或"氏"所标志的血缘纽带）。不过这在很大程度上是晚近以来一些学人依循泰西套路做出的一种解读，而不是铜器铭文本身能够清楚"自证"的事情。所谓"自证"，就像大盂鼎铭文中本已记明这个玩意儿为"且南公宝鼎"，所以这种形制的铜器,就铁定了是"鼎",而那些被今人指认的"族徽"却做不到这一点,没有一个"族徽"的图形能够表明它就一定是象征着某一特定的族属、氏族或者姓、氏。

尽管如此,至少在中国国内,商周金文的"族徽"说很快被绝大多数学者接受。由于商周铜器的铭文,大多都是就某一具体事件或者事项而撰述的,不易透过铭文来直接认识当时社会的总体情况,而所谓"族徽"的使用,在一定时期内是具有相当大普遍性的,因此,通过分析"族徽"所表征的族属,可以比较容易地看到社会的总体性结构以及不同血缘、不同地域、不同政治体系之间的关联,可以据此做出林林总总无计其数的大小文章。时至今日,相关的研究,愈演愈繁,已经依此构建起一个庞大的早期历史解释的体系。

现代社会,我们每一个人遇到各种问题,最好的应对办法,是相信专家,听从专家的见解。这是因为几乎每一个领域都有人从事专门的研究,他整天就干那个,别的什么都不干,自然越专越精,以至这些领域之外的非专业人士,难以提出什么有价值的意见,只能老老实实地做个"吃瓜"群众,这就是"内行看门道,外行看热闹"。所谓"族徽"是古文字和上古史研究中的一个特殊问题,而对于古文字和依托于古

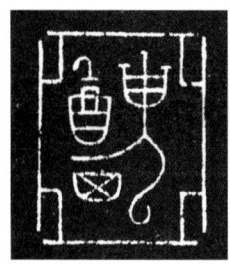

图40　商代所谓"族徽"图形
（据《殷周金文集成》）

文字解读的很多上古史问题的研究来说,我就是这样的"棒槌",本来是没有资格谈论任何看法的。

不过若是转换一个角度,我们也可以看到,在许多专业领域,有时会因权威观点的屏蔽而形成某种认识的"盲区",从而意识不到一些显而易见的抵牾之处。

譬如,所谓"族徽"出现的时间,是在商代以至西周前期,至西周中期以后,就基本消失不见。这种状况,太不符合基本的人情事理了,甚至可以说是匪夷所思的。因为所谓"族徽"是一个鲜明而又形象的标志,它所标志的族属,只要没有灭绝,绝大多数家族是不会弃之不用的,更不会骤然之间所有家族都同时不再使用这样的标志。世间绝没有这样的道理。我们再从统计相关性来分析,伴随所谓"族徽"的骤然消失,周人的金文出现了一个新变化:铭文字数大幅度增多,篇幅明显加长。这意味着所谓"族徽"更有可能只是在早期铭文铸造相对比较困难的情况下所不得不使用的图形符号,用以概括表述某些特定的内容。图形符号表述的内容终究不如文字清晰具体,所以在长篇铭文流行之后,这些图形符号自然也就退出于世。我相信,至少这些所谓"族徽"中的一部分图形,必定是这样的图形符号。

这是个很大的大问题。面对上述困惑和疑虑,假如我们抛开所谓"族徽"不谈,并且也略过当代各路专家对姓氏起源问题的追索(我认为在更为科学合理地辨析清楚所谓"族徽"以及"氏族"之"氏"与"姓氏"之"氏"这一类问题之前,这或许也是一种相对稳妥的做法),单纯审视传世文献所体现出来的两周时期姓氏应用的实际情况,则宋人郑樵较早总结云:"三代之前,姓、氏分而为二,男子称氏,妇人称姓。氏所以别贵贱,贵者有氏，贱者有名无氏。"（《通志》卷二五《氏族略》一）逮清人顾炎武，复详细列举相关事例，进一步阐释说："男子称氏，女子称姓。氏一再传而可变，姓千万年而不变。"（顾炎武《亭林文集》卷一《原姓》）近人王国维论商周间社会制度的变迁，也认为"男子称氏，女子称姓，此周之通制也。……讫于春秋之末，无不称姓之女子"（王国维《观堂集林》卷一〇《殷周制度论》）。

这种男女之间在姓、氏应用方面的差异，也就意味着在两周时期姓与氏是同时并存的两类血缘或是种群、族属的标记符号。这姓和氏到底是怎么回事儿，我看今日各方专家们的论述，在很多关键点上，还只能是以理相测，更多的是借鉴各种西方社会学科理论所做的推论。史阙有间，这是早期历史研究中没有办法的事儿。诸家所说，看似各有合理之处，但也都存有一些不够透彻的地方。基于这一现实局面，在这里只能避重就轻（这在某种意义上其实也是避虚就实），看到什么说什么，看清楚什么说什么，简单说明一下我所看到的秦国皇族的姓氏问题。

本篇一开头我就谈到，绝大多数普通读者初识《赵正书》时，最吸引其注意的，大概应是"赵正"这两个字。人们为什么会如此关注这平平常常的两个常用汉字，是因为前面我引述的中学课本中"嬴政自称始皇帝"的说法，表明"嬴政"这俩字乃是秦始皇的家姓人名。事实上，"嬴政"是秦朝灭亡以后，人们在称谓其始皇帝姓名时最为通行的用法，例如西汉时人扬雄著《法言》，就有"嬴政二十六载，天下擅秦"云云的说法（《法言·重黎》）。大家看得、讲得已经很习惯了，习惯了把这个家伙称作"嬴政"，所以才会对"赵正"这一称谓感到十分讶异。

"嬴"是秦始皇他们家的姓，这事儿见于《史记》明文记载。《史

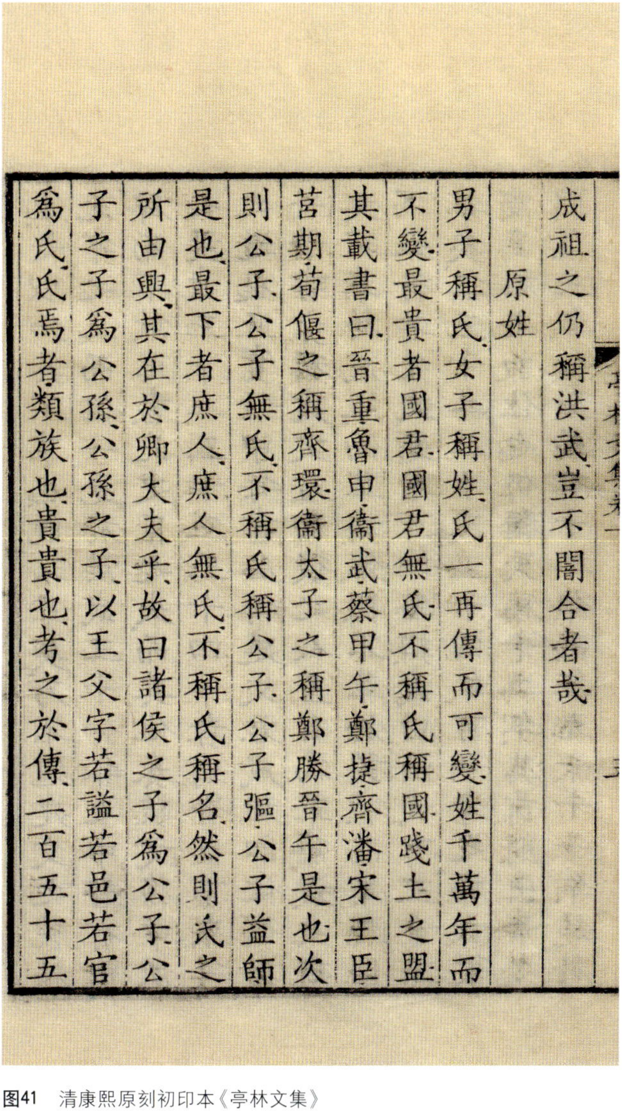
成祖之仍稱洪武豈不闇合者哉
原姓
男子稱氏女子稱姓氏一再傳而可變姓千萬年而
不變最貴者國君國君無氏不稱氏稱國踐土之盟
其載書曰晉重魯申衛武蔡甲午鄭捷齊潘宋王臣
莒期荀偃之稱齊環衛太子之稱鄭勝晉午是也次
則公子公子無氏不稱氏稱公子公子彄公子益師
是也最下者庶人庶人無氏不稱氏稱名然則氏之
所由興其在於卿大夫乎故曰諸侯之子爲公子公
子之子爲公孫公孫之子以王父字若謚若邑若官
爲氏氏焉者類族也貴貴也考之於傳二百五十五

图41　清康熙原刻初印本《亭林文集》

记·秦本纪》记述说,秦人的先祖大费,"佐舜调驯鸟兽,鸟兽多驯服,是为柏翳。舜赐姓嬴氏"。关于这种"赐姓",许许多多相关的专家,努力做过种种不同的解释,但在这里,我想抛开这些既有的认识,单纯就《史记》文本所能直接看到的讯息,谈一谈自己简单的认识。

按照上文所引郑樵的看法,"氏所以别贵贱,贵者有氏,贱者有名无氏",顾炎武则具体阐释说,与国君公子等相比,"最下庶人,庶人无氏,不称氏,称名。然则氏之所由兴,其在于卿大夫乎"(顾炎武《亭林文集》卷一《原姓》)。换一个形式来表述,概括两人的看法,即他们认为,"氏"本来是一个世上没有的符号,后来,大概是从担任"卿"或"大夫"这些高级官职的人开始,才有了所谓"氏"。其作用,是给这些高官以一个特有的标志,用以"别贵贱",也就是清楚标识这是一个具有高贵身份的家族。顾炎武云"氏"起始于卿大夫的看法,虽然还可以进一步斟酌,但"氏"名后起之说,却值得我们高度重视。

"氏"既如此,那么"姓"呢?就秦人的"嬴"姓而言,如上引《史记》的文字所见,是由于大费为舜帝"调驯鸟兽"大告成功,致使"鸟兽多驯服",才被舜帝赏赐给他这个"嬴"姓。这意味着什么呢?意味着中国古代所有的"姓",如"嬴"姓的来由所见,恐怕和"氏"一样,都是随着历史发展,演进到一定阶段之后,才逐渐生成的。要是秦人原本就有自己的"姓",还何须"赐姓",又何以能轻易抛掉自己标志着祖宗血脉的"姓"去使用别人的"姓"?即人之初,"姓"本无,"氏"更没有,而具体族属得"姓"的缘由,本质上应当与得"氏"的缘由一样,也是用以标志其特定的尊崇身份。

关于姓氏的起源,《左传》中有"天子建德,因生以赐姓,胙之土而命之氏"的说法（《左传》隐公八年）。按照晋人杜预的解释，所谓"因生以赐姓"，是指依据其出生的地点来赐予"姓"的称谓；与此不同的是，"胙之土而命之氏"，则是指依据分封的地点来命名"氏"的称谓（杜预《春秋经传集解》卷一）。简单地概括，这里显示的"姓"、"氏"称谓差别，不过是源自生地还是得自居地而已。司马迁记述说秦人先祖大费蒙"舜赐姓嬴氏"，"赐姓"而谓之曰"嬴氏"，这本身已经透露出"姓"与"氏"在本质上并没有什么不同，都是后生后得。

下面就让我们从秦国君主到底是姓嬴还是姓赵这一问题出发，来看"姓"与"氏"的关系。在《史记·秦本纪》的篇末，司马迁写有如下这样一段文字：

> 秦之先为嬴姓。其后分封，以国为姓，有徐氏、郯氏、莒氏、终黎氏、运奄氏、菟裘氏、将梁氏、黄氏、江氏、修鱼氏、白冥氏、蜚廉氏、秦氏。然秦以其先造父封赵城，为赵氏。

具体区分开来，狭义地讲，这里所说"以国为姓"，实际是指"以国为氏"，司马迁的说法，并不十分清楚（参据郑樵《通志》卷四《秦纪》）。据此，显而易见，《左传》记载的赐姓命氏制度，就其发生的次序而言，是先有"姓"，然后再从同姓之中析分出"氏"。具体就秦君之姓氏而言，则"嬴"为"因生以赐"之"姓"，"赵"为"胙土而命"之"氏"。

那么，按照太史公这一说法，是不是若从其"姓"就可以称之为"嬴政"，若从其"氏"就可以称之为"赵政"了呢？你要是说，反正他早就死了，我们想怎么叫就怎么叫，那就可以，可是假若考虑到当时的

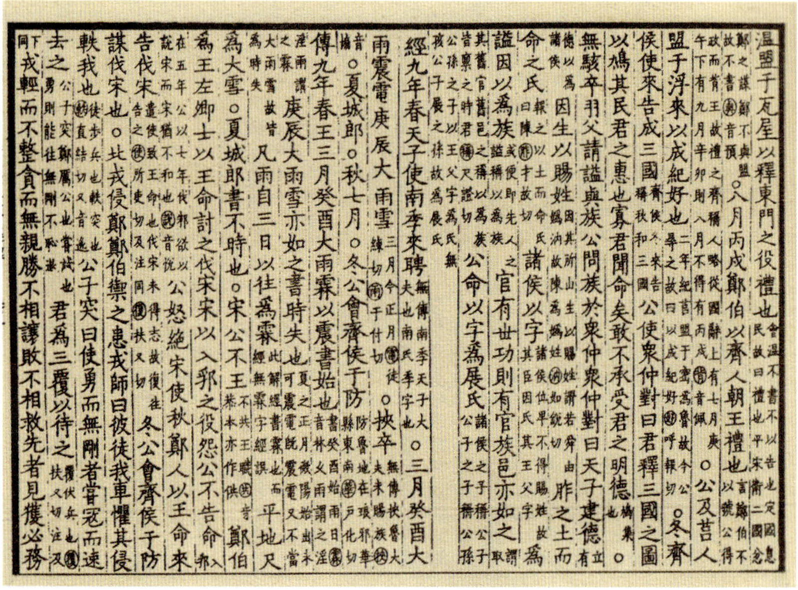
温盟于瓦屋以釋東門之役禮也
○八月丙戌鄭伯以齊人朝王禮也
○公及莒人
盟于浮來以成紀好也○冬齊
侯使來告成三國公使衆仲對曰君釋三國之圖
以鳩其民君之惠也寡君聞命矣敢不承受君之明德○
無駭卒羽父請謚與族公問族於衆仲衆仲對曰天子建德
因生以賜姓胙之土而
命之氏諸侯以字爲
謚因以爲族官有世功則有官族邑亦如之
公命以字爲展氏
經九年春天子使南季來聘○三月癸酉大
雨震電庚辰大雨雪○挾卒
○夏城郎○秋七月○冬公會齊侯于防
傳九年春王三月癸酉大雨霖以震書始也
庚辰大雨雪亦如之書時失也
凡雨自三日以往爲霖平地尺
爲大雪○夏城郎書不時也○宋公不王鄭伯
爲王左卿士以王命討之伐宋宋以入郛之役怨公不告命
公怒絶宋使秋鄭人以王命來
告伐宋冬公會齊侯于防
謀伐宋也○北戎侵鄭鄭伯禦之患戎師曰彼徒我車懼其侵
軼我也公子突曰使勇而無剛者嘗寇而速
去之君爲三覆以待之
戎輕而不整貪而無親勝不相讓敗不相救先者見獲必務

图42　《四部丛刊初编》影印宋刊本杜预《春秋经传集解》

规矩是怎样的，我们要是照规矩来说话，采用一个符合历史实际的说法，那么，恐怕只能称"氏"而不能称"姓"。

关于这一点，宋人郑樵早就有所论述，这就是前面引述的"三代之前，姓、氏分而为二，男子称氏，妇人称姓。氏所以别贵贱，贵者有氏，贱者有名无氏"云云那段话，继此之后，郑樵复举述具体例证说明云：

> 女生为姓，故姓之字多从女，如姬、姜、嬴、姒、妫、姞、姬、嫚、姶、妘、嫪之类是也；所以为妇人之称，如伯姬、季姬、孟姜、叔姜之类，并称姓也。奈何司马子长、刘知几谓周公为姬旦、文王为姬伯乎？三代之时，无此语也。（《通志》卷二五《氏族略》一）

请注意郑樵举述的例证里面就包括嬴姓。以后顾炎武、王国维辈复进一步详细阐释这一制度，基本上还是这么个说法。秦始皇当然是个男子汉，所以，若是依据所谓三代的礼制，自然不应有"嬴政"这样的称谓，称作"赵政"才合乎规矩。

需要说明的是，司马迁似乎并没有称周公为姬旦、文王为姬伯的说法，但他确实也没有清楚、概括地讲述过姓、氏的区别及其由来，造成这种局面的客观原因，应与郑樵所说"秦并六国，姓氏混而为一"的实际情况有关，故郑樵复谓之曰："自汉至唐，历世有其书而皆不能明姓氏。"（《通志》卷首《总序》）顾炎武对此，也有同样的说明，而表述的文句，更为清楚，即谓："自秦以后之人，以氏为姓，以姓称男，而周制亡，而族类乱。"（顾炎武《亭林文集》卷一《原姓》）

根据郑樵和顾炎武上述说法，自秦始皇一统天下时起，"姓"和

"氏"似乎已经混而为一，但我理解这也不等于想怎么叫就怎么叫，了解到"氏"是从"姓"中析分出来的符号标志，同时也了解到此前并不是家家都有"氏"名，我们也就很容易理解，在姓氏混一的大秦帝国，对于天下绝大多数人家而言，已经有"氏"的一定还是沿用旧有的"氏"，以"氏"为"姓"，而原本只有"姓"而没有"氏"的人家，就还是使用旧有的"姓"，只不过现在不管是男是女，一家人都用一个共同的"姓"而已，所混而同一者乃是"姓"与"氏"这两个符号的社会功用。

这样看来，秦始皇不称"嬴政"而称作"赵政"或是"赵正"，也就是沿用其既有的赵"氏"为"姓"，不就符合秦朝的实际情况了么？因为如前引司马迁语所云，"秦以其先造父封赵城，为赵氏"，《史记·秦本纪》对这一赵氏的来源，还有更为具体的记述，乃谓之曰：

> 造父以善御幸于周缪王，……西巡狩，乐而忘归。徐偃王作乱，造父为缪王御，长驱归周，一日千里以救乱。缪王以赵城封造父，造父族由此为赵氏。

按照"胙土命氏"的规则，这位造父的后代不姓赵又该姓什么？他们不是赵家人又能是谁家的人？所以顾炎武就以为《史记·秦始皇本纪》称秦始皇"姓赵氏"便是以这个"赵氏"为姓，这是司马迁将"姓"、"氏"二者混而为一的结果（顾炎武《日知录》卷二三"氏族"条）。其后清人洪亮吉更特地考述云："此秦氏赵所由来也。"（洪亮吉《晓读书斋杂录》之二录卷上）。日本学者泷川资言考辨的结论，也说"缪王以赵城封造父，造父族由此为赵氏"之事"是秦之所以氏赵"（泷川资言《史记会注考证》卷六《秦始皇本纪》)。

然而,实际的情况,并不这样简单,《史记》对秦始皇姓氏的记述,颇显扑朔迷离。前引司马迁语,谓嬴姓之后"以国为姓(氏)",具体的"国姓(氏)"则有"徐氏"以至"秦氏"共十三个"氏"(案据郑樵在《通志》卷四《秦纪》和卷二六《氏族略》中所做的考述,这十三个"氏",并不都是"以国为氏"),而所说"秦氏"之"秦"应该就是秦始皇身在的秦国,那么,为什么司马迁又会有"秦以其先造父封赵城"而"为赵氏"的说法,前言后语,岂不明显相互抵牾!

关于这种"以国为氏"以及与之连带的另一种"以邑为氏"的原则,郑樵具体解释说:"一曰以国为氏,二曰以邑为氏。天子诸侯建国,以国为氏,虞夏商周、鲁卫齐宋之类是也;卿大夫立邑,故以邑为氏,崔卢鲍晏、臧费柳杨之类是也"(《通志》卷二五《氏族略》一)。其实不惟"鲁卫齐宋"之国,"秦国"亦且如此;不惟"崔卢鲍晏、臧费柳杨"之邑,"秦邑"也是这样。

司马迁称"秦以其先造父封赵城"而"为赵氏",其实这个"赵氏"的得来本来就很勉强。按照《史记·秦本纪》和《史记·赵世家》的记载,秦始皇这一家族虽与造父同祖蜚廉,却是出自另一支系。他们这一支繁衍以至大骆、非子,才"以造父之宠,皆蒙赵城,姓赵氏",也就是说,并不是因为他们这一支居处于赵城,而是由于受封于赵城的造父深得周穆王(即《史记·秦本纪》所书"缪王")恩宠,才硬蹭将上去,强搭着以赵为氏。

但也就在非子之时,秦始皇的这位直系先祖,实际已经西居关中的犬丘,后又为周孝王牧马于汧、渭二水之间地带,因"马大蕃息",

图43 "秦公"镈与"秦公"钟甲铭文
（据中国国家博物馆、宝鸡青铜器博物院编著《守望家园》）

周孝王令其"邑之秦,使复续嬴氏祀,号曰秦嬴"。《史记·秦本纪》复记云秦嬴生秦侯,秦侯生公伯,公伯生秦仲。显而易见,这意味着秦嬴、秦侯、秦仲,都是以邑名之"秦"为氏,不再沿用得自"赵城"的"赵"氏,此即顾炎武所说"氏一再传而可变"者也。"秦嬴"这一名号,"氏"与"姓"并俱,其自身正很好地体现出"氏"与"姓"的关系。其后秦人至襄公被周平王册封为诸侯,始以秦名国,按照以国为氏的原则,仍然还要沿承"秦"这个氏名,这也就应该是司马迁所说"以国为姓(氏)"的那个"秦氏",郑樵即明确阐释说:"秦,氏也。"(《通志》卷二六《氏族略》二)其实春秋时期秦人对其君主以"秦公"相称的情况,即已清楚说明他们是以秦国这个国名作为家族之"氏"的。

顾炎武看待所谓"以国为氏"的问题,从表述的形式上看,与前引郑樵的说法似乎有所不同,乃谓之曰:

> 最贵者,国君,国君无氏,不称氏称国。践土之盟,其载书曰"晋重、鲁申、卫武、蔡甲午、郑捷、齐潘、宋王臣、莒期",荀偃之称"齐环"、卫太子之称"郑胜、晋午"是也。(顾炎武《亭林文集》卷一《原姓》)

这里所说"践土之盟"的"载书",是春秋时晋文公一次盟会的盟书,见载于《左传》定公四年。即使是按照顾炎武"国君无氏"而直接以"国"称之的提法并将其视作普遍的通则,秦始皇也同样没有理由一定要以"赵"为氏。

换句话来讲,也可以说司马迁谓"秦以其先造父封赵城,为赵氏"

这样的说法，是明显违逆当时通例的，恐怕不宜信以为真。其实顾炎武"国君无氏，不称氏称国"的说法，本来也应是承自郑樵，而郑樵就是在驳斥司马迁所称秦始皇以赵为氏的说法时，表述了相关的认识：

> 按司马迁云始皇姓赵氏，此不达姓氏之言也。凡诸侯无氏，以国爵为氏，其支庶无国爵则称公子，公子之子则称公孙。公孙之子无所称焉，然后以王父字为氏，或分邑者则以邑为氏，或言官者则以官为氏，凡为氏者不一。今秦氏自非子得邑，则以秦邑为氏；及襄公封国，则以秦国为氏。相传至于始皇，亦如商周相传至汤武，岂有子汤、姬发之称乎？……岂有秦国之君而以赵国为氏乎？汉魏以来，与此道异，（司马）迁汉人，但知汉事而已。（《通志》卷四《秦纪》）

两相对比，可知这里"凡诸侯无氏，以国爵为氏"云云的文句，应即顾炎武"国君无氏，不称氏称国"之说的来源。

至清人梁玉绳撰《史记志疑》，复沿承郑氏此说，论之曰：

> 案：此《（秦本）纪》前云"非子蒙赵城姓赵氏"，《始皇纪》云"姓赵氏"，此论又云秦为赵氏。夫后人追溯所出，秦、赵可以互称，若专言其姓氏，岂容混冒妄载。……秦不当氏赵。（梁玉绳《史记志疑》卷四至卷五）

简而言之，秦始皇这位天下第一个皇帝就是他们秦朝、秦家自己的人，不管是"赵政"还是"赵正"的写法，都与当时通行的常规有违，其间应当另有特殊的缘由。

郑樵尝以为后世"秦氏"当中有很大一部分人家，便是"自子婴降汉，秦之子孙，以国为氏焉"，而这遵循的，乃是"国亡则以国为氏"的通则（《通志》卷二六《氏族略》二）。如果是这样，那么，我们对"赵政"或是"赵正"这样的用法，也就愈加感到困惑难解了。——"赵政"或"赵正"这两个字看似简单，其实是把一个超乎寻常的非常特别的事项摆在了我们的面前，需要我们对它做出合理的解释。

从事学术研究的困难，首先就难在我们必须面对实际存在的问题，尤其是那些已经实实在在地呈现在我们面前的问题，而不是自我作古或自以为是地去师心臆造什么问题。

面对这一看似扑朔迷离的疑难问题，我们先要细心审看前人做过哪些解说。战国时人撰著的《世本》，称秦始皇"生于赵，故曰赵政"（《史记·秦始皇本纪》唐司马贞《索隐》引《世本》）。后来东汉后期人王符撰《潜夫论》，大概就是沿袭这种解释，谓秦始皇是因其"生于（赵地）邯郸，故曰赵政"（《潜夫论·志氏姓》），东汉末年人高诱，也说"（秦始皇）生于赵，故名赵政。"（《淮南子·人间训》高诱注）。可是，如上所述，在秦始皇之前，其父其祖，已经承袭了从居于"秦邑"时期起即获取的"秦"这一"氏"名，那么，为什么会出现这种因其出生于赵地就又轻易改用"赵氏"的情况呢？

清初著名学者阎若璩以为：

余尝问人，秦始皇何姓？或对曰嬴，或对曰姜，皆非也。此

> 出自《史记·始皇本纪》:"生于邯郸,姓赵氏。"盖秦犹近古,深得古者天子建德因生以赐姓之义,犹皇(德勇案:"皇"应正作"黄")帝以姬水成遂姓姬、舜生于姚墟遂姓姚是也。降至于汉,人皆识其为姓。陆贾曰:"秦任刑法不变,卒灭赵氏。"燕王旦曰:"尉佗入南(德勇案:此处脱一"夷"字),陈涉呼楚(德勇案:此处脱一"泽"字),近狎作乱,内外俱发,赵氏无炊火焉。"颜师古注:"无炊火,言绝祀也。"正指始皇之姓言。太史公遽谓"秦以其先造父封赵城为赵氏",岂其然哉!(阎若璩《潜邱札记》卷二)

我想,对于很多没有关注过相关问题的普通读者来说,阎若璩这话,骤然之间,可能不会看得十分明白,下面容我来稍微做些解说。

阎若璩在这里谈到的"秦始皇何姓",我理解是指与"氏"对言的狭义的"姓",如其所云"嬴"、"姜"之称,俱此类也,因而下文才会有"因生以赐姓"的阐释。在明了这一点的基础上,我们就会看到,阎氏这一认识的重要性,或者说这一看法的非同寻常之处,是他不知是有意还是无意,实际上是向我们推出了一个十分重大的问题:这就是"赵政"或"赵正"这一姓名中的"赵"字,其本义是"姓"而不是"氏"。

这样的说法,固然能够开释秦始皇何以违逆祖规不再以"秦"为"氏"的困扰,但不再姓"嬴"改而姓"赵",却给人们对古代姓氏制度的认识带来一个更大的冲击,即顾炎武所说历"千万年而不变"的"姓",怎么想变就变、说变就变了呢?还有,覆核《史记·秦始皇本纪》相关记载的原文是"生于邯郸。及生,名为政,姓赵氏",什么叫"姓

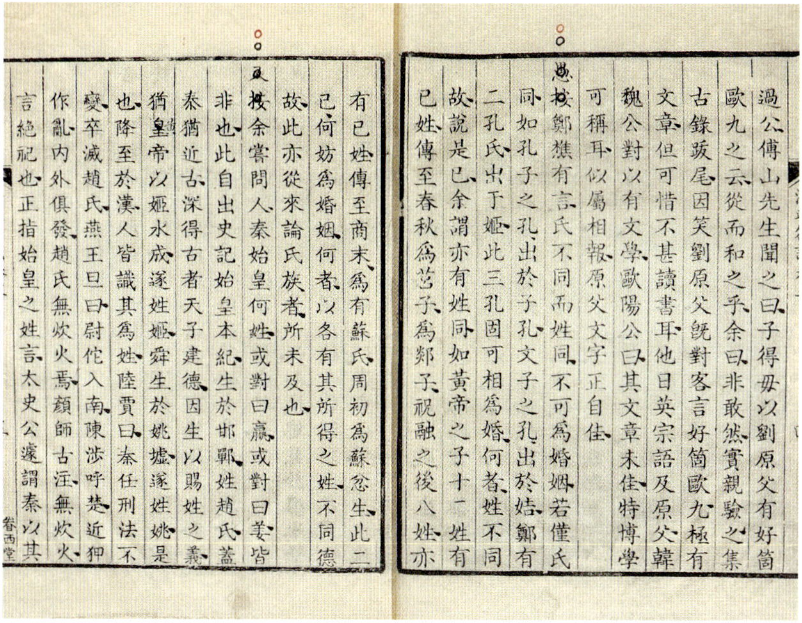
過公傳山先生聞之曰子得毋以劉原父有好箇
歐九之云從而和之乎余曰非敢然實親驗之集
古錄跋尾因笑劉原父既對客言好箇歐九極有
文章但可惜不甚讀書耳他日英宗語及原父韓
魏公對以有文學歐陽公曰其文章未佳特博學
可稱耳似屬相報原父文字正自佳
愚按鄭樵有言氏不同而姓同不可爲婚姻若僅氏
同如孔子之孔出於子孔文子之孔出於姞鄭有
二孔氏出于姬此三孔固可相爲婚何者姓不同
故說是已余謂亦有姓同如黃帝之子十二姓有
已姓傳至春秋爲莒子爲鄅子祝融之後八姓亦
有已姓傳至商末爲有蘇氏周初爲蘇忿生此二
已何妨爲婚姻何者以各有其所得之姓不同德
故此亦從來論氏族者所未及也
又按余嘗問人秦始皇何姓或對曰嬴或對曰姜皆
非也此自出史記始皇本紀生於邯鄲姓趙氏蓋
秦猶近古深得古者天子建德因生以賜姓之義
猶皇帝以姬水成遂姓姬舜生於姚墟遂姓姚是
也降至於漢人皆識其爲姓陸賈曰秦任刑法不
變卒滅趙氏燕王旦曰尉佗入南陳涉呼楚近狎
作亂内外俱發趙氏無炊火焉顔師古注無炊火
言絶祀也正指始皇之姓言太史公遽謂秦以其
眷西堂

图44　清乾隆眷西堂原刻本《潜邱札记》

赵氏",这"赵"到底是"姓"还是"氏"?

有常规,还有变例;既有一般的情况,也有特殊的状态。这种多面性和复杂性,给我们的认知带来很大挑战,而挑战这样的困难,恰恰就是历史研究的魅力所在。一个非常特殊的问题,就这样摆在了我们的面前,不管有没有直接和明确的史料。

特殊的史事既然已经出现,我们就应该努力关注,看看在它的背后存在什么特殊的原因。在历史文献当中,我们看到秦国的国君以"赵"字冠加于人名的前面,不只仅见于秦始皇,也是始见于秦始皇。这真就像司马相如所说的那样,"盖世必有非常之人,然后有非常之事"(《史记·司马相如传》)。在我们讨论的这件事上,这个"非常之人",就是秦始皇本人。

因为这个暴君太不一般了,想要啥就是啥,想干啥就干啥,不需要考虑人间的所有规矩,而是由着他来给别人定规矩。他凭空给自己创造了"皇帝"这个名号,他大笔一挥就废除了行之已久的谥法,他喜欢十月初一过大年,千千万万小民就得跟着过这个从来也没有人过过的年。后来看举国上下那些大臣小民都叫他折磨得没个人样,谁都不再像个人了,他又干脆创造了一个很特别的自称——"真人"。言外之意,似乎剩下的那些人就都是给他干活的牲口了(《史记·秦始皇本纪》)。不难想象,这样的"真人",再干出什么离奇的事情,就也都不足为怪了。

所以,阎若璩的解释,是合乎秦始皇的性格特征和行为方式的。秦始皇不仅说改就改了"千万年而不变"、按照常理也不能变的"嬴姓",还改变了天子给子民赐姓的老规矩,自己给自己换了个新姓。好在他自己就是天子,还可以说是在依循"天子建德,因生以赐姓"的老规矩。至于他是狼心狗肺缺德的畜生，还是深仁厚泽的积德之人，那就公道自在人心了。反正像李斯那样拍马屁的臣子说他"圣德广密，……被泽无疆"（《史记·秦始皇本纪》载会稽刻石铭文），"真人"这个称呼好像也对付着说得过去。

进一步探求秦始皇成为赵姓人的具体时间，按照一般的情理来推测，这只能发生在秦始皇二十六年一统天下之际，也就是在他自封为"皇帝"的时候；或者在这之后不久一段时间内。这也属于秦始皇开国建置的一项重要内容。至于为什么要这样做，则只能与他出生于赵国这一特殊历史因缘有关。

秦始皇这位千古一帝的出身，是颇有一些传奇色彩的。他生物学意义上的父亲，是韩国阳翟的富商大贾吕不韦。其生身之母，原本是吕不韦宠爱的美姬。秦始皇的社会学意义上的父亲秦公子子楚，曾被送到赵国做人质。在这期间，一次子楚与吕不韦在赵都邯郸喝酒。就像俗话所说的那样，"酒是色媒人"。几盏酒下肚，子楚不仅对这位美女产生了浓烈的爱意，非分之语，不禁脱口而出：请求吕不韦割爱相让。吕不韦为了将来获取更大的利益，恋恋不舍地献上了这位宠姬。商人吕不韦既爱美人，又更需要依附权势，心疼也没办法。

剧情发展至此，一直都很平淡，并没有什么激动人心的波澜，现在也谁都会编。不过真实的历史，总是远远超乎无聊文人的想象之外。狗血的是，吕不韦已经让这位美女怀有身孕。不管子楚看没看出来，在意不在意，反正吕不韦在席上不会说，而这位美女除了长得美艳动人并且舞姿婆娑之外，脑子也很够用，直到生下肚里的孩子，也没告诉子楚这是谁替他做好了这前期工作。——这个孩子，后来长大了，就成了人世间第一个皇帝：他就是秦始皇。

后来这孩子一即位成为秦王，便尊称吕不韦为"仲父"，用现在老百姓的话讲，也就是管吕不韦叫二大爷（《史记·吕不韦列传》）。没人说得清这是不是跟知道了这人才是他生物学意义上的亲爹有关。不过后来东汉的孝明皇帝直接把秦始皇称作"吕政"（《史记·秦始皇本纪》），揭人家前朝皇帝出身的疮疤，就太不厚道了，也有失堂堂天子的身份。

世上那些非凡的人，不仅会有非凡的出身，往往还会颇有一些非凡的经历，秦始皇也是这样。秦昭王五十年，就在这个小孩刚生下来还不满三年的时候，他社会学意义上的爷爷派大将王龁兵围邯郸，危城之中的赵人，想要痛下杀手，杀掉秦国的人质子楚。又是吕不韦，花钱帮他买了条生路，逃脱出去，跑到了围城的秦军那里。可跑得了和尚跑不了庙，老婆孩子实在顾不上了，只好扔在了邯郸城中。史称"赵欲杀子楚妻子。子楚夫人，赵豪家女也，得匿，以故母子竟得活"。这母子俩重又公开身份，来到秦国，已经是六年以后的事情了（《史记·吕不韦列传》）。

好了，讲这个故事，是想让大家知道，这六年时间，秦始皇这个没爹的孩子总得有个身份吧？因为赵国当政的要杀他，可想而知，他必须另换个假身份，而他的妈妈既然是"赵豪家女"，所以最有可能的做法，便是以和这个"赵豪家女"同属一家人的身份，留在这个家里。那么，这位未来的秦始皇帝会用什么姓氏呢？最有可能的，便是用一个和他妈"赵豪家女"一样的姓氏，而这个"豪家"，也许就是与赵国国君同一家族的"赵氏人家"的人。

这并没有什么具体的根据，只是一种推想，甚至可以说是一种猜想。史阙有间,还能怎么做呢?秦始皇后来采用的"赵姓",严重违逆当时通行的用法,理应有一个特殊的缘由,所以我不能不这样想;就是想得多了一些,也只能这样想。我推想,正是基于出生于赵国并且还在少年时代匿身于赵国甚至赵氏人家的特殊经历,才致使当上始皇帝的他,把自己的"姓",改成了"赵"。如前所述,《史记·秦始皇本纪》的写法,是说他"生于邯郸。及生,名为政,姓赵氏",这很容易给人一种他一生下来就"姓"了"赵"的印象,但所谓"胙土命氏"是得把这块土地封给他,而不是你生在这儿这地儿就算你的了。赵国也不是美国,不管是谁,生到了那儿就可以算作那个国度的人。秦国秦氏公子的儿子,怎么能一生下来就成了他"赵家"的人啦?这是绝对不可能的,社会上没这个规矩。

人岁数一大(这是说我自己),经历的事情越来越多,常常会觉得冥冥之中,好像是有某种定数在似的。横扫六合的这位始皇帝本来并不姓赵,可他非把自己改成了赵家人。孰知很久很久以后在天水一朝才开始流行的《百家姓》,竟然就是把他们赵家排在了天下第一人家的位置上。秦朝末年,穷小子陈胜、吴广不服气,揭竿而起想要打天下,说什么"帝王将相宁有种乎",你看赵家人就是赵家人,还真不是谁家人都有那个龙种的,天下就是人家的天下,你不服也不行。古人讲究"天人合一",现在中国有一个名称听着有些别扭的大学,叫作"中国社会科学院大学",其校歌里有一句词儿,也是这么唱的:"跨越未来世界的巅峰,天人合一是人文的力量。"明白了吧,古今一贯的,这是定数。

话讲得实在有些凌乱,现在我来归纳一下自己的看法:在秦始皇二十六年一统天下之前,秦国君主这家人的姓氏,是"嬴姓","秦氏"

（更早在秦嬴之前，"姓"当然还是"嬴姓"，却强赖着勉强用了一段时间"赵氏"）；大致从秦始皇二十六年时起，"姓"改成了"赵姓"，"氏"则还是秦氏。看起来好像是转了一圈之后又重归于"赵"，但此"赵"非彼"赵"，是"姓"不是"氏"。

由此看来，前人称秦始皇为"嬴政"，是因为不了解相关姓氏演变实况而行用的一种错误说法。核实而论，若从其姓，可称作"赵政"或是"赵正"；若从其氏，则亦可称作"秦政"或"秦正"（《汉书·贾山传》所载贾山在汉文帝时进上的那篇《至言》，就是名始皇曰"秦政"，作"秦正"者如《毛诗正义》卷首唐孔颖达序）；甚至还可以像汉明帝一样，从其生物学意义之实而呼作"吕政"。不过，我们研究历史，不是要回到历史中去生活，弄清楚历史是怎么回事儿也就行了，不必那么较真儿复古；况且错误的历史，也是既成的事实，故不妨从便就宜，将错就错继续胡乱叫。"嬴政"，懂的人更多，人们也更习惯。

前面论述过程中引述的郑樵、顾炎武的研究结论已经向我们表明，中国古代的姓氏制度，正是在秦朝开始发生巨大变化，即所谓"秦并六国，姓氏混而为一"。若是按照我在上文提出的看法，这个划时代的转折的形成，或许与秦始皇不顾旧制给自己赐姓改姓具有一定的关联，秦始皇此举甚至可能在这一转折过程中产生过至关重要的影响。历史的发展，就是这样诡异。一方面，秦始皇援依古制，"因生以赐姓"；另一方面，他又悍然毁弃了"姓千万年而不变"的传统。仅仅这么个胡乱弄法，所谓"姓氏混而为一"，恐怕也就是必然的发展结果了。

当然，每一项重大的社会变化，都不会是偶然发生的，一定还要有更为深刻的渊源。我认为，周孝王令非子"号曰秦嬴"以使其"复

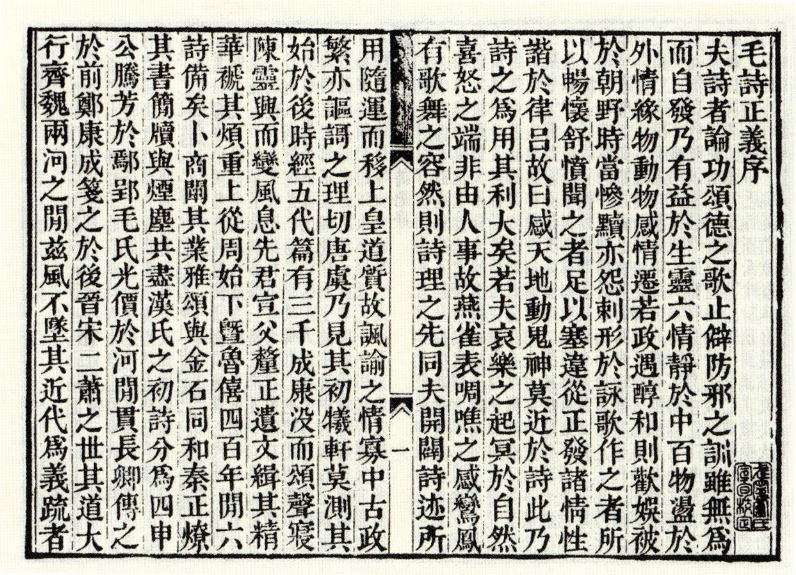

《毛詩正義》序

> 夫詩者論功頌德之歌止辟防邪之訓雖無為
> 而自發乃有益於生靈六情靜於中百物盪於
> 外情緣物動物感情遷撙若政遇醇和則歡娛被
> 於朝野時當慘黷亦怨刺形於詠歌作之者所
> 以暢懷舒憤聞之者足以塞違從正發諸情性
> 諧於律呂故曰感天地動鬼神莫近於詩此乃
> 詩之為用其利大矣若夫哀樂之起冥於自然
> 喜怒之端非由人事故燕雀表噰噰之感鸞鳳
> 有歌舞之容然則詩理之先同夫開闢詩迹所
> 用隨運而移上皇道質故諷諭之情寢中古政
> 繁亦謳詞之理切唐虞乃見其初羲軒莫測其
> 始於後時經五代篇有三千成康沒而頌聲寢
> 陳靈興而變風息先君宣父釐正遺文緝其精
> 華秕其煩重上從周始下暨魯僖四百年間六
> 詩備矣卜商闡其業雅頌與金石同和秦正燎
> 其書簡牘與煙塵共盡漢氏之初詩分為四申
> 公騰芳於鄢郢毛氏光價於河間貫長卿傳之
> 於前鄭康成箋之於後晉宋二蕭之世其道大
> 行齊魏兩河之閒茲風不墜其近代為義疏者

图45 艺文印书馆影印阮刻《十三经注疏》本《毛诗正义》

续嬴氏祀"的时候,就已经显现出"姓氏混而为一"的必然性。因为此时"姓"还就是"姓","氏"仍就是"氏",这里所说的"嬴氏"实际上指的应该是"嬴姓",非子此前所冒用的"赵氏"本与其出自"嬴姓"这一点并行不悖,何须一定要改而以"秦"为"氏"才又得以承续"嬴姓"家之祀?这可以看作是"氏"重而"姓"轻、"氏"实而"姓"虚、"氏"显而"姓"隐的一种体现。顾炎武云"自战国以下之人,以氏为姓"(顾炎武《日知录》卷二三"姓"条),其进一步演化的结果,必然是"姓"趋同于"氏"。这一演化历程的转折性拐点,即郑樵所说"秦灭六国,诸侯子孙皆为民庶,故或以国、或以姓为氏"(《通志》卷二七《氏族略》三)。所谓"姓氏混而为一",更准确地说,应该是"姓"同一于"氏"。

在这一总体背景下看秦始皇改"嬴姓"为"赵姓"这一举措的实际影响,在很大程度上也就等同于改"秦氏"为"赵氏"了,但这只是姓氏制度演变总体趋势下所呈现的客观结果,而不是其发生的缘由。逮秦朝灭亡之后,皇家的"赵姓",以姓为氏,在表面形式上,与源出于赵城的"赵氏",完全相同;与此同时,另一部分旁支族人,沿承旧规,仍是以国为氏的"秦氏"(附案秦桧或即源出于此,若然,则千年之前与赵家本是一家子人)。其实姓氏制度转变所造成的这样的结果,到汉代仍有残留,即汉家天子固然是刘氏,可是汉亡之后,亦别有"子孙或以国为氏",存其古道,成为"汉氏"(《通志》卷二六《氏族略》二)。

如此看待秦始皇改姓为"赵"这一史事,会有助于我们更加顺畅地理解一些相关的令人费解的现象。

其实前面引述的阎若璩的看法,已经述及这一问题。这主要就是像西汉初年人陆贾称"秦任刑法不变,卒灭赵氏"(语出《史记·郦生陆贾列传》），还有汉昭帝时燕王旦所说"尉佗入南夷，陈涉呼楚泽，近狎作乱,内外俱发,赵氏无炊火焉"（语出《汉书·武五子传》），他们二人以"赵"称秦，孙吴韦昭以秦人曾行用"赵氏"来做说明（《史记·郦生陆贾列传》唐司马贞《索隐》），清人梁玉绳则以"秦、赵同祖，后人或可互称"作解（梁玉绳《史记志疑》卷四），其实更早的时候，唐人司马贞已经见到有同样的说法（《史记·秦始皇本纪》司马贞《索隐》）。可是对于汉人来说，"秦氏"近在眼前而他们行用的"赵氏"已去其甚远，舍近趋远，很不合情理；梁氏则并没有能够举述其他氏族也有这种同祖互称的事例，似亦难以取信于人。比较而言，还是阎若璩以秦始皇的"赵姓"来解释，更为合理，即"降至于汉，人皆识其为姓"，所以才会出现这样的说法；也正因为如此，西汉前期成书的这篇《赵正书》，才会把"赵"字冠于秦始皇的名字之前。若是仔细读书，我们还可以看到，本来南朝刘宋时人裴骃早就阐释说"赵氏，秦姓也"（《史记·郦生陆贾列传》裴骃《集解》）。

  话说到这里，要是想在历史上找个人出来为史籍中对姓氏制度认识的混乱负责的话，那么，太史公司马迁可能是难逃其咎的。因为"姓氏混而为一"的重大转变发生在秦代，到了司马迁生活的西汉中期，其旧有的状况，已经模糊不清，所以《史记》中相关的记载，对"姓"和"氏"的表述，往往会有一些混乱和错讹。顾炎武谓"姓、氏之称自太史公始混而为一"（顾炎武《日知录》卷二三"氏族"条），这还可以说是一种客观的陈述，而郑樵却对《史记》这一缺憾不止一次地提出了严厉的批评，甚至径以"司马迁不通姓氏学"斥之（《通志》卷四《秦纪》），实亦良有由也。

三、以我为标杆儿，向我看齐

解析了《赵正书》篇名中这一"赵"字的由来，现在我们再来看秦始皇到底是该名"正"还是名"政"。

秦始皇的姓名，在传世文献中最早、最正式的记载，就是《史记·秦始皇本纪》下面这段内容：

> 秦始皇帝者，……以秦昭王四十八年正月生于邯郸。及生，名为政，姓赵氏。

另外在《史记·秦本纪》也记述说："庄襄王卒，子政立，是为秦始皇帝。"但看这些记载，在秦这个"姓"与"氏"合二为一的转折年代，若是不考虑上文所说"姓"与"氏"的差别，用后世通俗的说法来讲，秦始皇姓赵名政，本来应该是毫无疑义的。

《赵正书》的出世，让许多非专业人士以及很大一部分从未关注过秦始皇姓名的中国古代史甚至秦汉史从业人员感到愕然的是：这狗东西到底叫个啥名？竹书的整理者，只是照样转述了《史记》的古注，并简单陈述说："'秦王赵正'即秦始皇。"没有对这一问题做出更加具体、更加清楚的说明。其实，秦始皇的名，和他的姓氏一样，也是一个需要花费一些气力才能梳理清楚的事情。

关于秦始皇，《史记》当然是最系统的记载，同时也是最权威的记载，我们现在所看到的颇显混乱的局面，在很大程度上，也是因《史记》而生。

所以，下面还是从《史记·秦始皇本纪》以及《史记·秦本纪》的文本说起，而帮助我们了解《史记·秦始皇本纪》和《史记·秦本纪》文本的最佳途径，便是今本《史记·秦始皇本纪》在"名为政，姓赵氏"句下的被后世称作"三家注"的三种古注：

【集解】徐广曰："一作'正'。宋忠云：'以正月旦日生，故名正。'"

【索隐】《系本》作"政"，又生于赵，故曰赵政。一曰秦与赵同祖，以赵城为荣，故姓赵氏。

【正义】正音政，"周正建子"之"正"也。始皇以正月旦生于赵，因为政，后以始皇讳，故音征。

上面提到的《系本》，原名叫《世本》，是战国时期撰著的一部史书（唐刘知几《史通》外篇之《古今正史》谓其书乃楚汉之际好事者所编录），主要内容是载录帝王卿大夫的世系，宋忠（或亦书作"宋衷"）是汉魏之际的学者，给《世本》做过注释，他的注本，在魏晋以后，通行于世。秦始皇的名叫"正"还是叫"政"的混乱，《世本》的文本在这当中起到了很大的作用。

古时"正"、"政"两字通用。现在"正"这个语义的字，古人可以写成"政"；反过来，"政"这个语义的字，也可以写作"正"。但这并不是说作为一个人的名字，你怎么写都一样。作为特殊的专名，毕竟还有一个正式的写法，或者说是本来的写法。

我们看《史记·秦始皇本纪》的原文，说秦始皇"以秦昭王

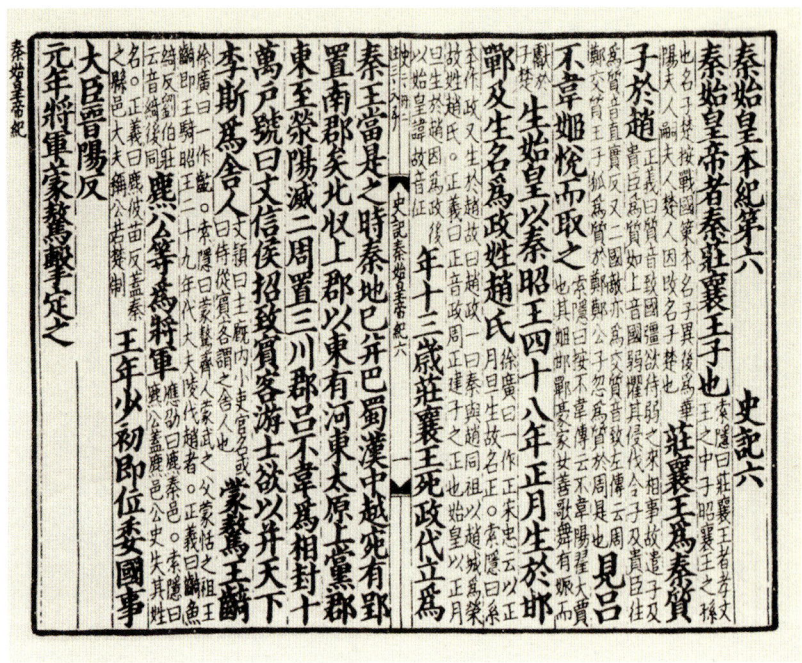

图46　百衲本《二十四史》影印南宋建安黄善夫书坊合刻三家注本《史记》

四十八年正月生于邯郸。及生，名为政，姓赵氏"，上下通读，其"四十八年正月生于邯郸"与"及生，名为政"这上下文句之间，应当是有紧密关联的，也就是说，秦始皇的出生时间，是他爹给他命名的缘由，这就像《左传》记载郑庄公因"寤生，惊（其母）姜氏，故名曰寤生"一样（《左传》隐公元年）。"正月"从来没有写作"政月"的，因而秦始皇的名也只应写作"正"，而没有写成"政"字的道理。

但"正"、"政"二字既然相通互用，在写本时代，书籍靠手写传钞而存世，而流通、传钞过程之中，就很自然地会出现按照自己的书写习惯用通用字替代的情况。

上引《史记》古注中的"集解"，是指南朝刘宋裴骃撰著的《史记集解》，而《集解》引述的"徐广曰"云云文字，出自徐广的《史记音义》。这个"徐广"与裴骃同属南朝刘宋，而他生年较裴骃要略早一些。徐广撰著《史记音义》，是在"研核众本"的基础上，"具列异同，兼述训解"（《史记》卷末附裴骃《史记集解序》）。因此，我理解，他说"（政）一作'正'"，即"具列异同"，也就是列举他所看到的另一种《史记》的写本，是把"名为政"写作"名为正"；而"宋忠云'以正月旦日生，故名正'"这句话，是徐广在"兼述训解"，也就是解释所见别本《史记》的文字（案今中华书局点校本《史记》是把"宋忠云'以正月旦日生，故名正'"这句话视作裴骃的训解，与敝人理解不同），而他引述的宋忠的话，便是宋忠对《世本》的注释。

显而易见，这个《世本》的宋忠注本，是把秦始皇的姓名写作"赵正"（即使不是这样，至少宋忠认为应当以"正"字为是），而这种写法，与当时流通的某一种《史记》写本完全一致，而与现在通行的三家注本《史记》不同。

读《史记》"三家注",特别是解读《史记》"三家注",我们需要首先明确,这"三家注"之间,是一个前后相继的递进关系,即唐朝人司马贞撰著的《史记索隐》(即引文中"索隐"),在注释《史记》本文的同时,尚兼释《史记集解》,而另一位唐朝人张守节撰著的《史记正义》,则在注释《史记》本文的同时,尚兼释《史记集解》和《史记索隐》。换句话说,某一处文字,在同时具备"三家注"的时候,若无特别的说明,他们所依傍的《史记》本文,在这一处的文字,应该是一致的。这是我们在读解上述"三家注"的时候,应该具备的一个基本前提。

在这一前提下,我们可以看到,《史记集解》注明徐广曰"一作'正'"的异文,就说明《集解》本所依据的《史记》本文,是书作"政"字,所以才会依据徐广的《史记音义》列出"正"这一异文。《史记索隐》注出"《系本》作'政',又生于赵,故曰赵政",是针对《史记集解》引述徐广《史记音义》提到的宋忠注本《世本》,说明他所看到的《世本》与徐广看到的宋忠注本不同,这个字与《史记》本文相同,是写作"政",而不是"正"。《史记正义》所说"正音政,'周正建子'之'正'也。始皇以正月旦生于赵,因为政,后以始皇讳,故音征",是针对《史记》别本和宋忠注本《世本》所书的"正"字,为其注音释义,实际是在订正《史记》本文的讹误,指出应以作"正"者为是。

不过今本《史记》的"三家注",原来都不是附在《史记》全书中的,而是只摘录所注释的本文,对其做出注释,在被后人附入《史记》书中时,都有不同程度的改变,其中尤以《史记正义》变动最大,略去很大一部分内容。通读上下文义,《史记正义》这处原文,其"因为政"三字，理应书作"因为正"，不然的话，就逻辑就不通，不成人话了。现在写成"政"字，应是刻书的书商没有看懂其文义，为与《史记》本文统一而随意做出的更改。

张守节在《史记正义》里讲的道理，就是我在前面谈到的始皇之名与其出生月份之间的对应关系。不过《史记正义》在给"正"字注音时谈到的"后以始皇讳，故音征"，这个说法并不准确。前人对此或认可，或不认可，有过种种说法，由于多牵涉到当时汉语的声调问题，往往不易述说清楚，其中陈垣先生据清人梁玉绳之说而发挥之，所说最为明晰：

> "正"本有"征"音。《诗·齐风》"猗嗟名兮，美目清兮，终日射侯，不出正兮"，《释文》："正，音征。"《小雅·节南山》"正"与"平"、"宁"为韵，《大雅·云汉》"正"与"星"、"赢"为韵。其非为秦讳明矣。（陈垣《史讳举例》卷一《避讳改音例》。案梁玉绳说见所著《史记志疑》卷四）

此说简明扼要，可以视作确切的结论。

《史记正义》所说的"周正建子"，是用地支纪月法来表示周人用历一年启始于子月，也就是以子月为岁首。

地支纪月法也可以称之为十二支纪月法。这种纪月法，用现代的天文术语讲，是把"地平圈"十二等分，用十二支给每一个刻度定名，再把"初昏"也就是天刚刚黑的时候北斗柄指向哪一个刻度，定为某月：如斗柄指向地平圈的子位，就是子月；指向午位，就称午月。当然，所谓斗柄指向的变化，是由于地球公转过程中所处的位置而造成的视觉差异，这一点大家都能够明白。

所谓"地平圈"，是指天球的地平面（通过天球中心并与铅垂线相垂直的平面）与天球相交而形成的一个大圆。这个概念，很多文科生可能不大容易理解，那你就简单地把地面理解成一个平面（当然文科生也知道地球实际上圆的，而圆球的表面肯定不会是平面而是球面），再把它想象成面板上一块被擀面杖擀平的面，地平圈就是像上海人用小碗小碟子卡饺子皮儿似地给这个平面卡出的一道圆圈。

费这么大劲儿讲这个概念干啥？若不继续深究其他问题，似乎不讲也行，因为从表面上看，它只是帮助我们更准确地认识东南西北这些方位。东南西北谁还不知道，还有什么准确不准确可言？我想很多人都知道，中国古代有一种颇为流行的空间观念，是"天圆地方"，但东南西北这些方位，并不是对四方块儿大地的区分。想想360°的方位划分就能明白，东南西北不过是其中0°、90°、180°和270°这四个特殊的刻度而已。也就是说，这种方位术语，实际上是表示圆周的刻度。这样，我们就需要"地平圈"这个表示"圆圈儿"的概念了。尽管它是假想的，却适合我们对方位认识的需要。

这个"地平圈"十二支刻度与东南西北这些方位的对应关系，可图示如右：看了这个图，现在我可以告诉大家引入"地平圈"这个概念更深一层的意义了，它可以帮助我们把月份和天球黄道上的十二辰联系到一起，因为十二辰也

是用十二地支来表示的,其与东南西北各方位的对应关系,与"地平圈"的十二支刻度是完全一致的。这可以让我们更加清楚、准确地认知十二支纪月法实质上是与太阳"视运动"周期(也就是地球的绕日周期)固定联系在一起的,因而是与体现太阳视运动位置的节气、中气相联结的,从而也就能够更加清晰地理解秦始皇取名为"正"的涵义。

斗柄方向与时令关系表

月建	子	丑	寅	卯	辰	巳	午	未	申	酉	戌	亥
中气	冬至	大寒	雨水	春分	谷雨	小满	夏至	大暑	处暑	秋分	霜降	小雪
斗柄	下	下右	右下	右	右上	上右	上	上左	左上	左	左下	下左
表针	6	5	4	3	2	1	12	11	10	9	8	7

由"初昏"时分斗柄所指地平圈十二支刻度来确定月名这种方式,古称"斗建"。上古时期不同时代或同一时代不同地域的政权所认定的岁首,其所在月份往往不同。这种区别,通常就是用"斗建"来表示的。例如,若将冬至所在之月的子月("初昏"斗柄正北向,指向地平圈的子位)作为一岁之首,逐月推延直至亥月亦即十二月为岁终,这就是所谓建子为正,称作"子正"。依据"斗建"的不同来确定岁首所在的月份,统称"建正"。"建正"的不同,意味着岁首所在月份的不同,这实质上也就是每一年开始时地球公转所处位置的差异,而这种差异,会造成四季与月份对应关系的不同。

传统历史文献记载,夏、商、周三代的岁首,即各自不同。《史记·历书》记云:"夏正以正月,殷正以十二月,周正以十一月。盖三王之正若循环,穷则反本。"这是用夏正的月序来讲述夏、商、周三代"建正"

的不同,亦即所谓"三正"。对此需要再稍加说明的是,《史记·历书》讲夏人是以"建寅"之月为正月（又称"寅正"）,商人是以"建丑"之月为正月（又称"丑正",此月为所谓夏历的十二月）,周人是以"建子"之月为正月（又称"子正",此月为所谓夏历的十一月）。

夏商周时期所谓"三正"与四季诸月对应关系表

	寅	卯	辰	巳	午	未	申	酉	戌	亥	子	丑
夏历	正	二	三	四	五	六	七	八	九	十	十一	十二
殷历	二	三	四	五	六	七	八	九	十	十一	十二	正
周历	三	四	五	六	七	八	九	十	十一	十二	正	二

古人迷信阴阳五行和帝王嬗代之间存在着神秘的对应关系（这也是我前面提到的所谓"天人合一"的主要内容）,按照上述"三正论"者对"周正建子、殷正建丑、夏正建寅"的解释,夏、商、周三代递相更迭,各自使用了不同的历法,而这显示出新王朝需要"改正朔"以示"受命于天"。秦始皇受此"三正论"影响,自以为秦乃继周而兴,故以"建亥"之月亦即所谓夏历的十月为岁首（即较周人以夏历十一月为岁首再依次后退一月）,以示新膺天命,除旧布新。惟秦人改"建正"而不改月序,仍然承用夏正的月序,所谓"夏正"的正月就是大秦的正月,"夏正"的十月仍是大秦的十月,并没有把十月改为正月。

汉初承用秦制,也以十月为岁首。直到汉代武帝太初改历之后,才以正月为岁首。此后两千余年,除了王莽和魏明帝（曹叡）时用殷正（建丑）,武则天和唐肃宗李亨一度用过周正（建子）之外,都用所谓夏正建寅,并以此正月作为岁首。王朝更替,岁月绵延,延续至今,这种历法仍有"夏历"之称,实际只是取义于建寅为正之"夏",并不真的是所谓大禹开国的那个夏朝行用过的历法。

又现代学者的研究表明,这种夏、商、周三代"建正"递相更易的说法,并不符合历史实际。有人认为,所谓周历、殷历、夏历,不过是春秋战国时代各诸侯国使用的子正、丑正、寅正的代称罢了。

讲清楚这些基本的古代历法知识,我们才能清晰准确地理解张守节所说"'周正建子'之'正'也"这句话的涵义。这句话的意思,是说秦始皇取名的这个"正"字,就是"建正"的"正",这也就是"正月"的"正"。

然而,恰恰就是这个"正月",我们看到,司马迁撰著《史记》,在《秦楚之际月表》中,却是在秦二世二年这份"月表"中第一次出现正月时把它写作"端月",唐人司马贞在《史记索隐》中对这一写法解释说:

> 二世二年正月也。秦讳"正",故云"端月"也。

针对这一重要史实,清人梁玉绳进一步清楚阐释说:

> 始皇以正月生,遂以"正"名之,惟其名"正",是以改"正月"为"端月"。

结论:是"则知《史记》古本是'正'字"(梁玉绳《史记志疑》卷四)。

其实早于梁玉绳,宋人王楙即已从当时秦人的言语和文字中,找到其他改"正"为"端"的事例,以证成司马贞的看法:

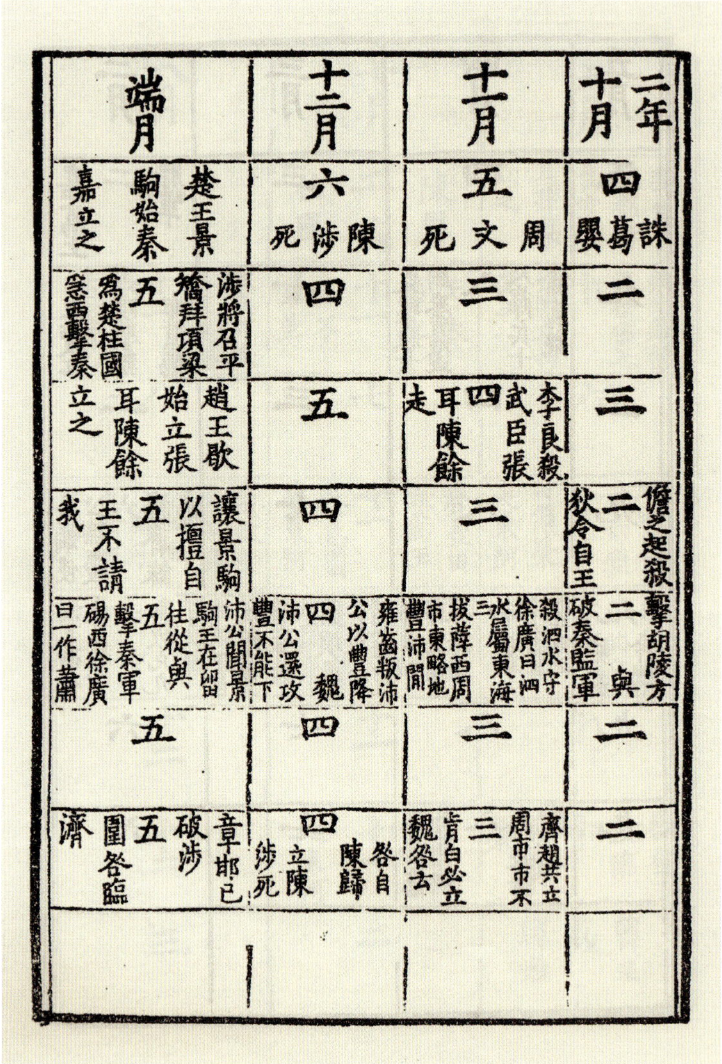

端月	十二月	十一月	二年十月
楚王景駒始，秦嘉立之	六 陳涉死	五 周文死	四 誅葛嬰
涉將召平矯拜項梁為楚柱國 五 急西擊秦	四	三	二
趙王歇始立，張耳、陳餘立之	五	李良殺武臣，張耳、陳餘走 四	三
讓景駒以擅自王不請我 五	四	三	儋之起，殺狄令，自王 二
沛公聞景駒王在留，往從與擊秦軍碭西 徐廣曰一作蕭 五	雍齒叛沛公，以豐降魏 四 沛公還攻豐，不能下	殺泗水守 徐廣曰泗水屬東海 三 拔薛，西，周市東略地豐沛閒	擊胡陵、方與，破秦監軍 二
五	四	三	二
章邯已破涉 五 圍咎臨濟	咎自陳歸，立 四 陳涉死	齊趙共立周市，市不肯，曰必立魏咎 三 去	二

图47　凤凰出版社影印宋刊十四行本单附《集解》之《史记》

卢生曰"不敢端言其过"（德勇案：语见《史记·秦始皇本纪》），秦颂曰"端平法度"，曰"端直厚忠"（德勇案：文见《史记·秦始皇本纪》载琅邪刻石铭文，惟据今本《史记》，"端直厚忠"系书作"端直敦忠"），皆避"正"字也。（宋王楙《野客丛书》卷九"古人避讳"条）

梁玉绳后来也注意到了这些事例，并一一举述，用以证成"始皇名'正'，秦人讳之，故改'正月'为'端月'"（《史记志疑》卷一〇）。

除此之外，梁玉绳还举述了其他一些证据，来证明这一点：

高诱《吕氏春秋》序作"正"字，孔仲达（德勇案："仲达"为孔颖达字）《毛诗序》作"秦正"，《公羊》哀十四年疏云"始皇名正"，《谷梁序》疏云"秦正起而书记亡"，庶几不误。（《史记志疑》卷四）

其实，在这方面，还有其他一些例证，如《战国策》高诱注，不止一次提到"始皇赵正"或"秦王名正"（《战国策·秦策四》）。

特别需要指出的是，唐徐彦《公羊注疏》卷二八哀公十三年下引纬书《春秋说》，不仅也有"秦正起"的说法，同时徐氏还就此做出清楚说明云："《秦本纪》云'始皇名正'。"这就可以更加确凿无疑地证明了梁玉绳"《史记》古本是'正'字'"这一判断。

那么，为什么传世《史记》的主流文本以及其他一些著述会把这个"正"字写成了"政"？当然造成这一局面的首要前提，是"正"、"政"两字古时本可相通互用。其次是裴骃撰著《史记集解》时，选择和依据的版本，被此书钞录者以"政"通"正"，随意做了改写。进一

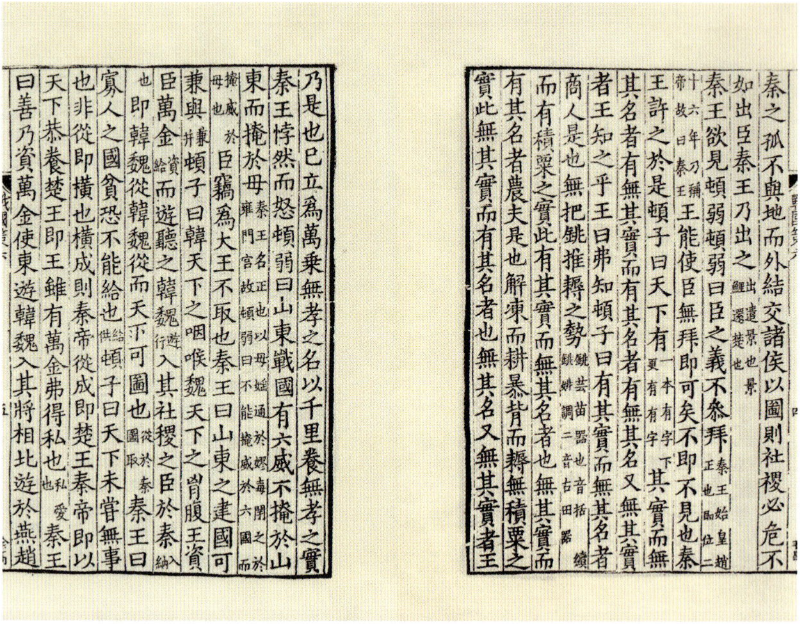

图48 《中华再造善本》丛书影印宋绍兴刻本《战国策》

步使这种文本趋于凝固的,是唐人司马贞撰著《史记索隐》引述当时所见的《世本》,为裴骃选择的文本找到了文献的依据。但司马贞的《索隐》,在唐代并没有附入《史记》本文流通,至宋代刻本流行,始附太史公书并传,所以,宋代以后就对社会产生了普遍和近乎绝对的影响,读《史记》者就再也见不到"赵正"这个名字。

《赵正书》虽然是一篇小说,但以史说事儿正是小说固有的特点,说事儿虽然很随意,却也没必要非改人名不可,用史上真实的姓名,会更加方便,也会使所说的事儿更像回事儿。所以,作者在这篇小说里就采用了秦始皇的本名。《赵正书》的发现,不仅促使我们在前人研究的基础上进一步深入探讨秦始皇的姓名问题,若是反过来看,这部西汉时期的写本,也可以帮助我们进一步认定秦始皇的名字的正确写法,确实是"正"而不是"政"。

明确了秦始皇的大名是个"正"字,我们就可以"说文解字",看看这个名字到底寓有什么样的语义。

前面已经谈到,按照《史记·秦始皇本纪》的文义和唐人张守节的理解,"赵正"的"正"字是取自这家伙的出生时间是在正月,因此,我们就应该从"正月"之"正"的涵义来认识秦始皇这个大名当中到底是蕴涵着怎样的旨意。

这话让我们从很多人都很熟悉的《春秋》开篇的话谈起。《春秋》纪事,起始于鲁隐公元年,起首的句子很简单,但云:

元年春,王正月。

《左传》对这个"王正月"做了个很实在的解释:"元年春,王周正月。"西晋讲《左传》的杜预,又进一步解释说:"隐公之始年,周王之正月也。凡人君即位,欲其体元以居正,故不言一年一月也。"(杜预《春秋经传集解》卷一)

杜预在这里讲的"元",本来就是脑袋的意思,稍加引申就是抽象的魁首,通俗地讲,就是"老大"。"正"的本义是不偏不倚的正中央,也就是现在网络语言通行的 C 位,稍加引申就是标准,就是样板,用现在大家更容易听得懂的市井语汇来表述,则可称之为"标杆儿"。串起来讲,按照杜预的意思,《春秋》一开篇讲的这句话,是要讲明天下万民都要奉君王为老大,一切言行举止也都要以他为标杆。讲《春秋》的公羊家和后世经学家,对此做了很多玄而又玄的发挥,竟把这么简单的文句,抽象成像外星人讲的话似的。不过经学是"专家"之学,古今经学家的话都是这么一种特别的说法,他们有一整套自说自话的话语体系,我们读书治史,只能看到什么说什么,那些言而无征想着说的话,大家别拿它太当回事儿就是了。

"老大"和"标杆儿"这两个词儿,虽然学者听着没有什么层次,可它在社会组织和社会活动当中的意义却非同小可。从这一角度看,人和猴子比,并没有体现出多少进化的优势,身当"老大",手握"标杆",实际上也就是猴王才能享有的给群猴儿定规矩的特权。这么一讲,大家就能够明白了,这个"正"字,所关甚大,谁掌握了它,实在是一件大得不得了的大事。

"正"字这一重"标杆儿"的涵义虽然很大,但并不玄虚,它是有一个实实在在的缘由的,即"正"字之所以能够成为"标杆儿",是中

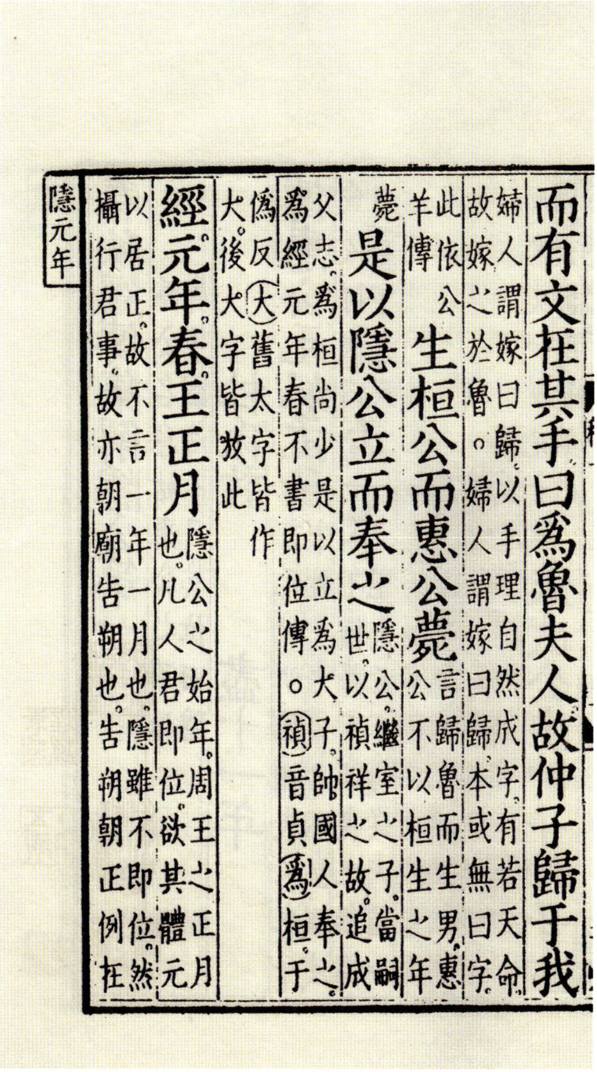
而有文在其手曰爲魯夫人故仲子歸于我婦人謂嫁曰歸以手理自然成字有若天命故嫁之於魯。婦人謂嫁曰歸本或無曰字此依公羊傳生桓公而惠公薨言歸魯而生男惠公不以桓生之年薨是以隱公立而奉之隱公繼室之子當嗣世以禎祥之故追成父志爲桓尚少是以立爲大子帥國人奉之爲經元年春不書即位傳。禎音貞爲桓于僞反大舊太字皆作大後大字皆放此

經元年春王正月隱公之始年周王之正月也。凡人君即位欲其體元以居正故不言一年一月也隱雖不即位然攝行君事故亦朝廟告朔也告朔朝正例在

隱元年

图49　《中华再造善本》丛书影印元相台岳氏荆溪家塾刻本杜预《春秋经传集解》

国古代的历法有一个特殊的问题，需要有一个这样的"标杆儿"。

中国传统的历法，是所谓"阴阳合历"。其中的"阴历"部分，大家都比较熟悉，简单地说，即"积月为年"，累积过十二个月（平年）或十三个月（闰年），就算一年。但这与"年"的本义或是它的缘起是有明显差距的，即"年"的本义或者说它的缘起，是地球绕日运行的周期（这也就是太阳绕地"视运动"的完整周期），古人更"职业"的用语，是将其称之为"岁"（《周礼·春官宗伯》之"太史"郑玄注），而"阴历年"的平年短于这个周期，闰年又长于这个周期。严格地讲，也可以说它就根本不是个年。至于这个"阴阳合历"中的阳历年，很多人可能颇感陌生，甚至闻所未闻，但这都是被某些方面的胡乱宣传害的，其实它就在我们每一个人的生活之中，现在也还留在那里：人们熟悉的二十四节气，就是中国"阳历年"最突出的体现。与"阴历年"相比，"阳历年"与地球围着太阳转的周期完全一致，所以是一个地地道道、真真实实的年。

因为真实，其每一天都对应着地球在其公转轨道上的一个特定的位置，因而这种"阳历年"的起迄，是很容易确定在地球公转周期中一个特定的日子的。若不考虑其他社会因素的影响，把这个日子，定在地球绕日运行的一些特别的点上是最好的。比如冬至、夏至、春分和秋分，这四个都是具有转折性意义的点；退而求其次，也可以定在这四个点之外那些"节气"上，因为这些"节气"是对上述四个点之间地球运行轨道有规律的分割。简而言之，循"天道"而行，这就是过"阳历年"、过"真年"的好处。

这个"阳历年"的另一个好处是，由于在这个"真年"的一年当中每一个节点都是一致的，即使人们由于某种原因，会选取其中不同的节点作节庆的纪念日，在一个统一的体系内，彼此之间也不容易产生混乱，可以并行不悖。

"阴历年"的情况，则与此有很大差别。由于它本身严格地说不是个"年"，可为了照顾一年中"月"的完整性和日期与"月相"（案指月亮的圆阙形态状况）的对应关系，又要照顾季节与月份之间相对稳定的对应关系，在按照月份来排定和划分这个粗略接近一年的周期时，不得不以一定的时间间隔设置闰年，这样排定的年份，其不同年份每个月中的具体日子与地球在公转轨道上的特定位置本来就会有很大差距（其实不管是不是设置闰月，这种差异都会存在，设置闰月之后，只是减小了差异的尺度而已），不易规整地安排包括各种节庆在内的社会生活；更要命的是，一年究竟从什么时候开始，这本身就是一个很不确定的事情。

其实不管是"阳历年"还是"阴历年"，都是人定的"年"，而既然是人定的，从本质上来讲，就都是一种主观的选择，但"阳历年"严格依循地球公转周期而定，因而每一年的起迄点是固定不变的，而"阴历年"由于没有这样的固定的点可以依托，而且只能以"月"作为基本单位来确定一年起迄的时间，若是把一年开始的时间选定在不同的月份，每一年过年的时间，就会有非常大的差异。

实际的情况是，在中国古代，地球公转过程中有两个节点，人们是比较重视的：一个是冬至点，另一个是立春点。过了冬至，我们北半球上每一天的长度从由长变短改为由短变长，从太阳那里获取的热量，由一天比一天少，转换成一天比一天多。所以，这是一个特别重大的节点。但由于海陆位置关系等因素的影响，地表的气温，并不是过了冬至就发生这种转折性变化，气温的升高以及主要受气温影响所造成的物候的变化，通常还要滞后一段时间，大致还需要一个月左右的时间，气温才会明显回升。这个转折的节点，大致是在立春前后。由于冬至到立春之间的这个变化，是人们主观感觉到的一个重大变化，它又与农事活动的周期具有紧密的对应关系，所以，在中国古代，不管是"阳历年"还是"阴历年"，都很重视这一时期，人们所认定的一年的起迄，便都是在这一区间。

《史记·天官书》如下一段记载，可以帮助我们具体地了解秦汉时期及其以前人们对上文所说相关问题的认识：

> 凡候岁美恶，谨候岁始。岁始或冬至日，产气始萌；腊明日，人众卒岁，发阳气，故曰初岁；正月旦，王者岁首；立春日，四时之始也。四始者，候之日。

这里所讲的"四始"，实际上是四种"新年"启始的时间。

在这四种"新年"之中，冬至和立春比较简单，就是上述两个比较特别的节气。说冬至"产气始萌"，用现代的术语讲，就是每天的日照时间开始逐日加长，地面获取的热量开始逐日增多。说立春为"四时之始"，这四时是指天文学意义上的春夏秋冬"四季"，它与日用历法上四季是有明显差别的，即春季开始于立春，而后者开始于正月初一，也就是所谓"元旦"。简而言之，这是两种"阳历年"的开始时间，冬至重天文，立春重物候，但年年岁岁，二者都是在一个固定的日子。

稍微有些麻烦的是"腊"这个日子。它不在二十四节气体系中的

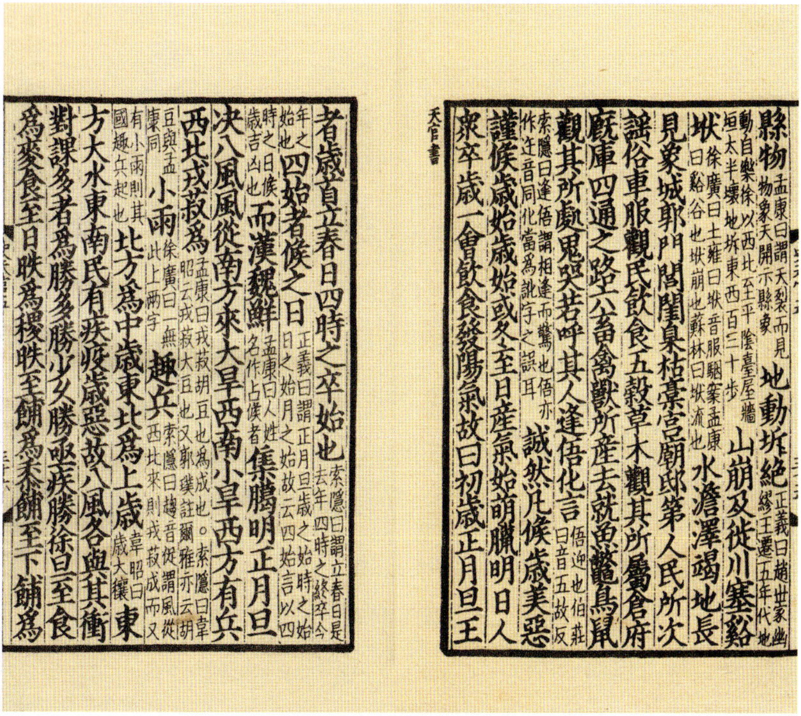
縣物孟康曰謂天裂而見物象天開示縣象地動坼絶正義曰趙世家幽繆王遷五年代地動自樂徐以西北至平陰臺屋牆垣太半壞地坼東西百三十步山崩及徙川塞谿垘徐廣曰垘音服駰案孟康曰谿谷也垘崩也蘇林曰垘流也水澹澤竭地長見象城郭門閭閨臬枯槀宫廟邸第人民所次謠俗車服觀民飲食五穀草木觀其所屬倉府廄庫四通之路六畜禽獸所產去就魚鼈鳥鼠觀其所處鬼哭若呼其人逢俉化言俉迎也伯莊曰音五故反索隱曰逢俉謂相逢而驚也俉亦作迕音同化當爲訛字之誤耳誠然凡候歲美惡謹候歲始歲始或冬至日產氣始萌臘明日人衆卒歲一會飲食發陽氣故曰初歲正月旦王

天官書

者歲首立春日四時之卒始也索隱曰謂立春日是去年四時之終卒今年之始也四始者候之日正義曰謂正月旦歲之始時之始日之始月之始故云四始言以四時之日候歲吉凶也而漢魏鮮孟康曰人姓名作占候者集臘明正月旦決八風風從南方來大旱西南小旱西方有兵西北戎菽爲孟康曰戎菽胡豆也爲成也索隱曰韋昭云戎菽大豆也又郭璞註爾雅亦云胡豆與孟康同小雨徐廣曰一無此上兩字趣兵索隱曰趣音促謂風從西北來則戎菽成而又有小雨則其國趣兵起也北方爲中歲東北爲上歲韋昭曰歲大穰東方大水東南民有疾疫歲惡故八風各與其衝對課多者爲勝多勝少久勝亟疾勝徐旦至食爲麥食至日昳爲稷昳至餔爲黍餔至下餔爲

图50　百衲本《二十四史》影印南宋建安黄善夫书坊合刻三家注本《史记》

任何一个节气点上，但具体的时间，实际上仍是处在地球公转轨道上一个特定的点上。"腊"的日期的不固定性，在汉末王莽篡位之初"改汉正朔伏腊日"事上可以看得一清二楚。史称当时已成老太后的元帝王皇后，"令其官属黑貂,至汉家正、腊日,独与其左右相对饮酒食"（《汉书·元后传》），可知王莽新改的腊日与汉家旧有的腊日确实并不相同。

所谓"腊"的性质，与"伏"十分相似。东汉应劭《风俗通议》记云："《户律》'汉中、巴、蜀、广汉自择伏日'，俗说汉中、巴、蜀、广汉，正（德勇案：据文义此"正"字应正作"其"）地温暑，草木蚤生晚枯，气异中国，夷狄畜之，故令自择伏日也。"（《艺文类聚》卷五《岁时》下）这是伏日随地域不同而做的变通，故至后来在曹魏时又"改诸郡不得自择伏日，所以齐风俗也"（《晋书·刑法志》）。

尽管腊日和伏日一样，在早期都有一定的不确定性，但若是落实到与地球绕日周期中特定时点的对应关系上，则仍然是有一定规矩的。许慎《说文解字》谓"冬至后三戌，腊祭百神"，这应该就是所谓汉家的腊日，它所锚定的，是冬至这个特点的时点，即冬至以后的第三个戌日，只是每一年较冬至日后延的日数稍有差别而已，在本质上仍然属于"太阳年"的一种"新年"。"三戌"这个日子，决定了腊日一般是在冬至后三十天上下，大致是在冬至到立春之间这一时段之内，即前文所说人们乐于安排新年启始时间这一时段之内。

汉家腊日与新莽腊日的不同以及巴、蜀、汉中、广汉诸地与中原等地腊日的不同，这些都体现出腊日与冬至和立春不同的社会人文因素的强烈渗透，故《史记·天官书》特别记述说此日是"人众卒岁"的标志。然而，尽管如此，《史记·天官书》中"发阳气，故曰初岁"

的记载,还是表明了"腊明日"这个"新年"实质上仍然更有天文特性。

与上述三种"新年"截然不同的,只有"正月旦",即正月初一这一天。《史记·天官书》对它没有做任何天文或是物候的说明,只是记云"王者岁首",也就是说这是一个人间君王的"新年"。

这个"新年"与上述三种"新年"最大的不同,是它绝不属于"阳历年",只属于"阴历年"。不过在汉武帝太初元年改历之前,这个"新年"每年过年时间的不同,并不仅仅是像现在这样与"太阳年"具体日子有所出入,而是大年初一所在的"正月",往往会有更大的不同。

在前面的叙述中,我已经谈到,按照传统历史文献的记载,夏、商、周三代的岁首是各自不同的,这也就是所谓"周正建子、殷正建丑、夏正建寅"的"三正论"。这种说法,实际并不可靠,但春秋战国时代各诸侯国使用的历法其岁首月份不尽相同却是一个确切无疑的事实。夏、商、周三代"三正"更迭的说法,也可以看作是早期历法岁首混乱不一的一种曲折反映。

以这"三正"代表的三种岁首,亦即"建寅"、"建丑"和"建子",若以所谓"夏历"的月序、也就是和现行农历相同的月序来表述的话,是分别处在正月、十二月、十一月。这一时期,大致仍然处于前文所说冬至到立春这一时期之内。这反映出"三正"之间的差别,还是前文所说更侧重天文因素,还是更侧重基于天文因素的物候因素,而其着眼的时段,同那些"阳历年"并没有什么不同。

问题是这"三正"之月的初一,体现的是同一种"新年",也就是说本来都是"正月旦",都是正月初一,而其相互之间,时间的差距却实在太大了。可想而知,若是在一个统一的国度里,这会造成多大的混乱。

相互对比，我们很容易明白，上述三种"阳历年"都是唯一的，确定的，因为它们都是"天"定的，而这种"阴历年"则是不确定的，因为它是"王者岁首"，是人定的。那么，人怎么定这个"年"呢？很简单，就是确定岁首的月份是哪一个月，所以这个月份才会被称作"正月"，即以此为正，依次排列其他的月份。

相对于其他"王者"所确定的不同岁首，某一君主认定的"正月"自然还具有排他的意义，这是"正月"之"正"更深一层的寓意。于是，我们也就能够明白，《公羊传》对《春秋》"王正月"这一写法的阐释，还是颇有合理的因素的，即"何言乎'王正月'，大一统也"，不难看出，这样的写法，是在凸显周王室通行于普天之下的历法。所谓"王正月"对"大一统"观念的体现，与杜预所说的"居正"实际上是一回事儿，都说明这一个"正"字，乃是一个象征"王者"权威的"标杆儿"。

不同的正月，代表着不同"王者"的岁首。《史记·天官书》所说的"正月旦"，也就是后世常讲的"正朔"。明白这一点，我们也就更容易理解这个"正"字的神圣象征意义，才会切实地理解，为什么启伐有扈，要把"威侮五行，怠弃三正"来作为其必予严惩的弥天大罪（《尚书·甘誓》）。即以秦始皇本人而论，就在秦始皇二十六年他一举吞并关东六国时候，与"车同轨，书同文字"相并，历法也"正以十月"，也就是由所谓周之"建子"改为秦之"建亥"，每年都在十月初一过新年，用以显示秦之水德胜于周之火德（《史记·秦始皇本纪》《史记·历书》）。

好了，现在大家就能明白我在前面讲述那么多十二支纪月法等天文历法知识的用意了——非如此，便无法说清楚"建正"是什么意思

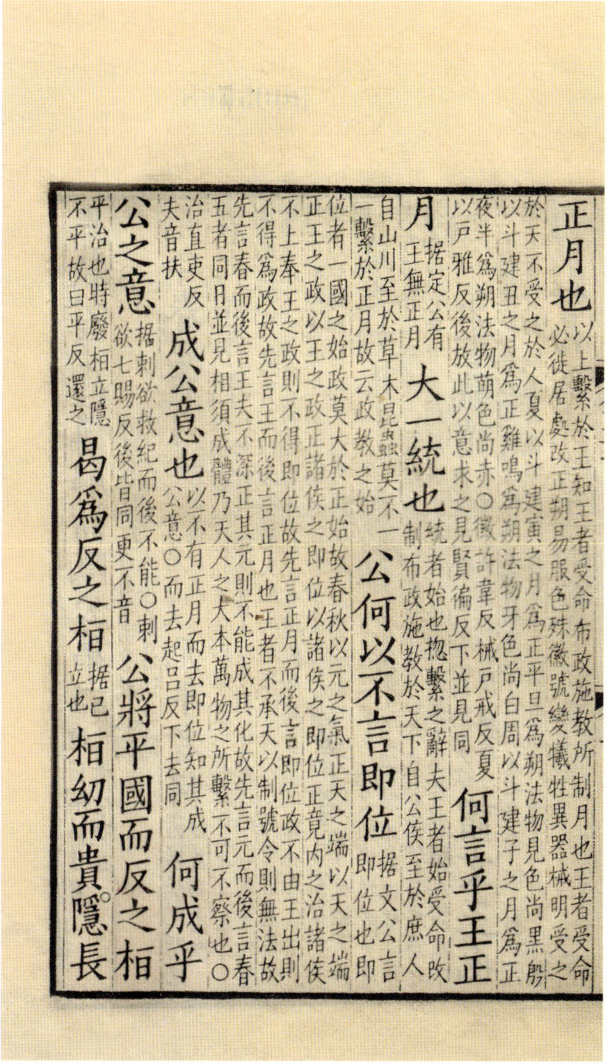
正月也以上繫於王知王者受命布政施教所制月也王者受命必徙居處改正朔易服色殊徽號變犧牲異器械明受之
於天不受之於人夏以斗建寅之月爲正平旦爲朔法物見色尚黑殷以斗建丑之月爲正雞鳴爲朔法物牙色尚白周以斗建子之月爲正
夜半爲朔法物萌色尚赤○徽許韋反械戶戒反夏以戶雅反後放此以意求之見賢徧反下並見同何言乎王正
月據定公有王無正月大一統也統者始也揔繫之辭夫王者始受命改制布政施教於天下自公侯至於庶人
自山川至於草木昆蟲莫不一一繫於正月故云政教之始公何以不言即位據文公言即位也即
位者一國之始政莫大於正始故春秋以元之氣正天之端以天之端正王之政以王之政正諸侯之即位以諸侯之即位正竟內之治諸侯
不上奉王之政則不得即位故先言正月而後言即位政不由王出則不得爲政故先言王而後言正月也王者不承天以制號令則無法故
先言春而後言王天不深正其元則不能成其化故先言元而後言春五者同日並見相須成體乃天人之大本萬物之所繫不可不察也○
治直吏反夫音扶成公意也以不有正月而去即位知其成公意○而去起呂反下去同何成乎
公之意據刺欲救紀而後不能○刺欲七賜反後皆同更不音公將平國而反之桓
平治也時廢桓立隱不平故曰平反還之曷爲反之桓據已立也桓幼而貴隱長

图51　清道光扬州汪氏问礼堂仿宋刻本《春秋公羊经传解诂》

并进而阐明"正"这个名字究竟意味着什么。在此基础上再来审视秦始皇以正月生遂以"正"名之这一史实,就会体味到很多别样感觉。

我们不妨设想一下,当这个恶棍血腥征服天下各地的时候,他要是念叨起自己的名字,都会联想到一些什么呢?也许他会想到,这天下是我赵家人打下来的,当然要由我自家的孩儿传之"二世、三世至于万世,传之无穷",这一点是明确在《史记·秦始皇本纪》记载的,前面我已经谈到;也许他还会想到,老爹给我取名选用的这个"正"字,已经兆示天下大臣小民,不管想什么、干什么,都要以我这个大秦皇帝为标杆儿,向我这个大秦皇帝看齐,普天之下的日子,也就都随着我定的规矩来过了。秦老爹真牛,老子得先有那个霸道的雄心,儿子才能成好汉!

四、紧跟着大哥往死里走

秦老爹庄襄王子楚,确实是个很厉害的角色。本来不过是一个很不受待见的"诸庶孽孙",没有继承王位的机会。可是,为了当上太子,他可以放着自己亲妈不管,认太子妃华阳夫人为娘;妈都不管真假了,儿子是谁种下的,也就更无所谓,当吕不韦献给他的美姬一生下那个叫"正"的孩子,就马上把她立为夫人。这样,从接班为王,到传位于子,上承下续,三下五除二,该安排的,就都毫不犹豫地早早安排妥当了(《史记·吕不韦列传》)。

由此看来,说他颇有一番雄心大志并不为过,给自己的第一个宝贝儿子取名为"正",不仅与孩子的生日契合,同时还藉此体现他的政治抱负，这应该是合情合理的推测。历史研究，总是根据有限的史料，来以管窥豹，推测历史的本来面目。这样做当然会有很大局限，甚至常常要冒失误的风险，但这就是历史研究，没有什么好的办法可以替代。我们所能做的，除了不断加深拓宽研究者的史学修养之外，只能是尽量从另外一些角度多窥探到几块豹皮上的斑点，这样就能最大限度地减少研究者的局限性和盲目性，减低其主观认识的偏差。

有意思的是，秦始皇有个弟弟，名叫"成蟜"。《史记》对他这位老弟的记载很少，主要见于《秦始皇本纪》。《战国策·秦策》也提到了他，名字或书作"成桥"或书作"盛桥"（《中华再造善本》丛书影印宋绍兴刻本《战国策·秦策四》）。另外《史记·春申君列传》也是书作"盛桥"，应当是承用了《战国策》的写法。目前在没有其他史料相勘比的情况下，我认为，两相比较，还是姑且以《史记·秦始皇本纪》的写法为准会更稳妥些，过去清人梁玉绳就是持这样的处理意见（梁玉绳《史记志疑》卷三〇）。这是因为《史记·秦始皇本纪》有秦国官方的史书《秦纪》作依据，自然会更准确。《战国策》的"盛"应是通作"成"，"桥"则通作"蟜"。

其实《史记·秦始皇本纪》载述的成蟜行事，只是他去世的缘由和经过：

> （秦王政）八年，长安君成蟜将军击赵，反，死屯留，军吏皆斩死，迁其民于临洮。将军壁死，卒屯留、蒲鹝反，戮其尸。河鱼大上，轻车重马东就食。

上面文句的标点，都依从中华书局新点校本《史记》，其中有些句读，并不妥当。但这段内容的问题，主要不是其点校者的判读，而是前人的解读。自古以来，读史者的解读就大可斟酌。

后世对《史记》上述记载的解读，其基调，最早可见于《汉书·五行志》中之下：

> 《史记》"秦始皇八年，河鱼大上"，刘向以为近鱼孽也。是岁，始皇弟长安君将兵击赵，反，死屯留，军吏皆斩，迁其民于临洮。明年有嫪毐之诛。鱼阴类，民之象，逆流而上者，民将不从君令为逆行也。

刘向是西汉后期人，可见这样的解释，渊源甚早。对这段文字的涵义，唐人颜师古注《汉书》，复进一步清楚阐释说：

> 本使长安君击赵，至屯留而谋反作乱，故赐长安君死，斩其军吏，迁其黔首也。

这样的表述，就把这些人的解读展示得一清二楚：赵正的弟弟长安君成蟜在率兵击赵的途中反叛，结果却反被秦王赵正处死。后世有许多人又相继做过多次解释，大体上都没有逸出于这一思路之外。

按照这样的解读，我想，不管是什么人，阅读《史记》，在读到这一段记载时，都会感到十分突兀：没什么呢？这位老弟怎么会突然反了呢？他和接下来犯事儿的嫪毐不一样。嫪毐只是因为器大活儿好

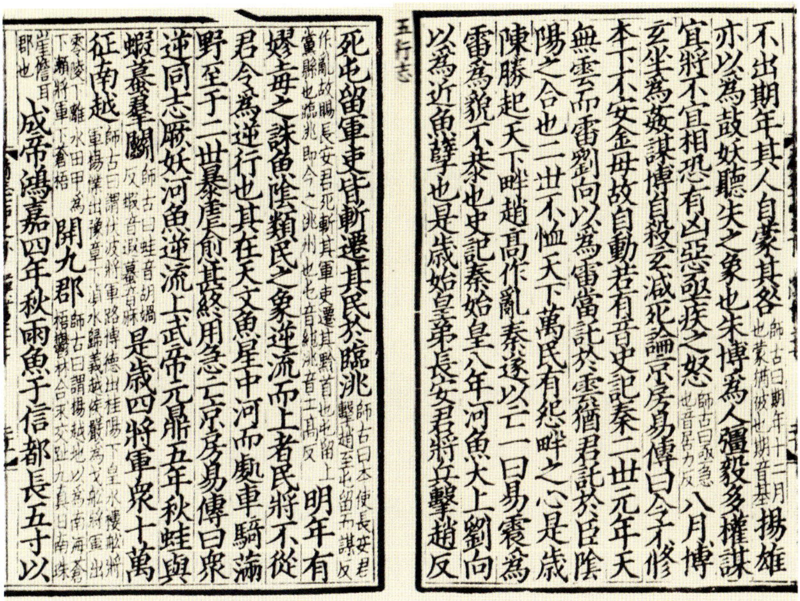
五行志

不出期年其人自蒙其咎師古曰期年十二月也蒙被也期音基揚雄亦以為鼓妖聽失之象也朱博為人彊毅多權謀宜將不宜相恐有凶惡亟疾之怒師古曰亟急也音居力反八月博玄坐為姦謀博自殺玄減死論京房易傳曰令不修本下不安金毋故自動若有音史記秦二世元年天無雲而雷劉向以為雷當託於雲猶君託於臣陰陽之合也二世不恤天下萬民有怨畔之心是歲陳勝起天下畔趙高作亂秦遂以亡一曰易震為雷為貌不恭也史記秦始皇八年河魚大上劉向以為近魚孽也是歲始皇弟長安君將兵擊趙反

死屯留軍吏皆斬遷其民於臨洮師古曰本使長安君擊趙至屯留而謀反作亂故賜長安君死斬其軍吏遷其黔首也屯留上黨縣也臨洮即今之洮州也屯音純洮音土高反明年有嫪毐之誅魚陰類民之象逆流而上者民將不從君令為逆行也其在天文魚星中河而處車騎滿野至于二世暴虐愈甚終用急亡京房易傳曰眾逆同志厥妖河魚逆流上武帝元鼎五年秋蛙與蝦蟆羣鬭師古曰蛙音胡媧反蝦音遐蟆音麻是歲四將軍眾十萬征南越師古曰謂伏波將軍路博德出桂陽下皇水樓船將軍楊僕出豫章下湞水歸義越侯嚴為戈船將軍出零陵下離水田甲為下瀨將軍下蒼梧開九郡師古曰謂揚越地以為南海蒼梧鬱林合浦交阯九真日南珠崖儋耳郡也成帝鴻嘉四年秋雨魚于信都長五寸以

图52　日本朋友书店影印米泽上杉藏宋庆元本《汉书》

深得赵正之母欢喜,并给赵正造出两个小弟弟,既有苦劳,又有功劳,因得意而忘形,床笫间一时心血来潮,想要这些嫪家的种子来接秦家的班以继位成王,才斗胆犯上作乱(《史记·秦始皇本纪》、《史记·吕不韦列传》),可成蟜自己就是的亲的亲的赵家人(当然,更准确地说,当时还应称作"秦家人"),是秦王的一母同胞亲兄弟(虽然两人生物学意义上的父亲并不相同),他反的究竟是哪一门子事儿呢?

清朝乾嘉时期的学术为什么那样强调"实事求是",你只有通过具体的研究才能有切实的体会。因为事实的认定,是第一等重要的工作,这是一项追求客观真实面貌的探索。历史的真相是什么,这是他们努力求索的核心目标。为什么?因为解释历史事实比认定历史的本来面目,会有更大的主观发挥余地。存在的不一定就是合理的,但只要是存在的,人们总是可以找到解释的途径,而且每个研究者总是可以做出自己的解释。

事实上我们看《史记》和《战国策》相关记载,是看不到任何成蟜反叛于秦廷的迹象的,而且他一直是被秦王赵正委以重任的。尽管如此,只要是认定了确实是有过这么一个事儿,研究历史的人,就总会给它做出一个合理性或者说是必然性的说明。

就在绝大多数人都稀里糊涂地判定长安君成蟜的反叛行为时,清朝嘉庆时期有个名叫吴裕垂的人,写了一本"史论"的书,名叫《史案》。这种"史论"性质的书籍,在乾嘉考据学术风潮下,主流学术界是不予一顾的,所以其书在道光年间刊行后也基本没人理睬。原因是发议论和考史事不一样,许多人只是放飞自己的胆子随便想,想到什么就说什么,言而无据,实际上和现在整天在互联网上乱喷的"喷子"

也差不了多少。做学问的人,对此当然很不屑。

与普通"史论"性著述不同的是,这《史案》的作者还特别在意于人所习知的成案之外,对那些"贤奸心事未经人道者,皆别出心裁,畅所欲言,发先儒未发之蕴",以力求"无一语拾人牙慧"(《史案》卷首吴世宣撰《凡例》),所以,他才会对所谓"成蟜叛秦"这个前人一向说不清、道不明的事件做出独到的解说:

> 子政为太子,其次子成蟜,封长安君,当与始皇异母,必素闻群叔流言,辄谓兄非嬴种,身合继体,豫谋夺適矣。始皇八年,成蟜将兵击赵,赵人窥悉其隐,欲离间其君臣骨肉之际,引为己用,因使军士咻之,辨士激之,约为和亲,一求赂以故地,一求纳为秦王。成蟜得全赵为外援,群叔为内应,故行至屯留而遽反也。反则必资乱宗易姓为号召,被围时或且登陴辱骂,故贼党虽死犹戮其尸。
>
> (《史案》卷五"文信侯"条)

若是把这段俨乎其俨的论述翻译成现在大家都好懂的大白话,其大意,就是说成蟜跟秦始皇不是一个妈生的(这一点是天知道的事儿),所以他知道秦始皇这个杂种其实算不上根正苗红的赵家人,遗传的基因很不对头,因而就想动粗,想要横着膀子夺下本该属于自己的王位。于是,就在阵前发动了这场兵变。

这说法确实是够"别出心裁"的了。现在我的国胡编乱造的历史剧,编剧好像是没有这样的想象力的。可是,根据呢?编剧可以想着说,历史研究却不是这样想说什么就可以说什么的。

不过"脑洞"一开,顺着这个思路,使劲儿往下想,想着想着有时说不定也会在史料中找到相应的依据。关于所谓"成蟜叛秦"这一问题,清代很严谨的学者黄式三,真的就在切实可靠的史料中找到了成蟜与赵人勾结的证据,并做出如下论断:

> 秦王弟长安君成蟜将军击赵,至屯留,有叛谋,赵封以饶,受之。事不克,成蟜自杀,军吏皆斩死。卒之从叛而死者,戮其尸。徙屯留之民于临洮。(黄式三《周季编略》卷九)

他的史料依据,除了前引《史记·秦始皇本纪》之外,还另有一条,这就是《史记·赵世家》,因而也可以说,黄式三主要是依赖《赵世家》的记载,才得出了上述认识。

现在有很多学者,年轻的新人尤甚,看待一项既有的研究成果,往往只在意作者的名头有多大,或是特别关注其视角有多新,却不大审视这些学术观点所依据的史料是不是足以支撑他的结论,甚至这些史料是不是足够可信,是不是该看该用。在我看来,在史学研究中,与其所依据的史料相比,任何一种观点都是第二位的,至少在未经审核其史料依据之前,我是不会盲目崇信任何一种新颖的见解的。我写文章,尽量多直接引述一些重要的史料,正是想让读者和我一道从最基本的依据出发,相并相从,辨难析疑,以揭示历史的真实样貌。

那么,在黄式三所依据的《史记·赵世家》中,又有哪些相关的记载呢?其实就下面这一句话:

（悼襄王）六年，封长安君以饶。

赵悼襄王六年，正是成蟜将兵击赵的秦王政八年，他这位长安君在这一年出兵击赵，赵国又正在这一年给了长安君饶这块封地，乍看起来，黄式三的认识，好像真的有根有据，信而可从了。

研究历史，重视相关要素的联系，从中捕捉史事的真相，这是一项最最基本的工作，学者对此一定要予以充分的重视。但在联系这些相关的要素时，一定要首先注意，表面上的相关性并不等同于内在的实质性关联，有时，只是一种偶然的巧合。真真假假，虚虚实实，而去伪存真，正是研究者的职责。这正是需要学者们付出更多努力的地方，同时也是能够更多体现其研究能力的地方。

其实我们只要稍加分析，就会看到黄式三等人这种说法的不合理性。

首先，还是前面谈到的那个问题，成蟜自己就是王室的人，在我看来，他是没有叛秦归赵的理由的。吴裕垂说成蟜与赵正不是一个妈生的，这纯属信口开河；至少直到目前为止，我还没有看到说明成蟜另有其娘的材料。俗话说："打虎亲兄弟，上阵父子兵。"古今都是同样的道理。秦王赵正既然委派成蟜统兵出征，就说明对他这位弟弟很是信任。此前不久，成蟜还曾受命出守于韩而"以其地入秦"（《战国策·秦策四》），为大哥立下颇受时人称道的功劳。这也体现出兄弟二人的关系是很融洽的，成蟜本来一直很受大哥的倚重。

再者若如黄式三所说，成蟜叛秦，不过是为了得到赵国赏给他的一个封邑，可他在秦本来已经受封于咸阳近旁富饶的长安，所以才会有长安君的封号，费了好大劲儿叛逃到赵国，丢掉已有的长安封邑，换来的只是一个富饶程度远不及长安的饶邑，代价却不仅是抛下了老大哥，也背弃了老祖宗（当时成蟜他们家早就改而以"秦"为氏，不再是与赵国相同的赵氏），那他又何苦来的呢？我们现在，不管是谁，换了你，你会干这种傻事儿么？

另外，不管如黄式三所说，是为了跟赵国讨一个自己早就有了的封邑，还是像吴裕垂所讲的那样，他是想和赵国串通勾搭在一起，然后杀个回马枪，重归秦国去抢下大哥赵正的王位，成蟜都一定会与赵国方面协调好，赵国的军队对他应该有所策应。那么，在这种情况下，身统大军出征的成蟜，怎么竟会被秦国方面轻易剿灭？

这种种情况加在一起，实在太不可思议了。所以，吴裕垂和黄式三的说法，在史实上一定存在很严重的偏差。其实只要像上面分析的那样，有一个全面看待史事来龙去脉的平常心，再稍微静下心来翻一翻书，这里边的问题，并不难发现。这就是赵国自己另有一个长安君，《史记·赵世家》里讲到的，是彼长安君而不是此长安君。

赵国这个长安君，对于清代初年以后的很多人来说，其实比成蟜要有名得多，虽然说他最早是见于《战国策》的记载，但康熙年间以后通行的发蒙读物《古文观止》选录了相关的那一部分内容，这就是著名的"触詟说赵太后"那个段子（《古文观止》卷四）。这个段子的内容，大致如下：赵惠文王死后，儿子孝成王刚刚继位，由太后出面主持朝政。太后因溺爱小儿子长安君，舍不得答应齐国的要求，送长安君到齐国去做人质，以换取齐国出兵，帮助赵国对付秦国的攻击。因为这事关赵国的生死存亡，要完大家一块完，臣子们为国为家都免不了要强力谏争，太后听得不耐烦，于是放出狠话：你们统统给我闭嘴，谁要敢再来劝她，她就唾一脸吐沫给他。最后，很会揣摩女人心理的左师触詟巧言示意，令赵太后幡然醒悟，痛痛快快地把她的心肝儿少子打发去了齐国（《战国策·赵策四》）。司马迁在写《史记·赵世家》时，也从《战国策》中采录了这一史事。

赵国这位长安君其最初的封邑在哪里，史籍中虽然没有留下具体的记载，但《战国策·赵策》和《史记·赵世家》都同样提到，触詟在劝说赵太后时有"今媪尊长安君之位而封之以膏腴之地"云云的说法，这表明这位长安君在当时不仅确有封邑，而且他的封邑是"膏腴"良田，肥得很。既然如此，有人或许会问，那怎么还要再封给他一个饶邑，这个"饶"是在哪里呢？饶这个地方实在算不上很好，它地处黄河尾闾段的两条汊流之间，地势下洼，免不了常遭水淹。那为什么赵悼襄王会把它封给长安君呢？因为这是一块新得到的土地。两年前，也就是赵悼襄王四年，赵国刚从齐国手中夺得这块地方（《史记·赵世家》。附案《史记·赵世家》原文为"庞煖将赵、楚、魏、燕之锐师，……攻齐，取饶、安"，今中华书局点校本《史记》，把"饶、安"连读为一个地名，作"饶安"，这是错误的）。现在把它封给长安君，属于"益封"的性质，也就是在原有的封地之外，再多给长安君一处封邑，这是当时的各个诸侯国间通行的做法，没有什么特别之处。

通读《史记·赵世家》上下文和它的记述形式，对"封长安君以饶"这样的纪事，只能这样理解，而绝没有把这个长安君理解为秦国那个长安君的理由。做学问谁都会错，但黄式三如此张冠李戴，错得未免有些过于离谱。

不过从另一角度看，吴裕垂、黄式三两人所持看法的荒唐，实际上是由于在他们之前（甚至直到现在）的其他那些人对《史记·秦始皇本纪》前述那段记载的解读一直颇有错谬。关于这一问题，所谓前人旧解，主要是指《汉书·五行志》暨唐颜师古注和《史记》三家注，下面就把他们提出的那些需要讨论的看法，简要归纳如下：

第一，这一事件的核心问题，是谁"反"了秦？从西汉后期人刘向，到东汉的班固，以及后来的所有学者，无一例外，都认为是成蟜反秦。

第二个核心问题是：被戮尸的人是谁？南朝刘宋时期的裴骃认为是"士卒死者"，意即随同成蟜反叛的士卒死后都被秦廷戮尸。

这是两点最为关键的核心问题，不难看出，吴裕垂和黄式三的发挥，都是由此生发。

由于按照这样的注解，《史记》的内容，确实还有很多问题不易理解，撰著《史记志疑》的梁玉绳就对此很挠头，老老实实地讲道："此节文义最难解，注亦欠明。"（《史记志疑》卷五）于是又有人对文中其他一些细节，提出新的解读，如钱大昕、许宗彦和李慈铭等，但在我看来，到目前为止，所有这些学者的释读，尚且都未能切中其肯綮。

解读古代典籍，一项最基本的工作，或者说是最重要的出发点，就是句读。因为句读对，要以文义明为基础。反过来说，若是读者不能明晰其文义，我们首先应该检讨的，便是核定现有的句读是否正确无误，或者说是不是十分清晰准确。

为此，下面我就先尝试提出自己的句读，同时结合对所做句读的具体说明，一并疏释一下与之相关的既有观点。对《史记·秦始皇本纪》这段内容，我的标点如下：

(秦王政)八年，长安君成蟜将军击赵，反，死屯留。军吏皆斩死，迁其民于临洮。将军壁死，卒屯留蒲鶮反，戮其尸。河鱼大上，轻车重马东就食。

下面，我就逐一解说自己如此标点的缘由。

听人讲，一些欧美人士在学中文时，总结出汉语行文具有一个很大的特点：这就是需要先读懂通篇的文章，回过头来，才能明白每一个具体的字词是什么意思。我看这话讲得很有道理，至少在判读中国历史文献时，通读串讲，才能更好地把握文意。

前面已经谈到，解读《史记》这段文字，最核心的问题是：到底是谁反叛了秦廷？如果像古往今来所有学者那样，把反叛者解作统兵出征的将军成蟜，那么，下文又一次谈到的反卒，他们反的又是谁？如果像裴骃以来的那些学者那样认为这些反卒就是随同成蟜一起反叛秦廷的士卒，那么《史记》的行文未免太过于怪异，太令人费解：即作为罪魁祸首的成蟜，被秦国平叛的军队杀死之后，并没有做出何种特别的处置，却在将其下属"军吏"统统处斩的同时，还要对这些士卒加以戮尸。——似此本末倒置，岂非咄咄怪事？

理讲不通，就有人换个法子来做新解。在这当中，清代最著名的史学考据家钱大昕率先站了出来。本来过去都是把《史记·秦始皇本纪》中的"壁死"理解成丧身于军壁，死去的将军便是成蟜（《史记·秦始皇本纪》唐司马贞《索隐》、张守节《正义》)，钱大昕却对此提出了不同的看法：

"壁"者将军之名，盖别是一人，与上文"成蟜"初不相蒙，

注家牵合为一，故愈不能了。（钱大昕《三史拾遗》卷一）

钱氏又云：

> 卒屯留蒲鶮反，戮其尸。注：徐广曰"鶮一作鹖，屯留、蒲鶮皆地名，壁于此地时，士卒死者皆戮其尸"。"蒲鶮"当是人姓名，为将军部下卒。壁死而鶮反，故加以戮尸之刑。旧注牵合上文，不足取。（钱大昕《三史拾遗》卷一）

这样的解释，当然颇显新颖，不过钱大昕没有明确交待这位名叫"壁"的将军，是属于哪一方的人，把上下文义连起来看，似乎与成蟜不是一伙的，应该是忠实于秦王室的。

稍后，有许宗彦者，更清楚地讲明了这一点：

> "壁"者是将军者之名，当即是讨平成蟜之人，而壁旋亦死，军中无主。"蒲鶮"者是卒之名。盖"蒲鶮"屯留人，闻屯留人尽当迁，故因将军之死而反，反亦即死，故戮其尸也。（清李慈铭《越缦堂读史札记》卷一引述许宗彦说）

这么讲，通，好像是比原来通了一些，可是一者赶得有点儿太寸了：一个大将军刚被斩杀，斩杀他的另一个大将军却又莫名其妙地说死就死了。司马迁对这，并不加任何说明，也太不合乎情理。二者若是作这样的理解，未免需要对《史记》的原文添增太多司马迁没有写上的

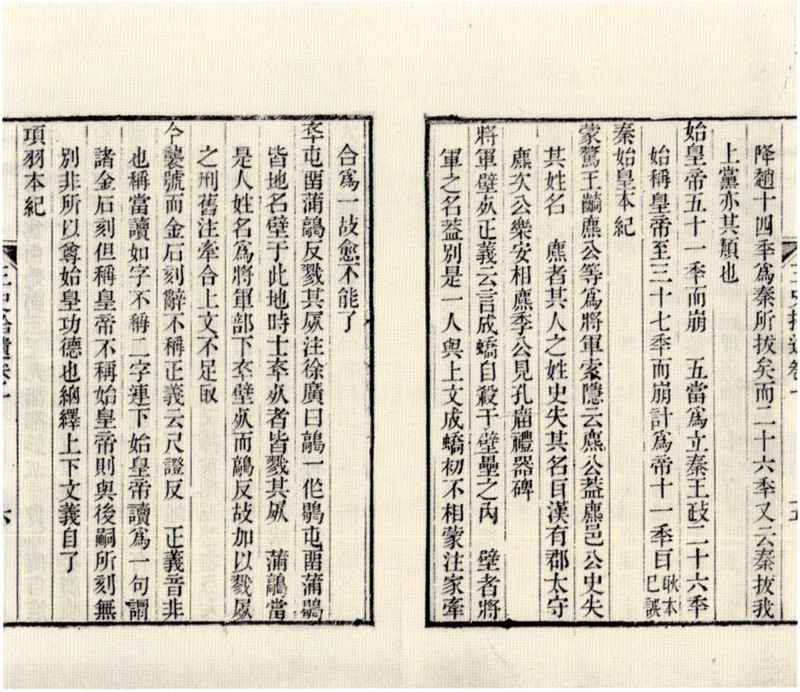

降趙十四季爲秦所拔矣而二十六季又云秦拔我
上黨亦其類也
始皇帝五十一季而崩 五當爲立秦王政二十六
始稱皇帝至三十七季而崩計爲帝十一季曰已
秦始皇本紀
蒙驁王齮麃公等爲將軍家隱云麃公蓋麃邑公史失
其姓名　麃者其人之姓史失其名目漢有郡太守
麃次公樂安相麃季公見孔廟禮器碑
將軍壁以正義云言成蟜自殺于壁壘之內　壁者將
軍之名蓋別是一人與上文成蟜初不相蒙注家牽

合爲一歧竊不能了
冬屯蕞蒲鶮反戮其尸注徐廣曰鶮一作鴞屯蕞蒲鶮
皆地名壁于此地時士卒从者皆戮其屍　蒲鶮當
是人姓名爲將軍部下牽壁从而鶮反歧加以戮屍
之刑舊注牽合上文不足取
今襲號而金后刻辭不稱正義云尺證反　正義音非
也稱當讀如字遵下始皇帝讀爲一句謂
諸金后刻但稱皇帝不稱始皇帝則與後嗣所刻無
別非所以尊始皇功德也綱繹上下文義自了
項羽本紀

图53　清嘉庆稻香吟馆原刻本《三史拾遗》

文字，例如在"将军壁死"之前，非添加相应的文字则不成章句，太史公何以如此吝啬笔墨而把文义弄得这般隐晦？

做文史研究的人都知道，所谓增字解经，是深受学人诟病的做法，非万不得已不宜轻易为之。读史也是同样如此，史书原文要是能够讲得通，最好还是先别这样另辟蹊径。

钱大昕等人上述认识，总的结论，虽然我不能认同，但他们把"蒲鹢"理解为士卒的名字，不管是从上下文义来看，还是从前后时代我们能够看到的地名来看，都是合理可信的。所以上面所列我对《史记》的标点，就采纳了这一见解。

我对这段文字的理解，最主要的切入点，就是前文所说，我们看不到成蟜有反秦的动机；假如一定要认定他率兵反秦降赵，那么在秦、赵两方也找不到任何相应的迹象。这不管怎么说，在当时也是一件十分重大的事件，而史籍的记载却呈现这样的情况，实在是很不应该的。

那么，唯一能够说明成蟜反秦的那个"反"字，真的就只有"反叛"这一项语义么？难道不能做出其他的解释么？事实并非如此，在秦汉以前的文献里，这个"反"字，常常是被用作"往返"的"返"义使用的，即"反"可以通作"返"，而在我看来，《史记·秦始皇本纪》这个"反"字，正是这样的用法。

现在就从这样的理解出发，按照我给《史记·秦始皇本纪》这段文字所划分的三个层次，做一串解。

第一个层次："长安君成蟜将军击赵，反，死屯留。"这是讲成蟜统兵征赵，在返回的路上途经屯留时，死在了那里。至于成蟜这次出征的具体作战地点和战绩，《史记》都没有讲，我们也找不到相应的痕迹，这很可能是因为成蟜在进军的路上突患急症，使得他不得不退兵回国，但病发太急，还是没有能够来得及回到关中，就死在了屯留。

第二个层次："军吏皆斩死，迁其民于临洮。"这两句话是讲秦国方面对反叛士卒的惩处。"军吏"即军中官吏，其所以被处以斩刑，应是缘于附从反卒作乱。被迁徙到秦西北边地临洮的居民，同样是缘于其响应或是服从于反叛作乱的士卒。其中"军吏皆斩死"的"死"字，在此似嫌累赘，且不见于前列《汉书·五行志》转述的同一内容，清人许宗彦和李慈铭都认为是衍文（清李慈铭《越缦堂读史札记》卷一引述许宗彦说），其说可从，当删。

第三个层次："将军壁死，卒屯留蒲鶮反，戮其尸。"这是用倒叙的笔法，追加说明上述第二层内容的事发原委，即将军成蟜病故于军垒之中，军中来自屯留的士卒蒲鶮兴事造反，结果，被秦军平定，"戮"了这位蒲鶮的尸体，也就是陈尸示众，以儆效尤。另外，与王弟将军成蟜相比，屯留之卒蒲鶮地位更低得不知多少倍，刘向所说"鱼阴类，民之象，逆流而上者，民将不从君令为逆行也"，这一解释与蒲鶮的地位其实更加契合，亦即这样的解释，与《史记·秦本纪》中这一年"河鱼大上"的记载并没有什么矛盾。

除了这重倒叙的笔法，有些人或许有些生疏之外，我想，这样的解读，上下行文的逻辑应该是比较顺畅的，也符合成蟜与秦王室的关系和其他相关的记载。

《史记》行文中像这样的倒叙笔法，其实在早期文献中，也并不稀见。昔杨树达撰《古书疑义举例续补》，列有"文中自注例"一条（见该书卷二），若是循此通例，"将军壁死，卒屯留蒲鶮反，戮其尸"这几句话，似乎也可以看作是对"军吏皆斩死，迁其民于临洮"这两句话的自注，这样讲也是讲得通的。又孙德谦撰《古书读法略例》，其中所列"统下文而义自明例"（见该书卷二），《史记·秦始皇本纪》对成蟜亡故引发之事的叙述，同这些事例也多有相通之处，感兴趣的朋友不妨找来比照。要之，书要读得多，才能看得通，少见就难免多怪。

另外，寻绎史籍，屯留士卒蒲鹖趁成蟜病故之际起事造反并获得当地居民支持，也自有其特殊缘由。屯留地属上党，其地本属韩国，赵孝成王四年"发兵取上党"（《史记·赵世家》），而在秦庄襄王三年复被秦军攻取（《史记·秦本纪》《史记·六国年表》）。据《史记·赵世家》记载，在赵国取得上党之地前夕，"韩氏上党守冯亭使者至，曰'韩不能守上党，入之于秦。其吏民皆安为赵，不欲为秦。有城市邑十七，愿再拜入之赵，财（德勇案：此字清何焯《义门读书记》卷一三《史记上》以为当正作"听"）王所以赐吏民'"。这里所说"其吏民皆安为赵，不欲为秦"，应当就是蒲鹖以一区区士卒竟能起而反秦并获得当地群众广泛支持的民意基础。

了解到这样的历史背景，就更容易理解屯留卒蒲鹖起事反秦的合理性，从而也就更加清楚秦始皇的老弟绝没有卖身投靠赵国。不仅如此，他还一直紧跟着大哥往死里走，最终竟死在了血腥征服他国的路上。

既然同是赵家人，有其兄，自有其弟，这本是理所当然的事情。转了这么一大圈，现在回到我们在这里谈论的主题，看看"成蟜"这个名字。"蟜"本来是毒虫的意思，秦老爹庄襄王子楚不会给孩子取这么招人讨厌的名字。那么我们就来看这个字的另一重涵义，即"蟜"

还可以通作"矫",意思是变"不正"为"正"。按这个意思,这位小老弟的名字,可就同他大哥的有一搭了:一个叫"正",还有一个备胎叫"成蟜(矫)",也就是形成变"不正"为"正"的状态。看见没有,不管是从周人之制父死子继,还是循商人之规兄终弟及,怎么着都是那么一个以己身"正"天下的做法,秦老爹早就算计好了(附案据清顾炎武《日知录》卷二三"排行"条和清人陆以湉《冷庐杂识》卷一"兄弟联名"条考述,兄弟联名这一制度似正式兴起于东汉末年。若然,则秦始皇兄弟这样的命名方式,或可称其滥觞),这天下好像真该着就是他们赵家的了。

不过从秦老爹,到赵家人的"始皇帝",他们依赖惨无人性的暴力,席卷大地平天下,再以一己之意"正"天下。看起来,好像都天遂人愿,心想事成了,可是大秦帝国不过维持了短短的不足十四年而已,最后秦始皇的孙子子婴想退回去,还是蜷缩在西北边陲,对付着做个谁也看不起的小小诸侯国,这也做不成了。真是眼看他起高楼,眼看他楼塌了!自己做得不正,还想"正"人"正"天下,结局只能如此。

2019 年 2 月 17 日记

第五篇　赵高是个去势的人

一、连狗屠夫都知道他下边儿的事儿

《赵正书》里的一个核心人物,是那个看着好像是赵家人而实际上却与赵家龙种毫不相干的赵高。

明明姓赵,我却说他与正宗的赵家人毫不相干,是因为我在上一篇《朕姓甚名谁》中已经清楚指出,秦朝的始皇帝,应该是赵姓秦氏,而且就是从秦始皇统一天下开始,才姓这个赵,才成为地地道道的赵家人。因此,能姓这个"赵"的,只有他亲身播下的种,而赵高是赵正做皇帝之前就被任用的人,这样他姓名中的这个"赵"字,就不可能是"赵正"的赵。过去曹道衡先生就因为没有注意到秦君之氏由"赵"而"秦"这一变动,从而以为赵高与秦王室同族(曹道衡《关于所谓"赵高复辟"问题的旧案》,载曹氏文集《中古文学史论文集》),其实所说并不可靠。

那么,赵高的"赵"又算个什么东西呢?《史记》记载说,他是"诸赵疏远属也"(《史记·蒙恬列传》)。这里说的这个"诸赵",应该是秦国先祖原来用过的那个"氏",即"赵氏"。

在《朕姓甚名谁》那一篇里我已经谈到,当时所谓"赵氏",源出于"其先造父封赵城"的一支嬴姓族人,而依据《史记·秦本纪》和《史记·赵世家》的记载,秦始皇虽与造父同祖蜚廉,却是出自这造父之外的另外一个支系,因羡慕并且贪图造父这一支脉的荣耀,便硬行蹭将上去,强跟着搭着也勉强成为"赵氏"家族的一员。我觉得,像这种情况,似乎就可以称之为"诸赵疏远属"了。可是这得血脉倒灌,灌回到"赵"之所以称"赵"的先祖造父之前,才能把这两个支属的血缘统合到一起,而在这时却还没有"赵氏"存在,这就显示出这一说法的勉强之处了。

当然赵高也可能出自造父以下的某一个支系，和赵国的"赵"同祖造父，只是他的血脉离开家族的"嫡系"正脉已经很远，这也可以说是"诸赵疏远属"。

在《朕姓甚名谁》那一篇里，我还讲到，到赵高进入秦国宫室服务于秦王正的时候，秦国的王族，早就抛弃"赵"这个"氏"不用而改称"秦氏"了。所以，赵高这个"诸赵"，与秦始皇之前秦国王族中的哪一个支系，也都扯不上什么关系。换句话来说，宋朝那个秦桧和正宗赵家人的血缘，要比赵高近得很多很多，因为他这个"秦"姓应是缘于以秦邑、秦国得"氏"的那个"秦"，确实带着大秦的基因，而在赵高身上，这样的基因却一丁点儿也没有。

正因为他家这个"赵"同秦朝始皇帝他们家那个"赵"没有什么关系，看着好像是赵家人，实际上却根本不是赵家人，身上的血液贱得很，所以，也就不妨碍他遭受宫刑，成为历史上一个著名的大宦官。君不见秦二世皇帝登基就位之后，便以"不臣"之罪，将他的兄弟姐妹"公子十二人僇死咸阳市，十公主矺死于杜"；另有公子将闾昆弟三人，在行刑官吏面前"皆拔剑自杀"；公子高则主动请求从死于始皇，陪"葬郦山之足"，以保全子孙后裔的性命。总之，让他们哪一个都"无得立者"，亦即统统杀掉（《史记》之《秦始皇本纪》、《李斯列传》）。想杀就杀，而不是动用各种肉刑，毁肌肤，断肢体，以至从他们身上切去点儿什么更重要的东西，用以昭示惩处，就是因为有所谓"刑不上大夫"的规矩。

阉割男子生殖器的宫刑，在各种肉刑当中，尤为无出其上的奇耻大辱，故司马迁才会为之痛心疾首（《汉书·司马迁传》）。因而除了这种一般性意义的"刑不上大夫"之外，《礼记·文王世子》尚且记云"公族无宫刑"。相比之下，赵高这个"赵"字里面并没含有什么高贵的血液和基因，才该着要受这份辱，遭这个罪。

附带说明一下，关于赵高的出身，清人赵翼在《陔余丛考》里曾引述《史记索隐》，称"高本赵诸公子，痛其国为秦所灭，誓欲报雠，乃自宫以进，卒至杀秦子孙而亡其天下"（赵翼《陔余丛考》卷四一"赵高志在报雠"条）；今亦有人，据此立论，一本正经地述说赵高的身世。今案此语不见于今散附于《史记》的《索隐》，也不见于汲古阁单行司马贞原本《史记索隐》，颇疑赵翼钞撮史料有误，且谛视《史记·蒙恬列传》所见《史记索隐》的相关文字，尚与之存在明显的冲突，从而可知此语绝非出自小司马之书。况且这一说法与《史记》"诸赵疏远属"的记载亦相悖戾，即便《史记索隐》有过这样的说法，也并不可信。

不管"赵高"的"赵"，还是"赵正"的"赵"，他们都是历史上的人，他们做过的那些不是人的事儿也都早已成了历史。历史过去了，任由后人研究。做一个研究这些往事的历史学者，年高寿永，是一个很大的优势。这一是因为研究历史，首先需要大量的阅读，通过阅读，来累积知识，而年龄越大，读的书才能更多，这样你就会具有周围年轻学人所不具备的优势；二是因为当你年龄很大了，与周围的整个研究群体相比，你本人离所研究的历史就显得更接近了，而离得越近，看得自然就更周详一些，更清楚一些，这同样是周围年轻学人所不具备的一大优势。

对于离开研究者时代已经很远的古代历史研究来说，不管你年龄有多大多小，研究者本人与研究对象之间的时间差距，都可以忽略不计了，可是研究者所选择、所依据的史料，却同样体现出上面所说后一重意思，这就是研究者一定要更加重视早出的、距离所研究对象时代更为贴近的史料，因为这样的史料通常会具有更直接的来源。

赵高是个被做过阉割手术的宦官，这一点，在早期严谨的历史文献中，有着非常清楚的记载。历代相传，一直传到很晚很晚，从来没有人对此提出过什么疑问。

可是在中国这个国家的学术被弄得日益随意任性的今天，竟然满世界弥漫着各种各样的胡言乱语。这一状况，在迅疾广泛扩张的网络世界，表现得尤为突出。各路达人，罔顾基本史实，在网络上恣意散布新说，非说赵高没被做过这特种手术不可。一段时间以来，我在几次公开讲演时，也都有人不断向我提出这一问题。

在专业研究领域，虽然我并不认为人人都有发表学术见解的资格，它应该有一个起码的门槛，但在法律层面，确实人人都有说话的权利。只要组织上让你讲，普通民众当然谁也管不着。不过自己想怎么胡说就说是自己在胡说，万万不能把自己的说法强安到古人身上。试看据说还算很是严谨的《维基百科》，是怎么表述这一问题的（2019年3月2日）。《维基百科》上先是说"关于赵高是否为宦官的说法尚存争议"，编写者当然可以这样认为，哪怕只有编写者一个人看法与众不同，这也算是存在争议。不过《维基百科》接着又写道："唐代之前的史书并未指出赵高为宦官。"这话可就与历史事实严重不符了，而且差的码子很大。

根据非常可靠的史籍记载，西汉时期，即有两项明显的事件，足以证明，在承秦而立的汉朝，赵高是个宦官，乃是人所共知的社会通识。

第一个事件,是《汉书·京房传》记载的一段京房与汉元帝的对话:

是时中书令石显颛权,显友人五鹿充宗为尚书令,与(京)房同经,论议相非。二人用事,房尝宴见,问上曰:"幽、厉之君何以危?所任者何人也?"上曰:"君不明,而所任者巧佞。"房曰:"知其巧佞而用之邪,将以为贤也?"上曰:"贤之。"房曰:"然则今何以知其不贤也?"上曰:"以其时乱而君危知之。"房曰:"若是,任贤必治,任不肖必乱,必然之道也。幽、厉何不觉寤而更求贤,曷为卒任不肖以至于是?"上曰:"临乱之君各贤其臣。今皆觉寤,天下安得危亡之君?"房曰:"齐桓公、秦二世亦尝闻此君而非笑之,然则竖刁、赵高,政治日乱,盗贼满山,何不以幽厉卜之而觉寤乎?"上曰:"唯有道者能以往知来耳。"房因免冠顿首,曰:"《春秋》纪二百四十二年灾异,以视万世之君。今陛下即位已来,日月失明,星辰逆行,山崩泉涌,地震石陨,夏霜冬靁,春凋秋荣,陨霜不杀,水旱蟓虫,民人肌疫,盗贼不禁,刑人满市,《春秋》所记灾异尽备。陛下视今为治邪,乱邪?"上曰:"亦极乱耳。尚何道!"房曰:"今所任用者谁与?"上曰:"然幸其瘳于彼,又以为不在此人也。"房曰:"夫前世之君亦皆然矣。臣恐后之视今,犹今之视前也。"上良久乃曰:"今为乱者谁哉?"房曰:"明主宜自知之。"上曰:"不知也;如知,何故用之?"房曰:"上最所信任,与图事帷幄之中进退天下之士者是矣。"房指谓石显,上亦知之,谓房曰:"已谕。"

君臣之间这段哑谜打得来来去去，到头了，谁也没彻底挑明他们在说的那个人名——大宦官石显（石显做的这个"中书令"，就是太史公受刑后做过的那个官儿，司马迁当时也是"尊崇任职"，事见《汉书·司马迁传》）。

汉元帝和京房君臣提到的"幽、厉"，是指周幽王和周厉王，"竖刁"是齐桓公任用的宦官，亦书作"竖貂"。在这段内容中，唐人颜师古的旧注，有一点疏误，妨碍我们通解上下文义，需要指出。这就是京房问汉元帝"今所任用者谁与"？汉元帝回答说："然幸其瘉于彼，又以为不在此人也。"颜师古注释说："瘉与愈同，愈犹胜也。言今之灾异及政道犹幸胜于往日，又不由所任之人。"针对这一说法，清人钱大昭别做新解述云："帝意谓我所用者幸非竖刁、赵高之辈，且灾异之来不在此人。"（钱大昭《汉书辨疑》卷一九）按照这样的看法，文义自然更为通畅。读书贵在融通，通了，就是对的。

这样，通读上列引文，就不难看出，正因为在汉元帝和京房的眼里，竖刁和赵高都是大名鼎鼎的宦官，齐桓公和秦二世两位君主由于分别崇信他们二人而导致国乱以至天下败亡，所以京房才会举述这一成例以规谏元帝不得继续任用宦官石显（京房在汉元帝面前绕着弯儿讲就是不提石显的名字，我想很可能与其忌惮元帝身边的宦官为石显通风报信有关）。如果这样的解读不谬，那么，这也就意味着在汉元帝时期，人们在聚谈前秦旧事时，赵高身为宦官，就像说到尧舜禹时人人都共认他们是上古时代的神圣帝君一样，这是毋庸置疑、也绝对不会有人有什么不同看法的铁一样的事实，这样，对话才能进行下去。

假如有人对这一点还有疑惑，那么，让我们再来看时代距秦更近、表现得也更为明显的第二个事件，这就是在前面《一件事，两只笔》

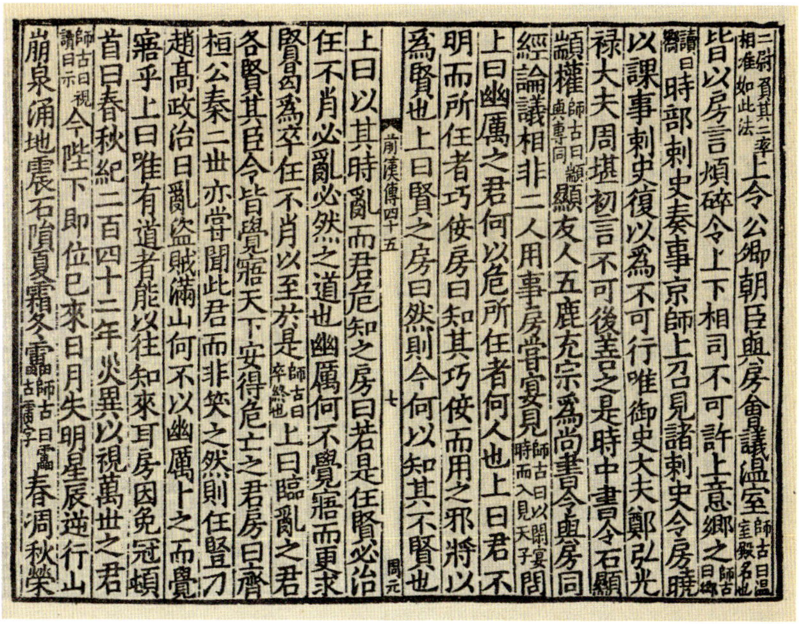
二尉負其二率相准如此法上令公卿朝臣與房會議溫室師古曰溫室殿名也
皆以房言煩碎令上下相司不可許上意鄉之師古曰鄉讀曰嚮
時部刺史奏事京師上召見諸刺史令房曉
以課事刺史復以爲不可行唯御史大夫鄭弘光
祿大夫周堪初言不可後善之是時中書令石顯
顓權師古曰顓與專同顯友人五鹿充宗爲尚書令與房同
經論議相非二人用事房嘗宴見師古曰以閒宴時而入見天子問
上曰幽厲之君何以危所任者何人也上曰君不
明而所任者巧佞房曰知其巧佞而用之邪將以
爲賢也上曰賢之房曰然則今何以知其不賢也
前漢傳四十五　七　周元
上曰以其時亂而君危知之房曰若是任賢必治
任不肖必亂必然之道也幽厲何不覺寤而更求
賢曷爲卒任不肖以至於是師古曰卒終也上曰臨亂之君
各賢其臣令皆覺寤天下安得危亡之君房曰齊
桓公秦二世亦嘗聞此君而非笑之然則任豎刁
趙高政治日亂盜賊滿山何不以幽厲卜之而覺
寤乎上曰唯有道者能以往知來耳房因免冠頓
首曰春秋紀二百四十二年災異以視萬世之君
師古曰視讀曰示令陛下即位已來日月失明星辰逆行山
崩泉涌地震石隕夏霜冬靁師古曰靁古雷字春凋秋榮

图54　百衲本《二十四史》影印所谓景祐本《汉书》

那一篇里引述过的樊哙率群臣排闼见刘邦事。此事载录于《史记·樊郦滕灌列传》，时在西汉初年。汉高祖刘邦在宫内头枕宦者而卧，连续十多日拒而不见群臣，樊哙不得不闯入卧室，群臣则随之而入。樊哙"见上流涕曰：'始陛下与臣等起丰沛，定天下，何其壮也！今天下已定，又何惫也！且陛下病甚，大臣震恐，不见臣等计事，顾独与一宦者绝乎？且陛下独不见赵高之事乎？'高帝笑而起"。这里明确将刘邦独枕宦者与秦二世独倚赵高事相并比，其又不谓赵高为宦者而何？

此事愈加清晰地显示出赵高是一个近幸于皇帝的大宦官，这是刘邦以及樊哙等群臣人所共知的事情。我们不能因为樊哙是狗屠夫出身就怀疑他看不明白赵高身子下边儿的事儿（当时人养狗吃肉跟养羊吃肉差不多，《史记·樊郦滕灌列传》记载说樊哙在跟随刘邦造反之前，本"以屠狗为事"，就是专门给人杀狗的屠夫）。须知这时秦朝刚刚灭亡未久，刘邦和樊哙这帮子家伙本来都是大秦的子民，说不定有人还远远看到过秦始皇的身影。所以，这帮子人这样看待赵高的身份，就像上个世纪五十年代那些由"民国"进入"人民共和国"的人讲蒋委员长是"光头"一样可听可信（美国佬的说法是"花生米"，这更形象一些），因为当时人都看到过蒋介石先生头上到底有多少根头发。

一句话，赵高是净身入宫的宦者，在大秦帝国，是寰宇之内人所皆知的事儿，世间口耳相传，直到汉朝，人们也谁都知道这件事儿。如上所述，《史记》、《汉书》对赵高都有确切的记载，你不读书看不到这些记载是可以理解的，人活着不是非得看书不可，但皇皇正史俱在，这绝不是后世历史研究者和历史爱好者谁想否定就能轻易否定的事儿。

二、看不到常人看不见的东西就不是好学者

如上所述，慢慢读《史记》，缓缓读《汉书》，赵高是个宦官，这本来是很清楚的事儿，没有什么看不见的隐秘，藏在历史的深处，需要人们去探查，去发掘。可是，这只是不求甚解的世俗常人面对古书所易产生的一种直观感觉，专家的理性思辨，却不是这样。你看见的就是他看见的，那还要专家干什么？我上大学的时候，从西洋武夫那里传过来一句俗语，说是不想当将军的士兵就不是一个好士兵。套用这样的句式来表述学者的工作，那么，似乎可以这样说：看不到常人看不见的东西就不是好学者。

学者治学，要能够挖掘出寻常表象背后可能潜存的另一种形态的真实境况，或是揭示出世人焦点之外隐而不显的某些重要特征。为此，就会特别关注那些普通读者不大看或是看了也不大注意的资料，会着力捉摸那些语义模糊不清或是与通行认识相互抵牾的记载。这本是学术研究的正常做法，非如此则无以推进我们的认识，至少是进一步明确业已获取的认识。只是在这样从事研究工作的过程中，需要先力求全面审视各项相关资料，然后再在这一基础上尽量做出客观综合的分析，才能得出比较准确的认识。不然，很可能事与愿违，产生种种偏差，甚至走入歧途，即求深不得，反而造成很大失误。

在对赵高宦官身份的认识方面，学者们就因为缺乏合理、审慎的态度，先后提出不少似是而非的看法。

这些与通行主流说法不同的见解，大致可以分为两类：第一类，认同赵高是宦官，但是认为其成为宦官的原因与通常所说遭受腐刑不

同,即或自宫,或天阉,都有很特别的原委;第二类,认为身体强壮有力的赵高(《史记·蒙恬列传》记赵高"强力"),男人该有的他都有,身上一件东西都不少。下面就分别介绍并简要评述一下这些观点。

第一种观点,出自清人赵翼,即前面第一节所述赵翼在《陔余丛考》中谈到的赵高"自宫以进"的说法。

如前所述,这种说法的史料出处存在很大问题,不宜当作信史对待。我估计有可能是赵翼从某种明代中期以后的书籍中钞录到这种说法,一时疏忽,被他误记作出自《史记索隐》。盖明代嘉靖年间以后,随着雕版印刷业的革命性发展,颇出现一些胡编乱造的古史著述,此说或即出自其间。加之这一说法与《史记·蒙恬列传》"高昆弟数人,皆生隐宫,其母被刑僇,世世卑贱"的记载绝然违逆,按照审度史料的一般原则,也不宜轻易采信,故置之可也。

第二种观点,乃谓赵高本属"天阉",也就是一生下来就有生理缺陷,完全不具备男子正常的性行为能力。

宋人胡寅在《致堂读史管见》中较早提出这一看法,乃谓"《周官》有奄人(案即"阉人"),以精气闭藏者为之,后乃用刑人。赵高犹非出于蚕室也,生而隐宫。古之奄(案"奄"又与"阉"同,指阉割男性生殖器官)也,必天刑之"(《致堂读史管见》卷四)。后来清人乔松年也有同样的说法,谓之曰:"隐宫谓生而不男,俗谓天阉者。"(乔松年《萝藦亭札记》卷三)。

这种说法最站不住脚的地方,是赵高是有女婿的。这是个在《史记》里有名有姓实实在在的角色,姓阎名乐,在赵高专权的时候,还混了个首都咸阳的县令,赵高就是派他率人逼迫二世自杀(《史记·秦始皇本纪》)。这个阎乐既然是赵高的女婿,当然是因为赵高有个嫁给他的

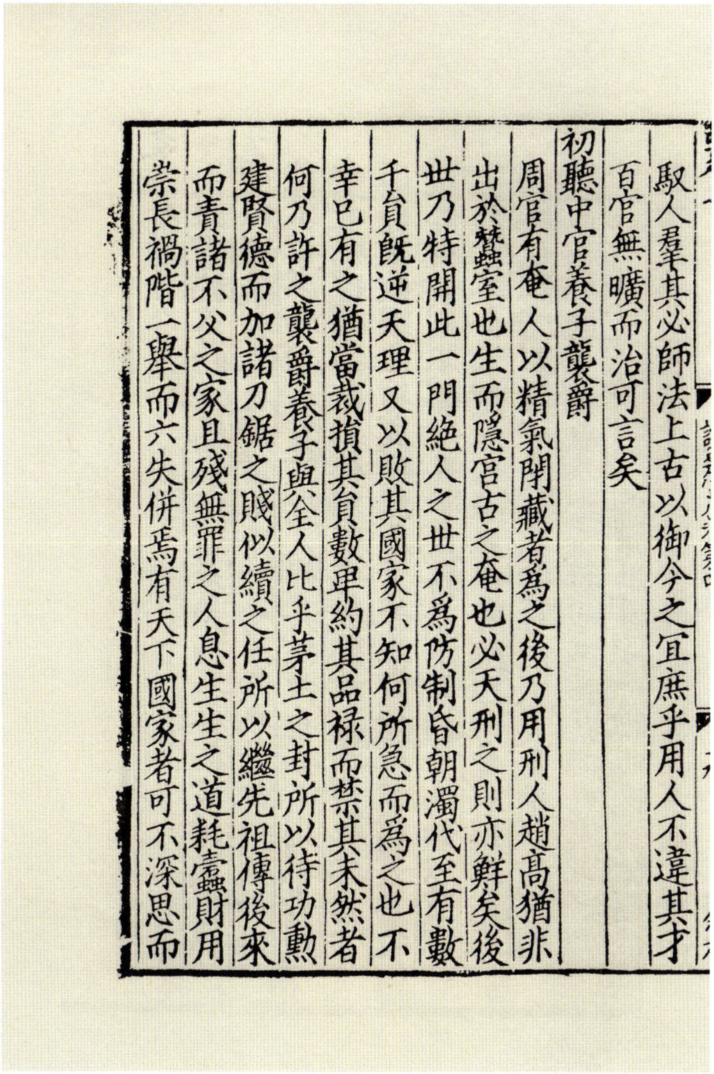

> 駆人羣其必師法上古以御今之宜庶乎用人不違其才
> 百官無曠而治可言矣
>
> 初聽中官養子襲爵
>
> 周官有奄人以精氣閉藏者為之後乃用刑人趙高猶非
> 出於蠶室也生而隱宮古之奄也必生天刑之則亦鮮矣後
> 世乃特開此一門絕人之世不為防制昏朝濁代至有數
> 千員既逆天理又以敗其國家不知何所急而為之也不
> 幸已有之猶當裁損其員數卑約其品祿而禁其未然者
> 何乃許之襲爵養子與全人比乎茅土之封所以待功勳
> 建賢德而加諸刀鋸之賊似繼之任所以繼先祖傳後來
> 而青諸不父之家且殘無罪之人息生生之道耗靈財用
> 崇長禍階一舉而六失併焉有天下國家者可不深思而

图55 《中华再造善本》丛书影印宋嘉定十一年衡阳郡斋刻本《致堂读史管见》

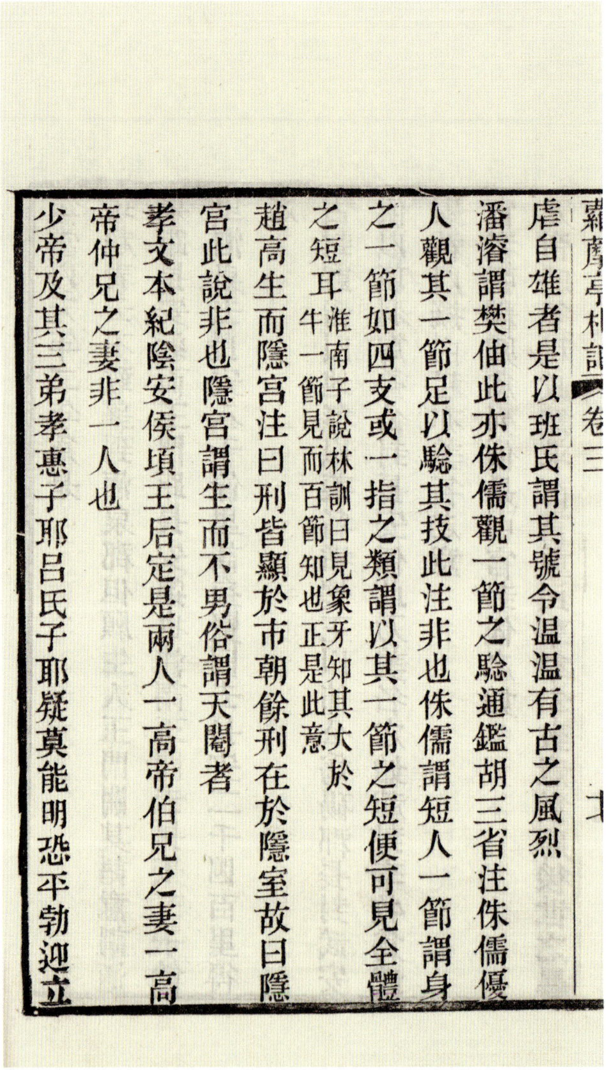
蘿藦亭札記卷三 七

虐自雄者是以班氏謂其號令溫溫有古之風烈

潘濬謂樊伷此亦侏儒觀一節之驗通鑑胡三省注侏儒優人觀其一節足以驗其技此注非也侏儒謂短人一節謂身之一節如四支或一指之類謂以其一節之短便可見全體之短耳淮南子說林訓曰見象牙知其大於牛一節見而百節知也正是此意

趙高生而隱宮注曰刑皆顯於市朝餘刑在於隱室故曰隱宮此說非也隱宮謂生而不男俗謂天閹者

孝文本紀陰安侯頃王后定是兩人一高帝伯兄之妻一高帝仲兄之妻非一人也

少帝及其三弟孝惠子耶呂氏子耶疑莫能明恐平勃迎立

图56 清同治原刻本《萝藦亭札记》

女儿,而赵高既然有这么个女儿,就绝不可能是那种"天阉",哪怕是挥刀"自宫"以侍奉君主于内廷,也得等有了这么个女娃之后,这就说明他本来是一个什么都很正常的男人。

上述两种观点,是讲赵高虽然是"阉人",但他成为"阉人"的途径有些与众不同,人们若不深究,并不妨碍大家理解赵高的其他行事,所以还算不上是很特别的"发明"。学者们真正惊世骇俗的"重大发明",是有人看出赵高根本就不是什么宦官,不仅人没阉他,天也没阉他,他更没自己动手阉自己,从小活到死,始终都是个全乎人儿。

后人对赵高宦者身份的怀疑,就是从他有过上面所说的那个女娃产生。不过这事儿要说简单也可以说很简单;要说复杂则还需要慢慢从头说起。

让我们来先看一下古人对《史记》的旧注,这主要体现在前面所引《史记·蒙恬列传》"(赵)高昆弟数人,皆生隐宫"云云句下:

【集解】徐广曰:为宦者。

【索隐】刘氏云:"盖其父犯宫刑,妻子没为官奴婢,妻后野合所生子皆承赵姓,并宫之,故云'兄弟生隐宫'。谓'隐宫'者,宫之谓也。"

下面具体分析与我们现在谈论的问题直接相关的注语。

首先,这里徐广所说"为宦者",就是在明确地讲,赵高是个宦官。须知徐广是南朝刘宋时人,他的年代,要早于唐朝很多。如果说前面我在第一节里引述的《史记》和《汉书》的记载还需要稍微动动脑筋做那么一点点间接的判断的话，那么这可是千真万确的直接说明，足以更加有力地澄清像"唐代之前的史书并未指出赵高为宦官"这样的错误说法。较徐广稍晚，北周的卢辩也清楚指明"赵高，宦者"（《大戴礼记·保傅》卢辩注）。换句话讲，关于赵高身为宦者这件事，在秦朝灭亡之后，是由西汉初年开始，中经魏晋南北朝时期，一直传承下来的说法，可谓流传有序，绝不是唐朝以后什么人偶发奇想拍着脑门瞎琢磨出来的一种"新说"。

其次是唐人司马贞《史记索隐》引述的"刘氏"，根据他在《史记索隐后序》中的说明，这个人应该是唐朝贞观年间的刘伯庄。司马氏述之曰："刘伯庄云，其先人曾从彼公（德勇案：指隋秘书监柳顾言）受业，或音解随而记录，凡三十卷。隋季丧乱，遂失此书。伯庄以贞观之初，奉敕于弘文馆讲授，遂采邹（德勇案：指南齐轻车录事邹诞生）、徐（德勇案：指徐广）二说，兼记忆柳公音旨，遂作《音义》二十卷。"明此可知，《史记索隐》引述的刘伯庄的说法，或许尚有更早的渊源，而不止是他个人的思量而已。

附带说一下，《史记索隐》这一条的内容，与前述赵翼引述的所谓《史记索隐》，在赵高是被秦廷"宫之"还是"自宫"这一点上，存在明显的抵牾，足以证明赵翼所记《史记索隐》并不可靠，其中一定存在讹误，曹道衡先生早就指出过这一点（曹道衡《关于所谓"赵高复辟"问题的旧案》，载曹氏文集《中古文学史论文集》）。

刘伯庄提出的看法，实际上是深入思索这一问题后必然会导致的结果。《史记·蒙恬列传》中"高昆弟数人，皆生隐宫，其母被刑僇，世世卑贱"这几句话，稀里糊涂地看，也能对付着读过去，可要是稍微一较真儿,就会发现,好像怎么读也读不通;至少我本人是找不到一种通畅的解读的。

这里的主要问题是:隐宫到底指的是什么?《史记·秦始皇本纪》另外记载始皇三十五年"隐宫刑徒七十余万人,乃分作阿房宫,或作丽(郦)山",唐人张守节在《史记正义》中解释说:"余刑见于市朝,宫刑,一百日隐于荫室养之乃可,故曰隐宫,下蚕室是。"前面所说徐广和刘伯庄对赵高"昆弟数人,皆生隐宫"之"隐宫"的解释,大致也都与此相当,即"隐宫"犹如"蚕室",或亦可移用之作为遭受宫刑者的居所乃至受刑之事。

然而,这样的解释,是根本讲不通的。所谓"宫刑",不管具体怎么操作,其用意本来就是断绝受刑者生育子嗣的能力,可赵高他们哥兄弟怎么一个接一个地出生在了"隐宫"?如果像刘伯庄那样,把这个"隐宫"理解成是令赵高弟兄们接受宫刑的地点,那么,是无论如何也不应该写成"皆生隐宫"的,这样的写法太不符合逻辑了,也不符合古人行文的方式。按照其字面上的涵义,所谓"皆生隐宫",只宜解作"都生于隐宫"。再说《史记·蒙恬列传》明明记载是赵高"其母被刑僇",刘伯庄非把犯法受刑的人改成他的父亲,与史实严重抵牾。这显然是没办法的办法,说不清这事儿是怎么回事儿还不得不硬说,只能乱七八糟地说成这么个样子。至开元年间司马贞撰著《史记索隐》时,由于这个事儿读者读不懂,他不做解释实在不行,可又实在说不清楚,就只能稀里糊涂地照钞刘氏的说法,对付着给了个交待。

由于"皆生隐宫"这句话实在不大好懂,北宋时人司马光在撰著《资治通鉴》时,只好对其文句做了一点儿变通,称"赵高者,生而隐宫"

(《通鉴》卷七秦始皇三十七年七月）。由"生隐宫"到"生而隐宫"，语义完全改变，即前者是讲赵高生于隐宫，后者是说赵高生下来后便被人阉割，即刘伯庄所说生而"宫之"的意思。这应该是司马光参照刘伯庄和司马贞的解释，有意更改了《史记》原来的写法。参与《通鉴》文字检订的司马光之子司马康，对"生而隐宫"一语有释文云："余刑显于市朝，宫刑在于隐室，故曰隐宫。"（《通鉴》卷七秦始皇三十七年七月元胡三省注引司马康语）强调的正是"隐宫"的"宫刑"语义，这也可以从侧面印证我的上述判断。

前面提到的秉持第二种观点、即谓赵高本属"天阉"的宋人胡寅和清人乔松年，据以论述的史籍，实际上都是司马光的《资治通鉴》而不是《史记》原文（胡寅的《致堂读史管见》本来就是因阅读《通鉴》而撰著的史论，乔松年所论则由其先已言及"赵高生而隐宫"一语看出），实际上就是由此"宫刑"之义衍生出来的"天阉"其身（附案今同治原刻本乔松年《萝藦亭札记》，其具体说明文字颇有舛谬）。

或许有人会想，北宋中期人司马光在纂修《通鉴》时所依据的《史记》，文字或许就是写作"高昆弟数人，皆生而隐宫"，今本应是脱佚了这个"而"字。若是没有其他的参证，当然也可以这样揣测，但我们看更早在北宋初年编著的《册府元龟》（卷六六七《内臣部·千事》），还有同时人苏辙编著的《古史》（卷五七《蒙恬列传》），其转述《史记》的文字，都与今本《史记》一样，没有这个"而"字，所以，这样的揣测，恐怕就很难成立了。

刘伯庄以下直至司马光这些人的看法，如同由此衍生出来的"天阉"说一样，其最难让人认同的一个严重缺陷，就是赵高确有一个活生生的女儿，因而一定会有人对赵高的宦者身份提出质疑。

　　该来的早晚会来。尽管已经迟至清末，我们还是看到有人站出来公开挑明了这一点——他就是中国古代刑法史专家沈家本。针对徐广、刘伯庄以来对赵高身世的解说，沈氏论之曰：

　　　　赵高宦者，何以有女？……案高有女婿阎乐，恐高非真宦者。下云除其宦籍，则高以父为宦者，世世在宦籍耳。高昆季未必野合所生，未必并宫之，生隐宫者，生长于隐宫耳。刘氏所言，恐非其实。（沈家本《诸史琐言》卷三）

学术研究就是这么怪异，如此简单的问题，为什么在此之前竟无一人提及？这种情况告诉我们，一个好的学者，在很多时候，并不是别具只眼能够看到什么常人看不见的东西，而是能够不受通行观点的左右，独立思索，注意到那些过去曾被研究者长期忽略以致视而不见可它却本来就显而易见的东西。

　　问题是：如上所述，刘伯庄如此这般地解说赵高的身世，不过是无可奈何之中强作解人而已，本身就千疮百孔，不值一驳，沈家本说"刘氏所言，恐非其实"，这固然不错，但他做出的"恐高非真宦者"这一判断，同样与赵高的行事明显冲突（这一点容待下文再慢慢叙说）。

　　面对错综复杂的历史实际，专家学者如果只是观察分析其中某一个侧面而不能充分体察它的总体面貌，甚至注意力过度聚焦于某一小点上，罔顾四面八方那些普通世人一望而知的其他基本事实，这样看到的东西，就像把太阳的"黑子"当作红太阳的颜色一样，究之愈深，错谬愈重。

三、撅着屁股怎么瞧得见人身大势

关于赵高是不是受过阉割的宦官，在传世文献中既然如此模糊不清，我想许多人都会想到，全国各地层出不穷的出土文献，是不是可以帮助我们解决这一难题呢？随着出土秦朝史料的增多，确实很早就有专家想到了这一点，即这些人试图利用出土的秦简来勘正《史记》的记载，以澄清这一历史迷案，并且相关研究结果也在一定范围内形成了比较广泛的影响。

最早从这一角度对赵高的人身出处做出研究、同时也是在这一方面最有代表性的学者，是对秦朝历史研究造诣颇深的马非百先生。

马非百先生重析这一问题的切入点，是上个世纪七十年代发现的睡虎地秦简。在睡虎地出土的秦朝官文书中，有两条简文，分别属于整理者编定的《秦律十八种》和《法律答问》这两种著述当中。在这两条简文当中，都提到了大秦朝廷设有一个很特别的官署——隐官。马非百先生一看这两个字，长得同"隐宫"二字非常接近，更准确地讲，是前边那个"隐"字一模一样，后边那个"官"字和"宫"就差那么一点点笔划，于是便认为今本《史记》的"隐宫"应是这个"隐官"的讹误（说见马非百先生著《云梦秦简中所见历史新证举例》一文，刊《郑州大学学报》1978 年第 2 期。下引马氏观点俱出此文，不再标注。又此文观点后被作者写入《秦集史》）。

那么，马非百先生说的这个"隐官"是什么性质的官署呢？按照

他的解释,是这样的:

> 所谓"隐官",乃是一个收容受过刑,而因立功被赦免的罪人的机关。处在隐官的罪人,是要从事劳动的,其性质约和后世的劳动教养所大致相同。

"劳动"本来是人生在世为养家糊口不得不干的苦活儿,不过当政者可以强制子民给他干活,让他来享受子民劳动的成果,还可以把它用作惩罚子民的手段。至于把"劳动"视作一种文雅的"教养",大概是某些非常特别的国家才会有的非常特别的做法。所以,马非百先生讲的"后世的劳动教养所"到底指的是一种什么东西,或许有人能懂,世界上更多的人却不大容易看明白。

无奈,还是让我们用笨办法,遵循研究历史问题的一般途径,一切从头做起,先来看一看最原始的资料,看看秦朝的官方文书,究竟是怎样讲述这个"隐官"的。

第一份文书,是《秦律十八种》中的《军爵律》,其相关内容述云:

> 从军当以劳论及赐。……欲归爵二级以免亲父母为隶臣妾者一人,及隶臣斩首为公士,谒归公士而免故妻隶妾一人者,许之,免以为庶人。工隶臣斩首及人为斩首以免者,皆令为工。其不完者,以为隐官工。(睡虎地秦墓竹简整理小组《睡虎地秦墓竹简》)

当时的行文用语以及大秦的法律规程都与今天有很大差别,在这里无须一一说明,只需简单叙述一下与我们所谈论问题密切相关的内容。这部分内容的大意,主要是讲从朝廷那里获取军功的人可以自己不受,代之以用它来赎免自己亲人正在遭受的刑罚。

在这当中,有一类被称作"工隶臣"的人,竹书整理者将其解作"作工匠活的隶臣"(见睡虎地秦墓竹简整理小组《睡虎地秦墓竹简》,下同),也就是做工匠的男性刑徒。这类人可获取战功为自己赎刑,或是其亲人以战功为他赎刑。他们在被免除刑罚后,都入复原职,继续做他的工匠。不过其中有一部分工匠,会有"不完"的情况,竹书整理者将其解释为"因受肉刑而形体残缺"(这样的解释,不一定十分确切,因为被肉刑弄得形体残缺的人,不大容易杀敌立功,按照我的理解,其中至少有一小部分人可能是在上阵作战时造成的伤残,但即使按照整理者的解释,也不妨碍我们在这里所要讨论问题,可以姑且按下不表)。秦廷特别规定,对这部分人,予以特别对待,让他们去做"隐官"下属的工匠。

通读上下文,这里的意思很明显,即若是按照马非百先生对"隐官"的解释,这些人原来是工匠,由于触法犯罪,被朝廷处罚,

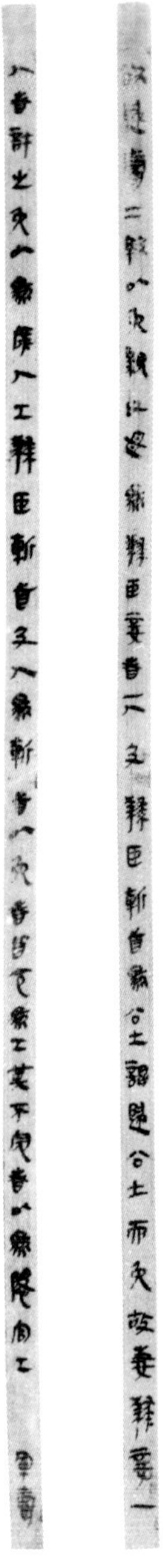

图57 睡虎地秦墓出土秦《军爵律》
(据陈伟主编《秦简牍合集》)

沦为刑徒。现在豁出命来替朝廷打仗,砍下了敌国军兵的头颅,因而立下战功。其中那些胳膊腿全乎的,被朝廷免罪释放,还是做自己的工匠,可另有些人却因为自己形体"不完",不仅不能获得肢体健全的罪徒能够取得的自由民身份,反而还要在"出狱"之后再去接受"劳动教养",天底下能有怎么荒唐的道理么?

秦法固然极其严苛,但严苛也自有一番严苛的道理;甚至也可以说,秦法之所以严苛,至少就其中的一个侧面而言,乃是因为它太讲究处罚的"道理",正因为所谓"道理"讲得太细,所以要求才会过"严"过"苛"。

我年轻的时候,是在某国见识过所谓"劳动教养"的阵势的:身穿与囚衣高度雷同的"制服",身有荷枪实弹的军警"护卫",在炎炎烈日下干着牲口都不干的、严重戕害身体的苦活儿。我推测,马非百先生所说的"劳动教养",当不外于此。大家想想看,秦朝那些替朝廷杀敌立功的"工隶臣",会遭受这种待遇吗?他们在随军出征之前,不就是这个样子么?要是这样,他们为什么还会去冒死立功?用秦始皇老家的人、也就是今天陕西关中人的话来讲,那不是"瓜子"么(是指傻瓜的"瓜籽",而不是好瓜之籽)?

下面我们再来看与此相关的第二份文书,即《法律答问》中一则问答:

"将司人而亡,能自捕及亲所智(知)为捕,将毋(无)罪;已刑者处隐官。"

可(何)罪得"处隐官"?

> 群盗赦为庶人,将盗戒(械)囚刑罪以上,亡,以故罪论,斩左止(趾)为城旦,后自捕亡,是谓"处隐官"。它罪比群盗者皆如此。
>
> (睡虎地秦墓竹简整理小组《睡虎地秦墓竹简》)

这段对话,是相关部门在以问答的形式来解释法律条文的规定,其法律条文中的"已刑者处隐官"这句话,竹书整理者用白话翻译为"已受肉刑的处隐官",这里的问答,就是具体解释在什么情况下,才可以将这些"已受刑的"归属于"隐官"的管理之下。文书举述的具体例证,是已被赦免为庶人的"群盗",在所管领的囚徒出现逃亡时,将以其旧罪,判处切断左脚趾,去做"城旦"(也就是天刚蒙蒙亮就起床筑城的刑徒),但他要是能够将功补过,再去把跑了的囚徒捉将回来,就可以让他"处隐官"。

用不着再做更多详细的判读,像这样被"处隐官"的人,仍是形体残缺的罪徒在被解除刑罚后所蒙受的一种特别的对待。在这一点上,和上一个案例完全相同。

如果不再介入其他任何因素,就事论事,仅仅看这两个实例,要是由我来做归纳总结的话,朝廷设置这个"隐官",其目的应是用以帮助那些为朝廷立下功绩的肢体残缺的罪囚,给这些可怜的人安排一个生计,留下一条继续活下去的生路。这样的安排,也可以说是一种优抚,至少绝不是什么惩罚性的"劳动教养"。在我看来,这一点,是显而易见的,也是毋庸置疑的。

同时,马非百先生所说的那些"受过刑,而因立功被赦免的罪人",只要肢体尚且全乎,是既没有资格接受这种安排、也绝不会接受这种安排的。因为他们有能力作为普通的庶民，过一个小民正常的、相对来说还算多少有那么一点点自由的日子。另外，社会上其他那些肢体残缺不全的普通民众，若是没有为朝廷立下什么功绩，恐怕也没有资格享受官府这样的优抚。因为其身体"完"与"不完"，完全是小民自己的事儿，与朝廷无关，你自己对付着活就是了。

依照这样的实际情况，我觉得，所谓"隐官"的"隐"字，乃是"恻隐"的"隐"。所谓"恻隐"之情，是人类社会得以存续的最起码的道德基础，即孟子所说"恻隐之心，人皆有之"（《孟子·告子上》）。若是从更深一层的社会道德结构角度讲，便是"恻隐之心，仁之端也"（《孟子·公孙丑上》）。汉武帝时大行王恢怂恿刘彻设诡计伏击匈奴，进言云"今边竟（境）数惊，士卒伤死，中国槥车相望，此仁人之所隐也"，曹魏时人张晏注之曰："隐，痛也。"（《汉书·韩安国传》并唐颜师古注），用现在的话来讲，这个"隐"字大致也就是哀怜、同情的意思。

用这一语义来诠释"隐官"之"隐"的意向，就与上述两个秦朝的实例若合符节。相比之下，睡虎地秦墓竹简整理者释"隐官"之"隐"为"隐蔽"之义，并谓竹书中的"隐官工"指的"应为在不易被人看见的处所工作的工匠"，这恐怕与历史实际相去甚远，差的码子有些大了。

那么，要是像马非百先生所说的那样，把《史记·蒙恬列传》的"隐官"校改为"隐宫"，这能够说得通么？对照上面所说"隐官"的性质，其生于"隐宫"而"世世卑贱"这一情况，就与"隐官"的性质完全不符。因为如上所述，由"隐官"来安排这些肢体残缺的有功罪因的生活，是一种优抚行为，是超越于普通庶民的一种优待，因而是绝不会反而祸及子孙，令其"世世卑贱"的。这违背基本的人情事理，是无论如何也都不可想象的事情。

对于我来说,历史研究,就这么简单。因为我们研究的是人的历史,而历史上已经成为"古人"的那些人,当时也是活人。是活人而不是神仙,也不是鬼魅,更不是某些现代商业展馆中陈列的后现代"概念",因而他的行为,就要遵循这最基本的人情事理。要是在基本的人情事理这一关上过不去,不管你说得如何天花乱坠,有多么时尚的理论和方法做支撑,或者是有多么新鲜的出土史料作证据,我都不信,打死我也不信。

覆案睡虎地秦墓出土的竹简文书,我的结论,只能是这样:与赵高身世密切相关的"隐宫",绝不可能是秦廷设置的"隐官",二者是风马牛不相及的两回事儿,是怎么连也连结不到一起的。

在另一方面,过去人们一直对赵高身属宦官坚信不移,并不仅仅是依据前人对《史记》的旧解,而是还可以通过其他一些间接的记载,切实地认定赵高的宦官身份。

赵高起初是被秦始皇任用为"中车府令"(《史记·蒙恬列传》),而太仆属下本设有"车府令"(《汉书·百官公卿表》上)。所谓"中车府令",宋人魏了翁以为即"车府令"而以"宦者为之",故"加'中'字"(魏了翁《古今考》卷一〇"附秦汉九卿考"条)。检《汉书·百官公卿表》在"太仆"之下尚附列有一"中太仆"官职,其职事乃是"掌皇后舆马"而实际"不常置也"。此职既专为侍奉皇后而设,自得亲近皇后,故应以宦官出任为宜。《汉书》载汉成帝初一即位,便让汉元帝时期的大宦官石显转迁"中太仆"这一职位,以削除他的权力(《汉书》之《王尊传》、《石显传》),这一事例可以确证此一"中"字确是表示"中官"亦即宦官的意思。"中太仆"如此,"中车府令"亦当属于同样性质的官职,魏了翁的说法合理可信。

正因为赵高是个宦者,所以他才得以一直近密亲侍于秦始皇身边,当秦始皇三十七年病逝之际,在除了丞相李斯和公子胡亥之外"群臣皆莫知"的情况下,独与始皇所幸宦者五六人得以知悉其事(《史记》之《秦始皇本纪》《李斯列传》)。对于过去的读书人来说,这本是说明赵高宦官身份显而易见的事实。

在秦始皇死后,《史记》更明确记载二世常居禁中不朝见大臣,而"赵高常侍中用事",或谓二世于"燕居"时"乃召高与谋事"。这种"燕居",又称"燕私",《史记》尚别书作"燕乐",往往都是"妇女居前",在这种情况下,赵高得以近侍其旁,丞相李斯则苦苦求见二世而不可得。此情此景,赵高是一种什么身份的人物,不是显现得一清二楚么?至李斯死后,二世干脆"拜赵高为中丞相"。丞相亦且加带"中"字,不仅史上从无前例,而且可谓"空前绝后"(《史记·李斯列传》),后世也再没见到有这样奇异的事儿,此非宦官而何!特别需要注意的是,赵高这个"中丞相",在《史记·秦始皇本纪》中就直接写作"丞相",说明其职事与秦廷过去其他担任这一官职的人并没有什么区别,那么,赵高与别的丞相唯一的不同,不就剩下其生理结构有过亏损这一点了么?

事实上,还有比这更为直接的证据,这就是秦二世乃直接称道说:"夫(赵)高,故宦人也。"(《史记·李斯列传》)这不是专门侍奉于内廷后宫的宦官,又是什么!看过《史记》记载的人都明白,秦二世的智力程度确实不是很高,但毕竟还没有稚拙到分不清什么样的动物是鹿、什么的动物是马的程度,因而也不至于不辨雌雄,弄不清赵高的身体与外朝大臣的区别。

对于极力否认赵高宦官身份的马非百先生来说,秦二世这句话,无疑是一道难以穿越的铜墙铁壁。不过,他既然标新立异,提出了自己别具只眼的看法,自然也会对此做出说法特别的解释:

> "宦人"不一定就是"宦者"。《汉书·惠帝纪》:"爵五大夫、吏六百石以上及宦皇帝而知名者有罪当盗械者,皆颂系。"如淳云:"知名,谓宦人教帝书学,亦可表异者也。"师古云:"宦皇帝而知名者,谓虽非五大夫爵、六百石吏,而早事惠帝,特为所知,故亦优之,所以云'及'耳。非谓凡在京师,异于诸王国,亦不必在于宦人教书学也。……《礼记》曰:'宦学事师',谓凡仕宦,非阉寺也。"可见所谓"宦人",当是指赵高曾"受诏教学胡亥,使学以法事"(见《李斯列传》)而言。

这样的解释,虽不能说是强词夺理,但确实似是而非。

第一,这里所见到的"宦人"一语,出自曹魏时人如淳,而如淳距离秦朝,已经有很长一段时间,因而并不能简单地把如淳的遣词用语,等同于秦人的惯行用法,我们还需要结合其他情况,做出考辨分析。

第二,《汉书·惠帝纪》所说"宦皇帝"的"宦",就是"仕宦"的"宦",也就是当官公干的意思,其实也用不着如淳和颜师古解释,现在这词儿还在用,依据此义,如淳所说"宦人"也就等同于"官人",马非百先生显然也是这样理解的。但秦二世说"夫高,故宦人也"这句话的具体语境，是赵高侍中弄权而"李斯上书言赵高之短"，故二世出此答语，继之复赞赏赵高云："然不为安肆志，不以危易心，絜行修善，自使至此，以忠得进，以信守位，朕实贤之。"这都是夸赞像宦官这样的卑贱仆从的话，而不是衡量一个朝官才能品行该用的言语；况且若谓二世所说"宦人"就是"官人"的意思，那么赵高前后如一，并没有什么变化，而且官位越来越尊崇，殊不必强调他是"故宦人也"。二世强调赵高乃"故宦人也"，实际上是讲当年他只是一位普通的净过身的"宦者"（这也就是徐广在注释《史记》时所说的"宦者"），所以李斯在听到二世皇帝这番话后，紧接着又顶上一句："夫（赵）高，故贱人也，无识于理，贪欲无厌，求利不止。"这"故贱人也"一语正是呼应于秦二世皇帝的"故宦人也"（《史记·李斯列传》），若谓二世所说"故宦人也"就是"故官人也"的意思，那么，大官人李斯何以会破口大骂"官人"为"贱人"？真是岂有此理！

这样看来，马非百先生的解释，颇有断章取义的弊病，显然很不成功，秦二世称赵高为"宦人"，讲的就是他的宦者身份，这一点是毫无疑义的。

当然马非百先生和前清的沈家本一样，一定要拿赵高有过一个女娃这件事儿作论据，但这个所谓"证据"本来就是看起来好像坚强有力、实际上却根本不值一驳的。想想同样身为宦官的司马迁也有过自己的女儿就能明白其间的道理：即先有孩子，后被阉割，这原本是一件很平常的事儿。事实上沈家本综合考虑赵高的行事之后，也说其身为宦官之说"未可遽非也"（沈家本《历代刑法考》之《刑法分考》卷六）。

正因为赵高的的确确是一个业已去势的宦官，不仅李斯称他为"故贱人也"，就连赵高自己也自谓"位贱"（《史记·李斯列传》）。现在我们当然不能这么看宦官这一职业，它也是三百六十行中的一行，而且这一行里也出过不少好人，像伟大的司马迁也受暴君汉武帝迫害不得不干了这个勾当，给我们创制书写纸张的蔡伦也是这样的宦官，但当时人就这么看，当时就是把宦官看作是一种贱人，司马迁就将其净身为宦，视作"污辱先人"的奇耻大辱，以至"每念斯耻，汗未尝不发背沾衣也"（《汉书·司马迁传》）。

很长很长一段时间以来，在中国古代历史研究中，有许多学者非常崇信地底下挖出来的新史料，渴望一铁锹下去立马儿就重新改写旧日所见的历史。然而出土文献的分析利用，一方面必须与传世文献相结合，特别是要充分重视传世文献的基础地位和骨干地位，不宜忽略传世文献而偏倚出土文献；另一方面，解读出土文献，其实和传世文献一样，是一项非常复杂的事儿，同样一份材料，不同的学者，读法不同，看到的问题，得出的结论，往往会有很大差别。

窃以为合理分析和利用各项新出土的史料，关键还是要有一颗平常心，旧史料和新史料是同等重要的，要把它们放到同一个平台上，平心静气地悉心分析。心态端正，视野展开，才能避免剑走偏锋，滑向诡怪离奇的魔道。

在中国古代文史研究领域，很多人都知道，近年李零先生在评议出土文献研究领域的现状时，会用"撅着屁股认字儿"这样形象的说法来描述一些学者只见树木不见森林的认识局限。马非百先生并不是专门研究出土文献的学者，而且他对传世文献中的秦代历史资料还做有非常系统的梳理和研究，所撰《秦集史》一书就是他这些努力的具体体现，对这一段历史的研究为功殊巨，然而在以秦简的"隐官"强解《史记》之"隐宫"这一点上，他的做法，确实和"撅着屁股认字儿"的那些学者颇有相通之处。

在前面的第二节里，我已经谈到，《史记·蒙恬列传》记载说赵高是一位"强力"的人物。不难想象，他要是像武大郎一样的五短身材，怎么着也很难被司马迁这样描述的（据《史记·李斯列传》记载，秦二世对他就有"强力"的评判），理所当然会身高体壮。赵高这么高一个家伙站在那里，如果你只是撅着屁股盯着眼前的那一两只竹简看，自然不易看到他的人身大势。

四、想明白了也说不透的隐宫之谜

通过上面的论证，我想至少有一部分读者会同意我的看法，明白那种否定赵高宦官身份的新奇观点是站不住脚的。不过一部分学者之所以会以睡虎地秦墓竹简所见到的"隐官"来改订《史记·蒙恬列传》中出现的"隐宫"，其起因乃是由于"隐宫"一语实在费解。

前面已经讲到，现在我们可以看到，至迟从南朝刘宋时期的徐广起，读《史记》者就是把赵高兄弟"生隐宫"解作"为宦者"，这样，其言外之意，便是认为此一"隐宫"是与"宦者"身份密切相关的处所。可是这种所谓"隐宫"究竟是怎样与"宦者"联系到一起的，却是一个很不好解释的问题，实际上也是个从来没有人能够说清楚的问题。

为了更好地理解这一问题，下面，我们一道老老实实地回到《史记》的原始记载当中，来看一看"隐宫"的本来涵义到底应该是什么。

如前所述，按照《史记·蒙恬列传》的记载，赵高和他的兄弟没生在家里而是出生在"隐宫"，是由于"其母被刑僇"，也就是他的老妈犯法受惩治，官府才不让她在家生孩子。这样，做一个十分简单的推论，呈现在我们面前的便是这样一番情景：

（1）其母在触犯法网被惩治之后，仍然可以长时间持续地与她的丈夫、也就是赵高兄弟们的爸爸保持夫妻间正常的两性行为。《史记索隐》引述的刘伯庄的说法，说这本是由于"其父犯宫刑"，才连累老婆孩子都被"没为官奴婢"，而在被"没为官奴婢"之后，赵高的老妈又偷偷摸摸和莫名其妙的人"野合"，这样"野合"后所生下来包括赵高在内的所有孩子，也都冒用原夫的姓氏而姓了个"赵"。但《史记·蒙恬列传》明确记载说赵高的血缘是"诸赵疏远属也"，而不是什么说不清道不明的野种，所以刘伯庄的说法与之不符，只是出于他的无端猜想，不足为信。

（2）出生于"隐宫"的赵高兄弟，不仅本人如李斯所说是个"贱人"，而且在大秦朝廷的社会秩序里，还子子孙孙都传承着同样的血液和基因，"世世卑贱"。这意味赵高在成为宦官之前育有女儿是符合其法定的身份和行为规范的，朝廷是希望赵氏兄弟生儿育女的；也意味着赵高身入后宫，成为宦官，未必是大秦朝廷对他施加的法定的惩处，而更有可能是他的自愿行为。

现在我们若是抛开赵高后来的宦官身份来进一步概括归纳上述两点，似乎可以把他的身世和社会地位总结如下：

（1）这种"世世卑贱"的人，只能是一种奴隶。具体地讲，是大秦帝国的国家奴隶。当然在"家天下"的秦朝社会，也可以说是当朝正宗赵家人的"家奴"。

（2）让这种奴隶为国家繁殖小奴隶，世世代代，永相承续，是符合大秦帝国国家利益的，所以朝廷不仅不会禁止，还会鼓励他们生育后代。故对于其中的大多数人而言，朝廷是不会无缘无故地"宫"了他们而不让生育的，因而刘伯庄谓赵高兄弟是被官府"并宫之"的说法，是不足为信的。

（3）赵母因触犯秦法所遭受的惩处，应当是将其子嗣统统收入"隐宫"，罚作这种"世世卑贱"的奴隶。具体的做法，很可能是临产前被集中到特定的地点产子，而这个地点，就是所谓"隐宫"（为便于大家理解，单纯就罪犯产子的地点这一点而言，形象地讲，这也可以说是朝廷特设的一种"月子中心"）。

这样认定的"隐宫"，实质上它就应该是朝廷圈养奴隶的地方，这同睡虎地秦简中作为优抚官署的"隐官"相比，其性质差异之巨，也就犹如"天差地别"了，这真像俗话所讲的那样：不比不知道，一比吓一跳。

这样解释"隐宫"一语的涵义，还可以比较通畅地理解前面第二节里提到的秦始皇三十五年秦廷令"隐宫刑徒七十余万人"分作阿房宫、丽（郦）山事。

马非百先生由于是把"隐宫"视作"隐官"之误，便以为"这七十多万徒刑者，都是从隐官中选送而来"。依前文所论，"隐官"乃是优抚有功肢体残缺人员的官署，所以马非百先生这一观点肯定不能成立。

其实在明了"隐宫"一词的基本来由之后，应把"隐宫刑徒七十余万人"这句话中的"隐宫"和"刑徒"区分为两事，即读作"隐宫、刑徒七十余万人"，而所谓"隐宫"是指像赵高兄弟这样的秦国官奴，在官府的眼里，这种奴隶的地位和牲口差不多，让你干什么苦活你就得干什么，所以在兴建阿房宫和郦山秦始皇陵时，他们首先就被赶上工地劳作。不过在这兴工劳作的七十多万苦力当中，"隐宫"之人只占一小部分，若是简而言之，也可以略去不提，所以《史记·秦始皇本纪》下文在秦始皇三十七年下再一次叙及此事时，便只说"始皇初即位，穿治郦山，及并天下，天下徒送诣七十余万人"，既将这"七十余万人"尚有一部分"分作阿房宫"略而不书，同时又省略不提这"七十余万人"中还有一部分人并不是刑徒，而是所谓"隐宫"的奴隶。

现在，我想从构词文字的语义上来尝试解释一下"隐宫"一语的来由。所谓"宫刑"，在当时是以"男子割势，女子幽闭"的形式（《尚书·吕刑》伪孔传），剥夺其生儿育女的自然权利，而所谓"隐宫"，则表示这是一种隐而不显的宫刑，即虽然允许罪犯继续生育，但所生儿女一律没入官府，沦为奴隶，并且世世代代，永承无替。

在《史记·秦始皇本纪》当中，"隐宫、刑徒七十余万人"的"隐宫"，相当于"隐宫者"的意思，这可以说是动词"隐宫"的名词化；而在《史记·蒙恬列传》"高昆弟数人，皆生隐宫"的"隐宫"，则相当于隐宫者的居处之地。

这样的解说，或许人们会觉得有些曲折，不够通畅，但史阙有间，根据目前所看到的史料，我的解析，只能做到这一步了，不够美满，可也无可奈何了。更重要的是，像我理解的这种"隐"而"宫"之的